LOCUS

LOCUS

from

vision

from 06 銀色的旅程

A Map to the End of Time

作者：朗納德．曼海姆 (Ronald J. Manheimer)

譯者：梁永安

責任編輯：陳小英

美術編輯：何萍萍

法律顧問：全理法律事務所董安丹律師

出版者：大塊文化出版股份有限公司

台北市 105 南京東路四段 25 號 11 樓

www.locuspublishing.com

讀者服務專線：0800-006689

TEL：(02) 87123898　FAX：(02) 87123897

郵撥帳號：18955675　戶名：大塊文化出版股份有限公司

總經銷：北城圖書有限公司　地址：台北縣三重市大智路 139 號

TEL：(02) 29818089 (代表號)　FAX：(02) 29883028　29813049

排版：天翼電腦排版印刷有限公司　製版：源耕印刷事業有限公司

初版一刷：2002 年 3 月

定價：新台幣 350 元

Printed in Taiwan

A Map to the End of Time
銀色的旅程

Ronald J. Manheimer 著
梁永安 譯

目錄

導言

「我是我遭遇過的一切的一部份。」❶年老的尤利西斯（Ulysses）❷在壁爐邊感嘆，身旁坐著他的老妻。這位解甲歸家的戰士，鎮日沈湎於回憶中。海上的大冒險、戰場上的英勇事蹟、與戰友的手足情誼、異國風情的土地、罕見的氣候——這一切，都是他可以回味不盡的經歷。既然已經把生命之酒「飲到了甕底」，既然已經「大大地」嚐過了人生的酸甜苦辣，他理應感到心滿意足了。但事實卻不然，一寶庫的回憶並不能眞正滿足尤利西斯，他可不是個善於反省的人，而是個偉大的行動家。安享晚年的生活並不適合他，他嚮往的是人生能「在使用中閃閃發光」，而不是「在棄置中生銹」。他思忖：是不是有可能把他多姿多彩的過去，轉化爲進入未來的門檻呢？如果眞的「所有經驗就像一座拱門」，那他就有望能再次揚帆出海，航向未知的遙遠所在。

當英國詩人丁尼生（Alfred Tennyson）動筆重塑尤利西斯這位古希臘傳說中的浪遊者時，

才二十四歲。當時的他，正值人生的低潮期，被沮喪、絕望和不確定感所籠罩。他有精神病的家族病史，沒有人敢保證他不會有朝一日也得這種病；他的摯友前不久才死於霍亂；他雖然詩藝的天分過人，卻一直沒有獲得肯定。正因爲覺得人生已經走到絕境，丁尼生才會決定用詩把尤利西斯老驥伏櫪的心魂——「爲憧憬而吶喊的灰白心魂」——召喚回來。

丁尼生就像他所屬那個偉大文學傳統的其他詩人和作家一樣，擅於在創作中借用神話或聖經中的傳奇角色，賦予他們新的生命，藉此自勵或抒懷。但丁尼生借尤利西斯塑造自己的神話時，卻別出蹊徑，選擇了解甲歸家後的尤利西斯當他的主角❸。這個尤利西斯老邁、不安而整天抱怨。不過，他最後卻振奮起來，毅然告別舒適的壁爐和家庭，要「像沉落的星一般追尋知識／航向人類思想的邊界之外。」就像是要爲自己怠忽治國責任開釋似的，他強調，這一次揚帆出海，可不是爲了增加更多新鮮見聞，不是爲了「在生命上再堆疊上生命」，而是爲了要追逐像汪洋一樣無邊、像地平線一樣遙遠的知識。

丁尼生曾經告訴一個朋友，他寫〈尤利西斯〉，是爲了表達他「邁步向前，勇敢迎向人生的艱苦奮鬥」的決心。他的尤利西斯，雖然體力「已經爲時間與命運所削弱」，卻仍然可以憑藉豐富的回憶喚起意志的力量，仍然有著「去探尋、去發現，永不退卻」的決心。既然尤利西斯做得到，那丁尼生就沒有理由做不到。我們也一樣。

經驗的拱門

丁尼生的〈尤利西斯〉是英國文學的經典之作，被認爲是一個人在高中就應該讀過，再不濟也是大學畢業前就應該讀過。然而，我卻要到三十出頭，才第一次正式聽到「所有經驗就像一座拱門」這句詩。那是在華盛頓州一家圖書館舉行的詩歌朗誦會上。朗誦會一共有四位朗誦者。其中之一是詩人斯塔福德（William Stafford）[4]，他要朗誦的，是得獎之作《穿越黑暗》（*Traveling through the Dark*）和《煙路》（*Smokes Way*）裡的詩。另外三位詩人都是當地的居民，看起來都已經七十多歲。

房間裡坐滿斯塔福德的詩迷和其他三位長者的朋友。斯塔福德的朗誦精彩絕倫，對抑揚頓挫拿捏得恰到好處，讓聽衆的心弦爲之緊繃。他用的雖然是極簡單的語言，卻透露出深邃的沈思，就像〈我們的生命〉一詩中的這兩句：

> 我們應該把它捨出的，這呼吸，
> 那另一個呼吸，就會輕易來到。

斯塔福德朗誦完畢坐下的時候，在場每一個人都只覺得有點呼吸不過來的感覺。本來我以為，接下來三位老人家朗誦的，都會是一些傳統的、押韻的詩。但我錯了。我好像聽說過，他們是在本地的老人活動中心學會寫詩的，而指導他們的，是一位年輕的詩人。顯然，這位年輕詩人的教學很成功，讓他們充分領略到現代詩形式的精粹。他們的詩作大部分都是自由詩，大膽、活力十足而富幽默感。一些詼諧的段落引得聽衆哈哈大笑，甚至笑出淚來。

朗誦結束後有一段發問時間。我以前從未看過斯塔福德本人。他比我想像的要老。從他飽經風霜的臉、灰白的鬢角和他詩裡提到自己二次大戰時曾在森林保護局工作過這一點，我猜他只比其他三位老詩人年輕大約十歲。

出於衝動，我在聽衆席的最後面舉起了手。斯塔福德回答過另外兩個發問者的問題以後，就請我發問。「斯塔福德先生，請問，以你的年紀，是怎樣找出創作的新題材的呢？」一個坐我旁邊的年老紳士把臉轉向我，皺起了眉。我是問了個不得體，甚至不相干的問題了嗎？

聽了我的問題，斯塔福德笑了笑，然後怔怔望著地上，似乎是在反覆思考該怎樣回答。最後，他抬起了頭。

「沒有什麼你經驗過的事情是你已經經驗完的。」他說，直直地看著我，「寫作就是要挖掘出經驗中那些你未知的內涵，就是要去碰運氣。寫〈假期〉這首詩時，我聽到父親的聲音對我說：『你的工作是要找出這個世界試著要變成什麼樣子。』如果你相信這一點，那些你本來確信不疑的知識就會開始褪色，變得不穩定。我們都希望知識是不變的，但事情從來都不是這個樣子。」他停下話來，側過臉去看另外三位朗誦者。

「我不知道三位有沒有讀過一首我們很多人在唸書時候會倒背而流的詩？」他說，「這首詩寫的是一個『慵懶的國王』，也就是年老的尤利西斯。詩中談到了人類經驗的一些特質。」三位老詩人都點了點頭。接著，他們和斯塔福德就像約定好似的，同時站了起來。他們兩手貼在身旁，面向著聽眾，像四個被老師叫起來背書的高中生那樣，朗誦了起來：

我是我遭遇過的一切的一部份；
但所有經驗就像一座拱門
外面閃爍著我未曾到過的世界，
我愈往前走，
它的邊緣就愈往後退。

四個人的聲音合在一起，讓這首詩聽起來就像一首讚美詩。接下來是一陣沈默，我只覺得一股寒意鑽下了我的椎骨。那是我第一次嘗試想像丁尼生所說的「拱門」的樣子：它是石頭或木頭造的嗎？還是像輕煙一樣非物質的東西？或者根本就是看不見的，只是一個觀念？

朗誦會結束後，我從圖書館裡找出丁尼生的詩來看，並開始疑惑，自己是不是就像他筆下的尤利西斯一樣，是個「爲憧憬而吶喊的灰白心魂」。

這首詩會讓我心有戚戚，跟我自己的人生際遇有關。當時我已經三十三歲，跟〈尤利西斯〉出版時（一八四二年）丁尼生的年紀相當；而我也像他詩中的「灰白心魂」一樣，覺得自己人生的探險歷程已經到了盡頭。我年輕時代所體驗到的種種驚奇，以及我大學和研究所時代所從事的知識探險，都已經一去不復返了。生平第一次，我不再覺得自己和我所教的學生是同一輩的人。婚姻與家庭責任的壓力，工作的不穩定，還有我父親的死（他是被帕金森氏症折磨一段長時間才過世的），都讓我覺得自己變蒼老了。對，我的未來是還有很長，但其中卻充滿著責任的重擔和不確定性，而我也已經失去了雄心壯志和方向感。

因此，如果丁尼生所言不假，經驗和回憶眞是可以被轉化爲新的探險的話，我很想知道竅門所在。如果仍然有一些値得探險的新世界和一些「人類思想邊界之外」的知識的話，我也很希望踏上這樣的追尋之旅。如果一個神話人物尤利西斯可以作爲丁尼生的守護神，那現實生活中的老年人又是不是可以成爲我的守護神呢？如果我們每個人的內在都隱藏著一個年老而勇敢的自我，那現實生活中的老年人，說不定可以透露這些自我轉化與生命更新的祕密。這些祕密値得我花力氣去找出來。

朗誦會之後幾星期，我自願到本地的老人活動中心當義工，教授哲學課程。起初，我對那裡的老年人的認知，是透過他們的外表——像稀疏的白髮或脖子上的鬆皮。不過，經過好幾個月的相處，分享過這些新朋友的人生故事以後，我開始把他們和一些過去了的時代經驗相連起來：他們之中，有曾經在經濟大蕭條的時代靠著吃水煮小麥果腹的，有曾經在諾曼第的灘頭上九死一生的，也有靠著退伍軍人福利法❺而得以上大學的。而到了最後，我甚至脫下旁觀者的舒服角色，把他們的人生當成自己的一面鏡子，並具體地認識到，我有朝一日也會變老。另外，我也發現到，老年人是一塊可以幫助我們瞭解回憶、轉變、歷史、人的有限性和生命階段這些哲學課題的沃土。

貫穿這些課題的主軸，乃是哲學家所謂的「時間性」(temporality)——一種對時間的內在知覺，它蘊含著一種可以從經驗裡喚起新意義的能力。人對時間的意識並不是固定不變的。例如，像古代和現代的哲學家都觀察到的，在年輕人看來，人的一生非常漫長，但在老年人看來，人的一生卻非常短暫。另外，時間會隨著人的變老而壓縮，以致於很久很久以前的往事，在老年人的記憶裡就彷如發生在昨日。

聽著老人活動中心裡我那些老年朋友分享諸如他們大學畢業或小孩出生的往事時，我們的眼界很難不會爲之一寬，很難不會把凝視的目光，從自己的人生轉向一個更大的舞台。他們也會讓我們明白到，一個人外表上儘可以是白髮皤疏和穿著一件捨不得丟棄的老舊毛線衣，但內裡卻仍然可能擁有一顆二十五歲的心。而聽到他們談及照護父母、開車行經一棟兒時住過的房子或失去一個摯愛親人的往事和感受時，我們又說不定會忽然悟到，我們各自的人生，其實是同一個模式的復現；或是從中瞭解到，某些我們的人生掙扎或個人克服逆境與傷痛的小勝利，其實是跟人類的共同處境與移動方向相連在一起的。

接下來二十年，我發現丁尼生的話一點都不錯，眞的是有一些我們未曾到過的世界——但不是存在於遠方，而是存在於時間、記憶和歷史之中。而我也在各式各樣的地點——像老人活動中心、公共圖書館、安養中心、大學、博物館、家庭聚會等等——找到了一些可以分享彼此觀念和經驗的同行旅人。丁尼生所說的拱門以不同的形式向我展現：有時是一扇教室的門（裡面有一群熱切的老年學生等著我進去上課），有時是一群手拉著手的舞者所圍成的圓圈，有時是一個鋼琴家雙手起伏所形成的弧形，有時是一個哲學家的大膽思想跳躍所畫出的拋物線。而讓每一個這樣的場合被注入活力生氣，從平凡變得不平凡的，則是想像力的力量——一種可以讓人眺見可能性、超越陳腐的思想框架、克服困境與路障的力量。

過去二十年來，我就老化、變遷和時間意識的轉化這些課題所得到的發現，既有我從教授老年人哲學的過程中得來的，也有我從老年人的身上學來的。對我來說，這些發現的每一個，都是一個轉捩點，就像年老的尤利西斯是丁尼生從絕望邁向新生的轉捩點一樣。因此，我努力照它們發生當時的原樣，去把這樣的經驗捕捉回來。這些發現，有時是透過一些美妙、複雜和常常出人意表的老年人，有時則是透過跟我同齡或比我年輕的朋友與熟人（每當他們被我拉入老年、變遷和時間這些話題時，就會突然像變了一個人似的）。我所累積出來的見解，有來自別人所跟我分享的人生故事的，有來自我讀過的書本的，也有來自一些哲學家所提出的觀念和令人困惑的問題的——這些觀念和問題，有時會在我與別人的談話的中間突然閃出光芒。

以下章節的內容，正是取材於我過去二十年的經驗，而它們致力探索的問題包括：我們有可能轉化過去，在已經發生過的事件裡發掘出新的意義嗎？是不是有一些過去是我們應該加以遺忘，而又有一些過去，是我們務必要記住的呢？深思熟慮、自反的幽默（reflective humor）和無私這些素質，是可以透過對時間向度的嶄新觀照而得到的嗎？老年會讓人生的目的變得清晰嗎，還是年老體衰只會讓我們一輩子辛苦織就的意義網絡爲之解體？人類的經驗具有普同性嗎，還是說人與人的人生經驗是那樣異質分歧，想建立歷史共識、想成爲眞正的「同時代人」（comtemporaries），不啻緣木求魚？這些探索的每一個，都讓我爲丁尼生的拱門找到一個新的意義。

探索這些問題的過程中，我發現讓我得益最多的，是一些談話。這些談話，有發生在我與一群緊密圍坐在一張橋牌桌四周的老年學生之間的，地點是華盛頓州奧林匹亞的老人活動中心；有發生在我與我以前的導師奧吉・尼爾森（Augie Nielsen）之間的，地點是丹麥的一個教堂墓園；有發生在我與一位中國政府高幹（同時是儒家信徒）劉先生之間的，地點是加拿大里賈納的瓦斯卡納湖湖邊；有發生在我和女兒艾絲特之間的，地點是北卡羅萊納州阿什維爾（Asheville）我家的前門廊。

但是，當我把這些聲音與地點會集在本書裡的時候，卻反覆感受到一個兩難式的壓力。哲學家所追尋的，一向都被認爲是不受時空限制的普遍眞理，而這些眞理的有效性，是不依賴於特殊的個人和特殊的地點的。但是，每個邁向老年的個人——事實上就是我們每個人——又要怎樣才能脫去他形體自我的外衣，怎樣才能擺脫利己的動機和積習的成見，怎樣才能把飄忽不定的想法給固定住，怎樣才能突破個人歷史的侷限呢？這些，無疑都是心靈生活的永恆挑戰。但除此以外，我還發現我有很多捨不得丟棄的東西：像一張飽經風霜的臉、一隻冰冷的小手、一個讓人激動的艱苦奮鬥故事和一聲面對逆境所發出的笑聲。在面對這個兩難式時，我所引爲明燈的是我大學老師和好朋友謝普利爾（Oscar Shepler）的一個見解：每個人生和每個地點，都包含著超出其自身之外的意義。箇中的道理，我想有可能是因爲每個人的人生都是同一個模式的體現，也有可能是因爲我們擁有從特殊窺見普遍的能力——哪怕只是瞬間的。他的另一個忠告，同樣讓我覺得受益匪淺：「觀念與故事，不要重此而輕彼。」

第一章 灰白心魂的吶喊

亞里士多德在《修辭學》(*Rhetoric*)一書裡說過，人生的不同階段，是以人對時間的方向感的不同爲特徵的。年輕人總是往前看的，對未來滿懷希望與樂觀，但到了老年，因爲經歷了太多失望和挫折，我們會把目光轉而向內，沈湎於眞實的或只是自己虛構出來的美好過去中。有鑑於此，亞里士多德建議，身處在黃金年齡的人(介乎三十五與四十九歲之間)，應該採取「中庸之道」，也就是採取一種介乎前述兩個極端之間的人生態度：應該活在現在，既不太樂觀也不太悲觀，既不太急進也不太退縮。儘管今天的環境與古希臘時代已經大相逕庭，但亞里士多德有關我們的時間感會隨年齡而轉變之說，仍然歷久彌新——最少奧斯卡・謝普利爾是這樣認爲的。謝普利爾是我大學老師，跟我的關係亦師亦友，所以當我計畫投入新的冒險，準備要把哲學引介給老年人時，很自然會想去尋求他的忠告。

儘管謝普利爾教授是亞里士多德的景仰者，但他對老年的看法卻並不悲觀。他認爲，與其把人生歷程看成一直線，不如視之爲一系列的螺旋和圈圈。如果能換一種觀點看人生，我們就有能力重新詮釋經驗和獲得嶄新的動力。

沈思者

大家都暱稱謝普利爾教授爲謝皮。不管就外貌或心智來說，他都是一個很偉岸的人。一個大得異乎尋常的頭，加上一副厚實的肩膀，讓他看起來就像羅丹的著名雕像「沈思者」（The Thinker）。他有一頭濃密的紅鬈髮（部份已經開始變灰和變褐），而他的大鬍子和濃眉，感覺上是從他的粗呢運動外套的纖維向上蔓生而成的。讓他的沈思者形象更形顯著之處是他喜歡抽煙斗，從他叼著煙斗的唇縫間，你可以看得見他其中一邊的牙齒缺了一顆。

謝皮的太太索妮婭是一位從事研究工作的化學家，夫妻倆住在底特律市中心一棟寬敞的公寓裡，離韋恩州立大學的校園不遠。我就是在底特律這個汽車之城長大的，讀的也是韋恩州立大學。就是從謝皮那裡，我學會了怎樣捕捉他所謂的哲學「蟲子」。

有一次上他哲學討論課的情景，我至今記憶猶新。他大踏步走入教室，站在教室的最前方，指著一隻隻急著要發言而舉起的手，樣子就像是在拋食物給一群飢腸轆轆的魚兒。那天我們要討論的主題是哲學二元論：到底，物質與能量、心與物、常與變這些對立項，是眞的不可以互相化約的，還是說它們的對立只是表面的，只要經過長時間的反省與沈思，就可以發現其中的統一性？

其中一位發言的同學是社會主義的信徒，偏愛二元論，援引了階級鬥爭的理論和黑格爾的「理性的狡獪」觀念來為二元論背書。但另一個同學卻是個環保論者，服膺柏拉圖所說的整個大自然都是肌膚相連的，主張「我們全都是一個單一生態母體的一部份」。由於對這種各說各話、沒有交集的場面感到厭煩，我嘀咕說：「一元或二元又有什麼分別？」

我的嘀咕聲大得超過我的預期，而謝皮也顯然是聽到了我說的話。他望向我的方向，舉起一隻手，要求大家肅靜。他走到我的位子前面，點了點頭和捻了捻鬍子。「這就是你的問題，曼海姆？」我以為他一定是對我的莽撞感到生氣，沒想到他卻微微一笑，繼續說：「還是我應該說，這個問題是屬於你的。」他站起來宣佈說：「現在我們請曼海姆先生為我們說一說：哲學上的分別是不是有分別的？」班上的同學全都笑了起來，但他們都知道，謝皮是認眞的。這就是他的天分，也是他所以深受我們愛戴的原因。他總是能在最精確的時間問一些最根本的問題，而他那微微出格的句法和若有若無的歐洲腔，也讓人過耳難忘。

我是家族裡的第一個大學生，本來是計畫要讀醫或讀商（我爸爸就是從商的）。但我卻被哲學的蟲子給咬著了。這之前，我人生的未來似乎是完全可以預測的——好的教育，一份收入穩健的職業，一棟位於市郊住宅區的房子。但突然間，一些謎樣的句子、一些密碼般的話語，還有一元論者和二元論者喋喋不休的爭吵，卻把一幅我原來看不到的布幕從我眼前升起了。它揭露的新世界讓我目眩神迷。在我還沒有自覺得到以前，笛卡爾所說的「清晰和判明的觀念」❶就已經成爲了我心目中唯一有價值的追求。從此，生活的其餘部份在我看來都是蒼白的和不值一提的。

當我準備在奧林匹亞的老人活動中心開哲學課時，上距我上謝皮的那堂討論二元論的哲學課已經十二三年。不過，就在我循著舊路再去走訪謝皮的住處時，心中卻縈繞著另一個二元論：老與少。人是在什麼時候由少轉老的呢？亞里士多德說年輕人是活在希望和未來裡，而老年人則是活在回憶與過去裡，他是正確的嗎？

當時是一九七六年，正值美國建國兩百週年。整個美國都陷入一片歷史熱之中：很多本來準備要拆掉的古老建築被保存了下來，家族史從深鎖著的抽屜裡被重新翻了出來，很多式微的民俗傳統重新受到重視，並擴大爲公共的節慶。似乎是受這股保存過去的熱潮所感染，我也希望可以透過哲學的透鏡，去審視老年人記憶中的過去。老年人有些什麼使我著迷。畢竟，他們所身處的，是人生的哲學階段，是一個可以從詮釋過去蒸餾出重要教益的階段。另外，我也想知道古往今來的大思想家對老年有過什麼樣的思考。

我知道，星期天下午的謝皮，在家裡一定是穿著雙拖鞋和一件以腰帶繫腰的紅色天鵝絨衫。謝普利爾家族世居奧地利，是自由派的新教徒。他們一家是在納粹佔領維也納前夕及時逃了出來。他們底特律的公寓，有如是一個位於工業城市中央的小小歐洲文化綠洲。客廳地板上鋪著已經磨蝕得厲害的波斯地毯，牆上立著一排排書架，上面插滿德文、法文和英文書。客廳裡還有兩台鋼琴，它們弧形的桃花心木琴身相拼在一起，佔去客廳一半的面積，謝皮和他太太都擅彈鋼琴，常常一起合奏，一彈就是幾小時的二重奏。

儘管能說一口流利英語和熟諳十八世紀的英國文學，但謝皮的英語還是偶爾會流露出他母語的痕跡：把動作動詞置於句尾。在電話裡聽我提到斯塔福德的話、丁尼生的詩和我有到老人活動中心授課的打算時，他喊道：「老人家？說不定中年危機正是你有的？」

客廳裡還可以看得見謝皮多年前收養的流浪貓托比——一頭橘白相間的貓咪。謝皮告訴過我，托比一名取自十八世紀英國小說家斯特恩（Laurence Sterne）的《項狄傳》（*Tristram Shandy*）裡一個角色。小說中的托比叔叔，是個對你能想得到的任何問題都能放言高論的人，而且一說起話來就沒完沒了。但貓咪托比卻讓謝皮覺得寬心，因爲牠是沒有意見的，不管謝皮說什麼，牠都只有聽的份。

以克法洛斯爲誡

謝皮用一個擁抱歡迎我，然後拉住我手臂，把我帶到客廳壁爐旁邊一張搖椅，與他相對而坐。我們閒聊了幾分鐘。我談了我家裡的最新狀況和拿到博士學位後漂泊不定的生活，他則談了大學裡的複雜人事、他太太的研究和托比最新發明的滑稽動作。接著，我就轉入正題——我將要教老年人哲學的話題。

謝皮傾身向前，手肘支在膝蓋上，兩手托著他的大頭。「我不明白你爲什麼要這樣做？是爲了讓你的資歷更好看一點嗎？」他搖了搖頭。他知道，這種資歷是不會有任何哲學系感興趣的。「是爲了錢嗎？」他看著我，然後笑了起來，「也許是因爲你想念祖父母的關係吧？那你帶一束花到他們的墳前不就得了。」

這是謝皮慣用的方式：對一個問題先提出一系列可能的答案，然後再找出它們的荒謬處，逐一刪去。他讀著我的心思，想把驅使我有這樣計畫的某些第一因、原理或動機之類的東西找出來。

「今年是我們國家建國兩百週年，」我開始解釋我的動機，「我想有些表示，也就是說，爲它做些有貢獻的事。」

「那你可以寫一部家族史。每個人都是這樣做的。」

「我姑姑西薇亞已經在寫了，」我回答說，「再說，我想做的是觀念方面的工作，而且是讓一般人也可以受益的。迄今爲止，我教的都是大學生，而我猜想，老年人的經驗說不定會對哲學帶來一些裨益。」

他思考了一下我的話。「老年人有相當豐富的人生經驗是沒有錯，但我的朋友，也許你已經觀察到，他們有些人只會一再重覆同樣的經驗，重覆又重覆。你以爲你可以找得到一些能夠從事活潑思考的開放心靈嗎？」他用手掌輕拍煙斗的斗部，然後用刷子把燒焦的煙草拂到煙灰缸裡去。「慣性，朗納德，」他說，「心靈的慣性是極難改變的。」他審視了煙斗斗部一眼，然後從他旁邊桌子的防潮盒裡拿出一些煙草，把煙斗重新塡滿。他靠到椅背上，吐出了一團芳香的白霧，然後問：「我的朋友，會讓你起意從事這一趟進入老年人世界之旅的，還有什麼別的原因呢？」

還有什麼別的原因？謝皮就是那種你在他面前別想能夠有所保留的人。在大學時代，我就像其他喜歡跟他親近的學生一樣，不只會找他談哲學，還會找他談私人的事情。謝皮一個很棒的地方就是他會鼓勵我們在生活和哲學之間找尋關聯。「你知道嗎，即使是大思想家也是要過生活的。」他喜歡這樣說。

「事實上，謝皮，」我開始和盤托出，「我覺得自己變老了。我迄今還未能從喪父之痛中平復過來，而現在我的第三個小孩又出生了……我不知道該怎麼說。」謝皮知道我父親長時間被帕金森氏症折磨的事。他不發一語，等待我把話說下去。「嗯，我最近常常會做一個夢。我夢見自己身在一個戰壕裡。那是第一次世界大戰的戰場。先我們一波衝鋒的士兵在機關槍的掃射下紛紛倒地。現在輪到我們了。我們一爬出戰壕，另一批士兵就馬上把戰壕塡滿。我迎著砲火拼命向前衝、向前衝，而就到我們快要衝到頂的時候，我驚醒了過來，全身都是冷汗。平時，即使只是想到這個夢都會讓我焦慮。」

謝皮舉起一根手指，那是他想發表意見的一個委婉手勢。「容我打個岔。你認不認爲，這個夢是你對自己終必有一死的焦慮的反映？是你對下一代會把你推走、取而代之的反映？」他用探詢的眼光看著我。「你今年多大了？三十？三十二？」

「已經三十三了。」我回答說。

「哦，原來是基督受難的年紀。你知道這個嗎？說不定你的焦慮跟這個有關。」我搖搖頭。不，我不知道耶穌就是在三十三歲釘十架的。難道他認爲這個可以解釋我的沈重心緒？

「嗯，不是這個原因？好，那我們把它擺到一邊去，」他揮揮手說，「再想別的理由。你剛才談到小孩。也許你是爲他們的脆弱性擔心。出生在這個年頭，實在沒有什麼好慶祝的。

越戰、暴動、有勇氣的人被暗殺。處在這種環境下，你很難不會對保護自己所愛的人這件事有無力感。朗納德，你是發現了你在人生中的新位置。一代在前，一代在後，這讓你產生了一種看事情的新方式。在這之前，你一直擔心的都是自己的未來，但現在你開始爲你小孩的未來擔心起來了。所以說，你有了一個新責任，一個爲你上一代和下一代而活的責任。」

謝皮是對的嗎？本來，我在夢裡的焦點，一直都是我自己，但聽了謝皮的話以後，我的視線卻開始移向繼我們之後進入戰壕裡那些年輕士兵的臉。我看到他們都是一副害怕無助的表情。而兩百週年的國慶，不正好是一個召喚，召喚我在國家經歷過一連串的社會政治動盪以後，爲過去找出新的意義嗎？而老年人說不定可以讓我能跟那些存在社會動盪發生前的理想接上線。這時，我想到了另一件事情。「你談到代與代之間的問題，」我說，「這讓我想到，過去，我一直都認爲我跟我的學生是同一輩的人。可是，我現在的學生都太年輕了。我感到我們之間有代溝。說不定這就是我想跟老年人共處的另一個理由：跟一些能瞭解我的人共處。」

「尋找慰藉？」謝皮說，「這可是哲學傳統裡一個重要主題。透過音樂性的論述去治療傷口，或從一群志同道合的尋道者那裡尋找慰藉。」說到這裡，謝皮把視線移向書架一下子，然後再移回到我臉上。「如果你願意從老年人身上學習的話，那他們確實有可能可以教你很多事情。只不過，這有時是個最不確定的命題。你有反省過自己的假設嗎？」

「反省我的假設？那正是我一直努力在做的事。我最近正在讀一些談老年人心理發展的東西。一個朋友介紹我讀榮格（Carl Jung）的一篇論文〈靈魂與死亡〉（The Soul and Death）。榮格認爲，人生的歷程可以比作一條拋物線。」

「哈，身兼科學家與神祕主義者兩項頭銜的榮格醫生！」他說，然後以手指在空氣中畫了一個弧形，以背誦的聲音說道：「年輕的時代，我們嚮往世界。爲了尋找快樂，我們奮力攀爬野心的山峰，但等到我們爬上峰頂，卻發現——」他的手用力向下一揮，又憂鬱地搖了搖頭，「快樂原來不是在峰頂上，而是在下面的山谷裡。所以，你必須跟你的有限性和解，接受人必有一死的事實。我有漏掉什麼嗎？啊，對了，還有——」他指了指壁爐架上方的時鐘，「在人生中午的祕密時刻，我們發現我們必須『與死同生』，讓自己得以釋放出來。榮格是這樣說的吧，朗納德，我有沒有記錯？」

我搖搖頭說：「沒有記錯。看來你對他的這篇文章熟得很嘛。」

「對，我也經歷過迷榮格的階段。你知道嗎，榮格在壯年的時候，曾經自己親手蓋了一座塔狀的房子，把自己關在裡面，埋首於研究靈魂的煉金術❷。可是，你希望的，卻難道不是跳出學院的象牙塔，不是尋找一些同行的旅人嗎？」

原來這就是他的重點：告誡我不要落入神祕主義那種可能會讓人陷於自閉的副作用。謝皮是個懷疑論者，唯一的宗教是藝術，又特別是音樂。有關他對音樂的愛，他曾經說過：「我可以說是個狂熱份子，只差沒有殺死過誰罷了。」但他說我志願到老人活動教授哲學是爲了尋找同行的旅人這一點，卻是一語中的。沒有錯，我確是想建立自己與其他輩份的關連性。自己一個人東想西想是很容易會迷路了。

謝皮沈默了一陣子，然後劃起一根火柴把煙斗再次點燃。「朗納德，我想，哲學確實可以教給你一些有關老年人的事情。」他的臉上出現了一種奇怪的表情。「你知道嗎，在你唸過的書裡，就有過哲學家和老人家對談的例子。記得嗎？就在你的柏拉圖裡。」

我還記得我的柏拉圖嗎？我開始在腦子裡搜索，柏拉圖的哪一部對話錄裡，是有一個老人家角色的。但就我記憶所及，幾乎所有跟蘇格拉底對話的人，要不是年輕人，就是中年的修辭學教師，也就是智者派（Sophist）的成員。

見我久久沒有說話，謝皮調侃我說：「你運氣不錯，當年要是我考試出這道題目，你就完了。怎樣，還沒有想到？那好，我給你一個提示。是在《理想國》（*Republic*）裡，《理想國》的卷一。」說完，他滿懷期待地看著我。

《理想國》是柏拉圖最偉大的作品之一。在這部作品裡，柏拉圖用對話錄的體裁探討了正義的概念，討論了怎樣才是理想的國家，並提出了只有哲學家才夠資格治理國家的主張。對話錄的一開始敍述蘇格拉底跟一個年輕朋友參加完在比雷埃夫斯港（Piraeus）——希臘一個港口城市——舉行的一個節慶，走在人群中間要走回雅典去。這時，一個僕人走到蘇格拉底面前說，他的家主人——年輕而富有的玻勒馬霍斯（Polemarchus）——想邀蘇格拉底到家裡作客。蘇格拉底答應了，而玻勒馬霍斯的家，也是對話錄裡的哲學對話展開的地方。

「卷一？」我說，仍然想不起來這對話錄裡哪一個角色是個老人家。「我想想看……蘇格拉底到了玻勒馬霍斯的家，然後他誘導大家討論一個問題：什麼叫『正義』？也就是，什麼才是正確的行爲？」

冬天下午的陽光消退得很快，謝皮伸手去打開身旁一盞桌燈，然後打了個呵欠和伸了個懶腰。「很奇怪對不對？柏拉圖明明是個喜歡探索不變宇宙秩序的人，但他卻偏好用對話錄的形式，而不是透過抽象的論文。對，你沒記錯，蘇格拉底是去了玻勒馬霍斯的家，並答應住一個晚上，以便可以欣賞晚上的盛會。那是什麼盛會？」他開始不耐煩地在椅子上動來動去。

「是不是賽馬之類的？」

「正確，是賽馬，」他回答說，「但這裡有一個曲折。根據我們的希臘專家考證，柏拉圖說的賽馬是火炬賽馬，就是一種騎在馬上傳遞火炬的接力賽。你認不認爲，這是一個有寓意的細節？」

「你是說傳遞火炬是一個隱喻？」

謝皮點了點頭。他以前就教過我們，柏拉圖的對話錄哪怕是最微不足道的枝節——一個比喻、一個手勢或一句無心話——都是有寓意的。儘管知道這一點，我還是沒有頭緒。

「你還沒想通？」他問。我搖搖頭。「好吧，那我們再往下看去。最先跟蘇格拉底討論正義的定義的人是誰？」他用嚴厲的目光看著我，一面用手捻鬍子。

「是玻勒馬霍斯，」我回答說，「玻勒馬霍斯主張，所謂的正義或正確的行爲就是欠多少債還多少錢。稍後，當他的論點受到蘇格拉底的質疑而顯得站不住腳時，他就修正立場，說正義就是『幫助朋友，傷害敵人。』」

謝皮輕聲笑了起來。「有關玻勒馬霍斯的部份，你說的完全正確。蘇格拉底首先是誘他斷言，正義只是一件無用的商品，繼而又誘他，說正義只不過是人用來爲自己想做的事情建立正當性的。不過可別忘了，玻勒馬霍斯可並不是第一個跟蘇格拉底對話的人，他只不過是把另一個人的論點接過來發揮罷了。」

接別人的論點發揮？我忽然記起來了。「是他的父親克法洛斯（Cephalus）！當然。」

「當然，當然。」謝皮笑著說，「《理想國》裡的第一回合對話，是在蘇格拉底和克法洛斯之間進行的。你會忘了這個，我並不覺得意外，因爲我們通常都會忽略了這個部份，以爲那只是整部對話錄無足輕重的前奏。其實，我也一直是這樣以爲，直到你今天問到我哲學家是怎樣看待老年的問題，才重新憶起這段對話和明白了它別有深意。」謝皮手摸前額，似乎是在構想一個畫面的樣子。「在對話錄裡，蘇格拉底說他喜歡跟老人家談話，因爲那可以讓他對人生道路——不管那是康莊的還是崎嶇的——有更多的瞭解。但有一點你難道不會覺得奇怪？爲什麼柏拉圖要把克法洛斯——一個已退休和跟兒子同住的生意人——放在對話錄的最開始，作爲與蘇格拉底討論何謂正義的第一人呢？我現在明白了，朗納德。我現在明白了柏拉圖讓一位老年人的代表上場的用意何在了。」謝皮把屁股往前移，挪開嘴裡的煙斗。「怎麼，還想不出來火炬賽馬是寓意什麼？這個謎有點難，對吧？」

我點點頭。謝皮談論柏拉圖對話錄一幕或一個論證的樣子，是坐在客廳裡還是坐在街角的咖啡店裡都沒有分別。我望向背後的書架。這些書架都是由一片片的淡褐色的櫟木板所構成，木板與木板之間以一些仿希臘或羅馬式的塑膠柱子支撐。「那就是說，」我斗膽猜測，「火炬賽馬象徵的是輩與輩之間的薪火相傳。柏拉圖是要暗示，玻勒馬霍斯在對話中所持的觀點，有可能會跟他父親類似。」

謝皮點點頭，然後說：「很多東西都可以從一代傳給下一代的，包括了財富、意見、價值觀和個性特徵。柏拉圖這傢伙也眞是有夠聰明的了，竟然會想到以這種方式埋下線索。」

謝皮揉了揉鼻樑，靜靜地坐著，然後彎身說道：「噯，小托比，上來。」橘色的貓咪本來在附近徘徊，一聽到主人喊他，就一躍跳上了謝皮的大腿。

「讓我們再來回憶一下。」謝皮輕撫著貓咪說，「克法洛斯對蘇格拉底說了一番很有哲學味的話。他說，在上了年紀以後，他發現心靈的生活比肉體的歡樂更讓他受益。心靈與肉體，一個古老的二元論，嗯？克法洛斯不像他同齡的人那樣，會爲精力、權力和性慾的消失而沮喪，相反的，他歡迎這些轉變，歡迎它們對他的生活所帶來的影響。說不定他甚至感覺自己被釋放了。搞不好他有這種態度，是因爲讀過榮格的作品，接受了人必有一死的事實。你看是不是？」他笑著說，「這種從激情的枷鎖中放出來的自由，是哲學的一個重要議題。照理說，蘇格拉底應該會對克法洛斯大表肯定，對不對？」

「克法洛斯的一番話，」我說，「反映出老年可以是一個人生的哲學階段。他是一個最適當不過的角色，不是嗎？他已經控制了情緒，懂得自省，而且平靜滿足。看來，柏拉圖就是要把他作爲老年人的一個代表。」

「對，看起來應該是這樣。但奇怪的是，蘇格拉底卻對克法洛斯表現出來的平靜滿足顯得將信將疑。他置疑，克法洛斯能夠有這種平靜滿足，是因爲他是個有財有勢的人。」

「可是，謝皮，」我打岔說，「克法洛斯不是對蘇格拉底的質疑有一個很好的回答嗎？他說固然有些富有的老年人會平靜滿足，但可不是每個富有的老年人都是平靜滿足。換言之，財富是中性的，可以爲善也可以爲惡。而如果我沒記錯的話，克法洛斯也告訴蘇格拉底，他已經克服了對年老和死亡的焦慮。」

「相當正確，」謝皮說，「克法洛斯說，在獲得平靜安詳以前，他經歷了一段每晚做惡夢的日子。因爲意識到自己離死已不遠，他常常會自問，應該要怎樣過生活？死後諸神會怎樣裁斷他？對，朗納德，他是聽到了良知的呼喚，是害怕死後會被打入地獄的深淵。不過，最後克法洛斯卻確信自己已經克服了恐懼，因爲他自揣該做的獻祭都做了，而且對誰都沒有虧欠。只不過……」

「這就是了，」我打岔說，「跟榮格所描述的一樣。他已經學會跟死亡和平共處了。克法洛斯表示，人生最重要的事，就是培養出正直的人格。如果你有了這種人格，那就不管你是年少年老，都會心安理得。」

謝皮舉著煙斗比了比手勢。「心安理得？也許吧，但你可別忘了，當蘇格拉底請他嘗試爲『正義』下定義時，結果怎樣。」

「他失敗了，因爲蘇格拉底讓他陷入了自相矛盾。」

「標準答案。克法洛斯跟蘇格拉底辯論了不到兩分鐘就打退堂鼓了。『抱歉，蘇格拉底，』謝皮用尖細的聲音模仿說，「『我是個有德的老人，所以必須去參加祭祀了。』但我兒子玻勒馬霍斯就在這裡，請你讓他當我的討論接班人吧。』爲什麼他要開溜？因爲他雖然大談道德，但卻經不起蘇格拉底的反覆詰問，立場顯得漏洞百出。他缺乏足夠的理論訓練去檢視自己價值觀所賴以奠基的原則。」謝皮用大拇指在煙斗裡壓了壓，然後伸手去拿火柴。「也就是說，正確的意見並不等於知識[3]。克法洛斯畢竟夠不上是個哲學家。」

「但是，」我反駁說，「難道一個沒受過理論訓練，不懂得倫理學理論上的『因此』和『所以』的人，就不可能在老年時成爲一個正直和平靜的人嗎？」

謝皮對我投以不以爲然的一瞥，彷彿我正在發表的，是什麼異端邪說。「朗納德，你最好閉上嘴巴，」他高聲說，「不然我們就要離題了。」不過，他隨即又笑了起來，繼續說：「當然，大部分人不需要倫理學原則也能獲得心靈上的平靜。在一個變動不大的時期，這樣過生活大概就已經夠了。但換成是一個社會與政治大動盪的時期——我可以以自己的經驗告訴你——只以意見和情感作爲基礎的道德感，很容易就會成爲一個暴君的犧牲品。在柏拉圖寫《理想國》這部對話錄的時代，書中的大部分角色都已經死了——不是被覬覦他們財富的人所野蠻謀殺，就是因爲政治上的罪名被處決。柏拉圖是不相信意見的。就因爲這樣，他才會讓克法洛斯上場一下子，就把他趕走，不讓他繼續參與這場偉大的對話。明白了嗎？所以，當你去跟你那些老人家接觸時，謹記一個座右銘：以克法洛斯為誡。」

我點點頭，表示我會盡力去記住這個座右銘。但我仍然納悶，難道克法洛斯不懂得分析自己的道德立場，就表示所有老人家都沒有一點分析自己道德立場的能力嗎？而蘇格拉底所說過的，他希望他可以從老人家身上瞭解他們康莊或崎嶇的人生道路，不正好就是我想做的嗎？我的人生道路，迄今為止似乎都跟康莊沾不上邊。已婚，有三個小孩，在一份份短期教職之間流轉。我常常會在午夜驚醒，但我所煩惱的，並不是靈魂會不會得救、會不會下地獄的問題，而是最世俗不過的問題：金錢、事業，和自己夠不夠資格當一個父親、一個丈夫。

我一直都對中產階級的價值觀（有收入穩定的工作、受人尊敬）嗤之以鼻。我喜歡碰運氣、嘗試新的事情、旅行和生活在刀口。可現在，常常縈繞我心頭的議題卻是永久性、持續性和穩定性。我認同的對象，也開始從我的學生轉向我的父母，並開始同情地瞭解到，他們奮力去獲得某種程度的安穩與快樂，並不是那麼不足取的。我父母一直擔心的問題是我什麼時候才會找到一份正式和像樣的工作。他們期望我成為的，是醫生或商人，而不是哲學家；他們希望我走的，是克法洛斯而不是蘇格拉底的人生道路。我得承認，我已開始同意他們的想法。

當我坐在那裡思及我父母時，目光接觸到掛在壁爐上方的油畫。那是一幅康斯太布爾風格❹的英國風景畫，樹木、穀倉、池塘、牛隻這些元素一應俱全。不過，它的奇特處在於近看時畫面會顯得斑駁混沌，但遠看卻完全是寫實主義的。

「謝皮，」我說，「你對克法洛斯的分析非常有趣，但它對我即將在老人活動中心所做的工作，又會有什麼幫助呢？我想那裡的老人家應該都是尋常的中產階級，而非富有的企業家。」

謝皮若有所思地看著我，然後說：「朗納德，你想知道哲學家對老年有什麼看法，對嗎？」我點頭表示同意，那正是我計畫的一部份。「所以，我們現在就是要一起來看看你可能會遭遇哪些困難。也許你碰到的老年人，就會像克法洛斯那樣，已經獲得了內心的平靜。但你可別光從外表下結論。正直和好個性有時候只是中產階級的順服性和渴望受尊敬心理的面具。智慧與因循兩者間的分別，有時不是那樣容易識別出來的。」

他劃了一根火柴，點燃煙斗。「另外，從柏拉圖那裡，我們還可以學到很多其他的東西。這個克法洛斯，他代表的還有其他。」謝皮停了半晌，用力吸他的煙斗，使煙草的火旺了起來。「那就是轉變的不確定性。身體會衰老，財富有可能會失去，而宗教信仰也有可能會流於儀式化。柏拉圖藉此向我們指出，那不變和恒久的東西，才是值得追求的，而且只能透過理性的論述來獲得。因此，當你去會你那些老年學生時，要記得他們已經累積了一層又一層的經驗，而經過時間的壓縮，這些經驗已經形成了知識的水晶，甚至形成了洞見的寶石，而這是你可以幫他們挖掘出來的。你可能會找到鑽石，也可能會找到煤炭。」

煤炭？鑽石？謝皮有一種反諷的天分。但他認爲我會找到的是哪一種呢？

漏掉了的什麼

當我正準備請他解釋煤炭和鑽石之說時，大門處傳來一串鑰匙轉動發出的碰撞聲。謝皮轉過身去，而托比也從他的大腿上一躍而下，向門廳方向奔去。跟著是門關上和插鞘插上的聲音，過了一下，謝普利爾太太就出現了。她是一個高個、雍容的女性，穿著件黑色的羊毛大衣，腋下夾著一本口袋裝的書，一手拿著個公事包，一手拿著個購物袋。從我所坐的位置，我可以看得見她跪著的膝蓋和聽得見她用德語跟貓咪說話的聲音，而托比則在她的腿上磨蹭。

謝普利爾太太並沒有往客廳的方向走來，而是逕往廚房走去，一面走一面大聲說：「謝普利爾先生，*hast du vergessen, den Kater zu füttern?*〔你是不是忘了餵貓啦？〕」

「啊，老天，」謝皮對我說，「我忘了餵貓啦。」

「*O je, ich hab's vergessen.*〔啊，對，我忘了。〕」他對著廚房的方向喊去。

我聽到冰箱門砰一聲關上的聲音，接著謝普利爾太太就回到了客廳來。等她看到一張椅子上披掛著件陌生的大衣時，才曉得家裡來了客人。

「噢，別見怪，」她說，「我不知道來了客人。」

她走到謝皮身邊，微微彎身，讓謝皮去親她的臉頰。「索妮婭，這是曼海姆，我從前的學生，還記得吧？」

她轉過臉，打量了我片刻，然後用手指指著我。「對，就是你那個搬到西岸去的學生。就是跟海德格❺打得火熱的那個，還是跟齊克果？不過沒差，反正就是那些憂鬱的靈魂之一。我當然記得他。」她伸出一隻手跟我握了握。「你好嗎？你那位可愛的太太可好？謝普利爾，我們是不是有參加過他們的婚禮？」謝皮點點頭。她總是喜歡用很正式的方式去稱呼丈夫，就像他是她的雇主或生意上的夥伴似的。但在其他方面，他們是恩愛的一對。

「那已經是十年前的事了，」謝皮嘆著氣說，「時間過得眞快。」

謝普利爾太太在沙發上坐下。「我喜歡你太太，她很直接，很直爽。我欣賞有這種特質的女性。你的孩子都好嗎？我們在照片中看過他們。健康嗎？」

「很健康，」我點頭說，「除了偶爾會傷風發燒以外，一切都好，很健康也很好動。」

「那就好，」她說，「你們正在談些什麼？容我這樣問嗎？」

謝皮看著我，似乎是爲應不應該向太太透露談話內容徵求我的同意。爲了解除他的疑慮，我就主動說：「我在請教謝皮，我是說謝普利爾博士……」

「沒關係。他喜歡謝皮這個稱呼，我則喜歡另一個。」

「哦，是。是這樣的，我最近準備到我家附近的一個老人活動中心教哲學，因此想從他這裡得到些忠告。我們正在討論的是哲學家對老年的看法。」

「哦，是這樣。」謝普利爾太太回答說。她轉頭望向謝皮，這讓我有機會看到她那漂亮的側臉：高顴，挺拔的鼻樑，寬闊的前額，褐色和灰白色的頭髮（但仍留有幾綹金色的）盤成一個髻，用一枚銀髮針別住。

「索妮婭，」謝皮說，「我們的好朋友曼海姆正在經歷類似中年危機的東西。他因爲受到丁尼生的〈尤利西斯〉刺激，打算要揚帆航向新的水域，尋找灰白心魂的智慧。」

索妮婭看起來滿腹疑竇。「丁尼生？哦，原來是這樣。」她點點頭，然後把臉轉向我。「所以，你打算像沈落的星一般追尋知識，航向……航向……對了，是航向人類思想的極限之外？」

「不是極限，是邊界。」謝皮糾正她說。

謝普利爾太太點了點頭，以示接受謝皮的糾正。不知道爲什麼，這兩句詩被謝普利爾太太一唸，顯得有點浮誇的味道。爲了撇清，我趕緊說：「我只是受到了它的一點點激發罷了。」

「你本該如此，」她說，「這本來就是一首有激發性的詩，只可惜——」她拉了一拉脖子上的鬆皮，又把一綹亂髮繞到耳朵後面，「只可惜它漏掉了最重要的東西。你說是不是？」

我根本答不出來，只好望著謝皮求助。不過謝皮還沒有開口，謝普利爾太太就主動把話說下去：「那是一首男性的詩。我想那是很自然的。男人總是遐想可以重新出發，而且總是有一番大道理。換成是今天，他們會遐想的，就不會是揚帆出海，而是一輛紅色跑車和一個金髮美女——說不定是一個年輕、漂亮的女學生，你說是不是，謝普利爾？」她瞅著謝皮，而後者則蹙眉和搖頭。「詩中漏掉的，」謝普利爾太太繼續說，「是那個太太，珀涅羅珀（Penelope）。丁尼生只把她提了一下，就馬上把她甩到一邊去。如果我沒記錯的話，詩中唯一提及她的，就只有『老妻』兩個字。這也許是丁尼生身上那個維多利亞人作的祟吧。維多利亞時代文人筆下的女人，不是被弄得蠢蠢的，就是被弄得神祕、遙遠、不可觸摸。但我們不應該忘了什麼才是最真實的。」謝利普爾太太一面說一面激動地擺動雙手，她的身姿顯得更形優雅。「最真實的就是珀涅羅珀——狡猾的珀涅羅珀，編織者珀涅羅珀，忠貞不二的珀涅羅珀，尤利西斯的妻子，忒勒馬科斯（Telemachus）的母親。就是爲了她，尤利西斯才會毅然拒絕完美無瑕和不會老的卡呂普索（Calypso）女神的愛情。不朽，完美，這不就是你們哲學家在追尋的嗎？」謝皮和我對望了一眼。

「但你們得知道，先生，」謝普利爾太太繼續說，「眞實中的尤利西斯可不像丁尼生筆下那樣的。眞實中的他，是回到家裡去，跟自己的老妻相守在一起。也就是說，他選擇了歷史，而不是不朽。最少古希臘的神話裡是這樣說的。而當他回到伊撒卡島之後，就跟太太依偎在多年前他親手設計和製造的那張特殊的床鋪上。你知道我特別喜愛荷馬的哪一段嗎？是描述他們做愛和徹夜長談的那一段。珀涅羅珀渴望知道尤利西斯歷險的每一個細節，而尤利西斯則渴望聽她談怎樣拒絕她的求婚者的——爲了讓求婚者以爲她無暇結婚，她把織好了的東西織了又解，解了又織。」

說罷，謝普利爾太太站了起來，理了一理裙子，看著謝皮。「不睡覺徹夜長談，」她揚眉說，「*Du hast es nicht vergessen, mein Schatz, nicht wahr?*〔你是不是已經忘了這個呢，寶貝？〕」謝皮點了點頭，帶著欣賞的眼光看她。她微微一笑，走到謝皮的搖椅旁，往他頭頂上吻了一吻。「很高興看到你，曼海姆先生。請代我問候你太太和小孩。也請代問候你即將會碰到的老人家。我相信，他們其中很多人會更像珀涅羅珀而不是尤利西斯，也深信你會從他們那裡獲得可以幫助你渡過危機的指引。」

說完，她就走入了廚房。我可以聽到銀器皿和瓷咖啡壺相碰撞的淸脆聲響。我們坐著，靜靜地聆聽。托比舔了舔腮鬚，跳到沙發上，佔領了謝普利爾太太剛剛坐過的位置。最後，謝皮打破沈默說：「她是個不簡單的女人。銳利，相當銳利。」他一面說一面若有所思地搖頭。

中國山水畫

「朗納德，」謝皮用手指輕叩額頭說，「我想到了還有另一個哲學家談過我們這些銀髮族。」

我從未想過謝皮也算是個老人家。當然，他是我的老師，而且說不定是我的楷模，但說到老，我可從來沒有把他跟老聯想再一起。

「我想到的人是叔本華。沒有錯，現在已經沒多少人研究叔本華了，但在十九世紀，他可是個大角色，是個巨人。他的哲學把整個世界視爲一個活的有機體，而每一個生物、每一塊石頭，甚至戰爭和音樂片段，在他看來都是一種無所不在的力量所推動的。這種力量，他稱爲內在意志，而那是一種超出任何人可以控制之外的能量。」

「叔本華有談過老年的問題嗎？」我問。

「有。很多十九世紀的哲學家都談過這個問題。他們都想追溯人類是怎樣從過去蒙昧的狀態一直發展和進步到啓蒙的巔峰的。不過，他們所認定的巔峰，往往是他們的宗教、他們的國家，甚至是他們自己的哲學體系。這是一種傲慢，對不對？說到這個，我可要說一句提醒你的話。」他抓了抓鼻子，「當你讀到哲學家談論老年的主題時，你必須要注意他們的額外動機。你要知道，老年這個主題就像一幅畫布一樣，可以讓哲學家根據他們的價值判斷和哲學觀點，隨心所欲畫上一幅肖像。像柏拉圖就畫了一幅。他畫了一個身穿漂亮袍服、住在寬敞別墅裡的富有老年人。他的樣子看來很安詳，對不對？但你從他的眼睛裡卻看到恐懼和虛假的滿足感。柏拉圖是想藉此告訴我們，克法洛斯並不是值得效法的對象。」

「那叔本華呢，他又在畫布上畫了些什麼？」我問。

謝皮把兩隻手分別向上下分開，就像是在拉開一個捲軸。「他畫的是一幅中國山水畫，就像那些一千年前中國宋朝的山水畫一樣。畫裡畫的是一些重重雲霧繚繞的飄渺山脈，它所象徵的是一個無涉於人類事務的宇宙。畫中雖然也畫著一些扶著枴杖、走在山路上的小老頭，但他們只是整幅畫的末節，是自然世界的附加點綴。這就是叔本華對人生的一個大答案：空，一切都是空。他認爲，老年正是一個可以讓人最終明白『快樂只是幻象』這個道理的人生階段。」謝皮聳了聳肩，「叔本華會有這種思想，應該是受到東方影響。」

「那麼，謝皮，」我問，「叔本華又是怎樣描繪其他年齡層的特徵呢？」

「他認爲，每個年齡層都有各自的心智特徵。像你這個年紀的人，朗納德，其特徵在於對生命滿懷巨大的渴望，對快樂滿懷著憧憬。不過悲觀的叔本華指出，這種嚮往，只會導致失落和痛苦。年輕人是在爲自己製造一個假象：快樂是某種可得的東西。」

他一面說話，一面從椅子上站起來，走到書架前面，只猶豫了一下子，就抽出一本薄薄的書來。

「聽聽這裡是怎樣說的，朗納德。」他回到坐椅，翻過一頁頁註記寫得滿滿的書頁，「讓我來翻譯給你聽：

在燦爛黎明的年輕歲月，生命的詩章把宏美的遠景展開在我們眼前，而我們飽受折磨地盼著這些遠景的實現。我們甚至還巴望可以抓得住彩虹吶！

聽到沒，快樂就像一頭虛構出來的怪獸。對悲觀的叔本華來說，只有痛苦是眞實的。不過不必擔心，老年雖然會讓你失去美麗的彩虹，但卻會給你別的補償。他說，人生的老年就像後期貝多芬的音樂一樣。前期的貝多芬是充滿激情的，是洶湧澎湃的，但後期的貝多芬卻變得沈思、單純和內斂。你不會再聽到萬馬奔騰般的終章，有的，只是涓涓細流般的結尾。這種只有老年人能達到的境界，叔本華稱之爲看見了生命全景。從幻象中清醒，這就是老年人的主要特徵。作爲補償，他們會獲得一幅清晰的、未被稀釋的人生圖像，而不用再拼死拼活去追逐一些自己投射出來的幻象。」

說完。謝皮閉起雙眼，一副進入冥思的樣子。他是已經覺得自己老了嗎？有一下子，我把身體往後縮，就像生怕會被他的老所傳染。

過了一下，謝皮從冥思的狀態恢復過來，站起來，走到鋼琴前面坐下。他彈了一些怪異的、不協調的旋律，聽起來就像是科幻電影裡的配樂。「聽到沒有？」謝皮問我，「這首曲子既沒有主旋律，也沒有涉及任何重大的主題和解決，有的只是憂鬱，就像是漂泊靈魂的音樂，就像是叔本華的音樂。」

「那是什麼曲子？」我問，「叔本華不是一向都喜愛華格納的音樂的嗎？但你彈的這曲子，似乎要現代得多。」我對音樂的知識很有限，但還是放膽一說。

「有關音樂，朗納德，你需要學習的地方還有許多！」謝皮語帶責難地說，「叔本華相信，音樂是會直接對人的靈魂說話的，而這種主張影響了華格勒，也影響了馬勒。他們都致力在音樂中找到大自然的內在衝動，就是那種源源湧出的、有機的能量。他們認爲，這種音樂可以帶給人巨大的平靜，可以作爲大自然惡質趨力的救贖。也就是說，他們認爲音樂可以轉化意識。我再彈同一個作曲家的另一首曲子給你聽。」說著又彈了起來。「這是一首具有革命性的鋼琴組曲，作品第二十五號。有聽過嗎？」他問。我搖了搖頭。

「眞的沒聽過？」他喊道，語氣中帶著惋惜，「哲學家不應該不懂音樂的。」他又彈奏了起來。「作曲者是荀白克（Arnold Schoenberg）。他受到了華格納的影響，換言之，間接受叔本華的影響。不過，他卻把叔本華和華格納的思想推到了一個極端。他認爲，既然生命是沒有眞正答案、眞正破解的，那麼，何必把音樂弄成像迷幻藥，讓人陶醉在虛假的確定性之中？這位荀白克就像我的家人一樣，是爲逃避希特勒的迫害而逃亡國外的。他最後選擇定居在洛杉磯。洛杉磯，你可以想像出來嗎，一個音樂家竟然會選擇住在洛杉磯！他這首無調性的曲子，是疏離與吶喊的奇妙融合，也許可以說是失根的一代——難民——的音樂。你將要碰到的老人之中，說不定就有像這樂曲一樣飄忽虛無的人。」他停止了演奏。「不過，你也可能會碰到一些根部堅實，明明白白知道自己是誰的人，就像以下這樂曲一樣。」說著，他在琴鍵上重重擊出了一個和絃，然後，一陣熱情洋溢而有力的旋律就充滿了整個客廳。「是貝多芬的曲子。」謝皮喊說。

「聽起來很耳熟。」

「是〈熱情〉奏鳴曲。」謝皮說。他的臉在琴鍵與豎起的琴蓋間上下起伏，就像一個在天上翱翔的月亮。

三個月亮

謝皮把茶和曲奇餅擺好在咖啡桌之後對我說：「朗納德，你讓我想到一個很重要的問題：老年的狀態，是從古至今都是一樣的嗎？還是說，我們的時代已經變得和過去大不相同，以致我們也得用一種全新的方式來思考老年的問題和思考我們體驗時間的方式？」

直到目前爲止，我都沒有想過這種可能性。

「就這一點而言，我不禁想到，」他繼續把話說下去，「當我父母在我和索妮婭這把年紀時，已經有一隻腳踩入了棺材。我們所面臨的限制和所懷抱的期望，都是跟他們不一樣的。也許，以現在的環境，進入老年反而可以讓我們從一切的刻板印象中解放出來，不管這些刻板印象是好是壞。我們可以爲自己畫一幅肖像了。」

「你是說以現在的環境，老年人理應已經可以做自己想做的事，做自己想做的人？可以隨心所欲探索新的地平線？」

「對，你可以稱之爲銀髮族解放運動。」謝皮笑著說，然後又問我：「你知道我在想些什麼嗎？」我搖了搖頭。「我在想，剛才我們在談論有關時間和變遷的哲學時，有可能犯了一個大錯。」他輕撫坐在他旁邊的貓咪。「你有沒有注意到，我們一路談下來，用的都是『年老、年輕』、『年輕、年老』這樣的概念？那不是一種二元論嗎？由於語言的使用，讓我們陷入了一個陷阱，也就是二元論的思考方式。但難道年老不可能只是年輕的偽裝嗎？就像我們小時候穿父母的衣服那樣子。我固然是比你老，而你比我年輕，但你不也比你的小孩老嗎？所以說，我們是集年老與年輕於一身的。老或少都是相對的。當我們把『老』或『少』當成絕對的詞語來使用，就會誤導自己和別人。我們在任何一瞬間，都是既少且老的。」

「話是沒有錯，」我說，「但如果我們跟自己比的話，那麼我們的每一瞬間都要比前一瞬間老。」

謝皮點了點頭，回答說：「從嚴格的線性觀點來看，你說得沒錯，過去是永遠在現在的前面，而現在又永遠在未來的前面。但這只是看待時間的其中一種方式。有很多朋友都對我說過類似以下的話：『謝皮，我今年六十了。但你知道我有什麼感覺嗎？我覺得我只有二十五歲。』你可能會說，這只是一種鴕鳥心態。如果你是站在一個觀察者的角度，如果你是用一條直線去量度別人的人生的話，對，你可以說他們是鴕鳥心態。但如果你是從我們內在那個沒有指針的時鐘出發，事情可要另當別論。」謝皮拉起上衣的袖子，露出手錶給我看。「看到沒有，這個錶不只可以告訴我時分秒，還可以告訴我月相❻。」我湊近去看，看到錶面上有一片小小的拱形窗戶。「現在，」他說，用手指敲了敲手錶的水晶罩面，「讓我們來想像，月亮並不是只有一個，而是有三個。」

「但環繞地球旋轉的月亮只有一個啊。」

「對，看得見的月亮是只有一個，它會影響著地球上的很多循環。不過我現在要談的是內在時間意識的特質。它是由三個月亮構成的，一個是『回憶的月亮』，一個是『理解的月亮』，一個是『希望的月亮』。這是三種性質不同的時間意識，分別指向過去、現在和未來。它們並不是完全分離的，而是互有重疊的部份。」

「這樣說，那是一個終極的『天樂時』❼。」我笑著說。

「一點都沒有錯，它是終極的。」

「指向時間之外的時間。」我斗膽說，「但你這個錶是怎樣運作的？」

「讓我來解釋。亞里士多德說過，年輕時，我們生活的基本取向是朝向未來的，也就是朝向我們所嚮往的下一個冒險。這時候，三個月亮中居主導地位的是『希望的月亮』，而另外兩個月亮則被遮蔽，隱而不彰。進入中年以後，我們的反省性會開始變強，會渴望知道我們經歷過的經驗的確切意義何在。這時，『理解的月亮』就會佔上風，而『希望的月亮』和『回憶的月亮』就會退居背後。之後，到了中年的某個階段——也許是五十歲前後——三個月亮就會排成一直線。記得嗎，根據柏拉圖的看法，這個年紀才是我們真正適合去研究哲學和當公民領袖的年紀，因爲我們已經累積了夠多的回憶和經驗可供沈思，也已經釐清了自己的目標，知道什麼才是有價值的追求。」

「這是三個月亮統一的時候。」我打岔說。

「統一？」他說，「也許。但我喜歡說是和諧。但這種和諧的狀態是無法永保的，三個月亮的比重必然會再一次發生改變。當我們邁入老年以後，『記憶的月亮』就會把另外兩個月亮遮蔽。但有很重要的一點是必須謹記的：三個月亮在任何時間都是環繞著彼此運行的，只不過相對位置會有所改變罷了。所以，即使是它們已經被遮蔽，已經成爲了陰影，但並不表示它們已經不存在。」

「所以由少到老的過程意味著這三個月亮相對位置的改變？」

謝皮笑了。「嗯，這是個的比方，不過你大致可以這樣說。」

「我承認，從心理的角度來說，雖然我的身體已經三十五歲，但我仍然可以覺得自己只有二十五歲。可是，老化卻不只是心理層面的事情，而且還是生理層面的事情。這是我們無法改變的。」

「對，」謝皮回答說，「那是我們無法改變的。但我的朋友，什麼又是老化呢？我們是不是太強調身體的老化了？想想你是怎樣說的。你說你的身體老了，但你的內在自我卻始終保持二十五歲。這不是說，你是同時體驗著變與不變嗎？那爲什麼要把老與不老的判準太側重在身體的一邊呢？爲什麼我們不能說，我們的身體雖然是會老的，但心靈卻是不會老的？」在我要回答之前，他舉起一隻手，示意我不要說話。

「等一等，讓我把話說完。我想看看我的這個想法可以延伸出多遠。」他一面說一面用火柴掏耳朵。「我們把衰老等同於人生的下坡路，就像榮格形容的那條向下彎的曲線那樣，對嗎？」我點點頭。「我們又把年輕等同於成長，認爲一直到二十或二十五歲以前，我們的人生都是一條往上彎的曲線，對嗎？」我又點點頭。「這樣的話，古代思想家所說的變遷或成長，又是在什麼時候轉向老化的呢？會不會，成長和衰老是同時發生的過程，甚至乎，是同一個過程呢？」

他把火柴從耳朵裡抽出來，端詳了一下黏在火柴頭上的耳垢，然後繼續說：「啊哈，沒錯，應該是同一個過程。我們之所以認爲它們不一樣，是因爲我們太注意身體的衰老，以致於誤把老化等同於腐朽，視之爲向死亡的逼近，而不是生命的完成。這就是我們思想出錯的地方。」

「我有點不懂，謝皮，」我狐疑地說，「你是說我們可以永遠處於二十五歲的狀態？那不是說，我們有一個不變的中心，它可以看著一切在變但自己卻保持不變？也幾乎等於是說，我們長大到一定年紀，就會獲得一個永恆的自我，一個充分自律和分化的自我。那我豈不是要相信，雖然我們仍然年輕，但卻已經是老的。」

謝皮微笑著把火柴放到煙灰缸裡。「華茲華斯（William Wordsworth）不是說過，小孩是人類的父親嗎？說不定早已經有一個老頭或老婦在我們裡面。」

「你是說，我們都是同時既年老又年輕的？」

「這個講法更好，」他回答說，「就像我剛才所說的三個月亮其實是並存的一樣，老年也是一樣常駐在我們身上的。而如果我瞭解無誤的話，這個內在的聖人並不是死神，而是一個生命的原理，是我們得以不斷更新自己的關鍵。」

困難是路的所在

「現在你覺得對自己即將投入的新冒險作好準備了嗎？」

作好準備？我唯一知道的，是我對自己當初為什麼會想要到老人活動中心教哲學，瞭解得有多麼的少。我做這樣的選擇，是為了要面對我對自己變老的恐懼嗎？抑或我是為了尋找一種看待時間的新方式，好讓自己能夠在變動不居裡找到不變的線索？有老年人當旅伴，說不定可以讓我對自己和家庭有全新的觀照。我一直想知道哲學家對老年這個主題的貢獻，而我方才已經從謝皮那裡得知柏拉圖和叔本華是怎樣看待老年的。不過，他們似乎不只是在思考老年是什麼，更是以老年爲鏡鑑，映照自己和自己的觀念。這一點，可能也很有用。我一直想找出一個讓抽象的哲學議題具體一點的方法，而置身在老年人中間似乎就是一個方法。至於謝普利爾太太對丁尼生和尤利西斯的評論，我又應該怎樣看待呢？在荷馬的筆下，尤利西斯最後放棄了天堂般的生活，決定返回伊撒卡島，回到自己年老的太太身邊。過去對一個人可以有多巨大的影響力，由此可見一斑。那麼，我自己的過去，是不是也是如此呢？

「我只覺得自己現在的疑問前所未有的多。」我回答說。

「那好，」謝皮笑著說，「那就表示你爲揚帆出海作好準備了。」

「揚帆出海？就像丁尼生筆下的尤利西斯一樣？」

謝皮又笑了。「對，現在你自己就是那個『灰白心魂』，而那道『經驗的拱門』就是你必須去築的。你必須去幫助你的新朋友把時間之箭給拗彎，教他們重新想像過去、重估經驗的份量。你要照亮他們的地平線，幫他們把經驗轉化爲一座門檻，讓他們可以在你——朗納德船長——的帶領下，穿過拱門，揚帆出海。而當你熟悉他們以後，說不定就會像丁尼生一樣，發現他們會變成你的一部份。他們會成爲你的船員。你唯一需要的只是找到想像力的橋和轉化的拱門。」

「魔法般的拱門？」我嘀咕著說，「說起來容易。」

「你要走的路是不好走，」他說，「但不要忘了齊克果所說過的……」

「『路不是困難的所在，困難才是路的所在。』」

謝皮有一點點驚訝。「你曉得這話？」

「是從你那裡聽來的。很多年前了。」

他看來很開心。「不必擔心那麼多，」他安慰我說，「就算你不能很快找到那拱門，到最後，它會找到你的。你以後一定要再過來，告訴我那些老人家對你帶來了什麼影響，而你又從他們那裡學到些什麼。這對我們這些正在接受磨練的灰白心魂來說是很重要的資訊。」

我向他保證，他一定會是最先知道我心得的人之一。

我站在門邊準備離開時，謝皮給了我一個熱情的擁抱。「願風會在背後助你一臂之力，而美麗的思想會在你前面的地平線上展開。*Auf Wiedersehen*〔再見〕，灰白心魂。」

「*Auf Wiedersehen*，謝皮。」我走下樓梯以後，回頭大聲喊道。

單向玻璃

跟謝皮見面後兩星期，我要給一群老年人講授哲學的日子就到了。從我家到老人活動中心，走路的時間是二十分鐘，途中會穿過奧林匹亞的大學校園。那是一個由紅瓦建築和水泥廣場所形成的網絡，一邊豎立著一長排的科林斯式石柱，另一邊則是一些預鑄混凝土牆面。每個地方都是新與舊、過去與現代交錯雜陳。

走出校園後再走上幾分鐘，我就到達老人活動中心的前面。那是一棟談不上大的單層建築，正面是一整排的單向玻璃，上面寫著幾個大字：**瑟斯頓郡年長公民活動中心**。我看得見自己的影像在玻璃上愈來愈接近，但卻看不到裡面的景象。在門前猶豫了一下子（我作好準備了嗎？），才推門而入。一進門，一股熟悉的香味就向我撲面而來，而毫無疑問，那就是星期三最流行的午餐——烤雞——的味道。

望向右邊，我看見一個起居室。有些人在閱讀，有些人在聊天。我聽得見打撞球的聲音，卻看不到撞球桌子的位置。在我正前方的走廊的盡頭，是一個很大的公共空間，從那裡傳來鋼琴、小提琴和貝斯的聲音。我是踏進了過去了嗎？

我花了幾分鐘東看西看，判斷我應該會喜愛這個地方。我喜歡那些打撞球的男士所流露的旺盛生命力，喜歡女士們在禮品店裡七嘴八舌的聲音，也喜歡看舞蹈班的學員搖擺和抬腿，從廚房傳來的洗碗盤的聲音，就彷彿是在爲他們的舞步伴奏。對一個智慧的播種者來說，這裡應該會是一片沃土。

我的課程是不收費的，因此我預期會座無虛席，所以，當我看到房間裡只坐著七個人的時候，難免有點錯愕。但我毫不畏縮地站在這六個珀涅羅珀和一個尤利西斯面前，解釋我的課程名稱「透過自傳發現哲學」的含意。

我在七個學員和一排排空折疊椅前面踱來踱去，說明閱讀哲學家的自傳性作品的意義何在。「這樣將有助於我們瞭解，那些偉大的心靈是怎樣透過行動、感受和日常的抉擇，去落實他們的思想的。這些著名思想家的愛情、失落與發現，將可以透露出他們奉獻一生去追求的，是哪些理念與理想。反過來，閱讀他們的回憶錄，也可以提供我們一個檢視自己人生經歷的模型。」

我知道我的話聽起來有一點抽象，但卻並不擔心，因爲我很有把握，一旦課程正式開始，這些老年學生都會被迷住的。因爲誰又不會被聖奧古斯丁對自己早年放縱生活的深情懺悔所感動呢？誰又不會對約翰・穆勒的精神危機和他後來跟哈莉特・泰勒女士的愛情故事所吸引呢？誰又不會對西蒙・波娃的女性主義覺醒和反抗布爾喬亞價值觀的勇氣動容呢？

我接下來又指出，其實我們每一個人多多少少都是個哲學家，因爲我們對以下三個問題都會有感到好奇的時候：我能知道什麼？我是怎樣知道它們的？接下來我該怎樣行動？「這三個大問題，是德國哲學家康德提出來的。他說，每一個哲學家都應該致力於這三個問題的思考。它們分別對應於哲學的三大分枝：本體論、知識論和倫理學。這樣說來，我們幾乎是無法不從事哲學思考的。另外，當我們觀看日落、欣賞繪畫和聆聽音樂時，如果我們一去想它們的美是從何而來的問題，就等於是在進行美學的思考。」

「思考眞與美的關係，固然是哲學家的工作，」我繼續說，「但與此同時，這種思考也可以透過藝術——例如詩和文學——來進行。詩人艾略特就是一個例子，他的詩都是充滿形上學的思辨的。他把時間形容爲一個螺旋，說沿著這個螺旋，我們可以回到從前，發掘出過去經驗所包含的意義，因爲有些經驗，是我們『經驗過卻錯失其意義的』。透過回憶，我們將可揭發或再揭發出這些意義，這時，過去的經驗將會以極強烈的力道再現，以致我們會感到『彷如是第一次』。另外，艾略特又說，我們的經驗雖然看起來是很個人性的，但如果我們重新予以理解，也許就會發現，它對我們訴說的，不只是我們自己的人生，而且是『很多世代的』。這就是我們應盡的使命：沿著螺旋形的時間回到過去，重新開顯我們個人經驗的意義，並評估它們的久遠價值。」

這是一篇熱情洋溢的演說。不過我想到我最好還是暫停一下，觀察觀察在座的學生有沒有被我的熱情所感染。六位老女士和一位老先生都慈祥地看著我，面露微笑。然後，其中一位女士把椅子往後一推，站了起來。她說有幾件事情想先對我說清楚。她說，首先，聽我的一番話，我這個課程似乎將會談一些跟宗教有關的事情，但不幸的是，兩個星期前老人活動中心才有兩個老人家因爲宗教的問題吵得臉紅耳赤，所以活動中心主任建議大家不要再在這裡談神學的問題。第二，關於哲學，「大部分的老人家對自己人生該採取什麼樣的哲學，早已打定主意……」

我當初對於老年人的憧憬，是不是太一廂情願了？畢竟，我對老年人知道多少呢？我的外公是個俄國移民，幹的是釀私酒的勾當，在我小時候就去世了。她的第一位太太，也就是我的外婆，是個仁慈的婦人，但她比我外公還要早死幾年，所以我對她只有極模糊的印象。我祖母如今還活著，她做的蘋果派遠近馳名。小時候我的一大樂子就是看到我爸爸或幾個叔叔因爲說了什麼調侃她的話而被她追著打。我祖父在我出生前就已過世了，而據我的叔叔們形容，他是個暴君。既然這樣，我爲什麼會預期自己可以從老年人那裡獲得教益呢？

「第三，」老婦人繼續說，「我來聽課，是爲了等我姪女來接我，而她——」說著指了指單向玻璃外面走過的一個人，「已經來了。」說完，老婦人就收拾好自己的東西離開了。現在只剩下六個人了。

我沒想到，我的課程會連開始都還沒開始就結束了。傷心之餘，我坐了下來，不知道下一步要怎麼做。但接著，一位五短身材、一頭硬直紅髮的女學員把臉轉向我，搖搖頭，然後說：「讓我們開始上課吧。」

「對，開始吧。」另一個女的附和說。而其他人都熱烈地點頭。

我找到船員了。但我也能找到那座能讓過去成爲未來入口的拱門嗎？

第二章　在赫拉克利圖裡打滾

倘若柏拉圖或叔本華有碰過我在老人活動中心哲學課的那些學生，他們當初要為老年畫一張肖像時，肯定要躊躇得多。因為在我的學生之中，既有受過不多於八年正式教育的寡居農婦，也有一九二七年畢業於巴黎索邦大學的退休大專法文老師；既有沈湎於回憶和往事中的，也有對未來滿懷希望和憧憬的。直到最近，哲學家探討老年的主題時，都是著眼於老年的男性，所以我想，他們應該不會對我們這個五女兩男的組合感興趣。所謂「兩男」，除我以外，另一個是維吉爾。他是一個已退休的州政府僱員，頭上只剩下一圈光暈似的白頭髮，讓他看起來有點像天使。

現在上課，大家都是緊密圍坐在一張橋牌桌的四周。這除了是因為大家已開始彼此熟悉以外，也是出於不得不爾。我們上課的房間是老人活動中心唯一進行靜態活動的房間。房間的隔音效果很差，而老人活動中心的電話又響個不停：有打來要求派車接他們去看醫生的，有打來問午餐的價錢的，有爲單親父母打來求助的，也有要報名參加下一期舞蹈班的。

經過幾星期的摸索後，一個上課的模式開始成形。每次上課，我都會先發給學員影印自哲學或文學作品的講義，然後再就講義的內容作個扼要說明，好讓學員對其中的觀念有個大體的輪廓。接下來就是自由討論，其形式與大學裡的哲學討論課沒有兩樣。

有時，在討論的過程中，學員也會跟大家分享他們的往事。這些故事令人驚訝的一個地方，是它們顯示出，這個世界雖然改變了許多，但基本上卻是沒有改變的。針對這一點，我提到了德國哲學家尼采的一個觀念：永恆復現（eternal recurrence）。尼采相信，這世界沒有新鮮的事情，每一件事情都是曾經發生過的，而且每隔一段時間就會重覆發生。聽了我說的這個，維吉爾馬上點頭稱是：「對，我總是把同一個故事一講再講。」大家都笑了起來。但他卻堅持說，生命中沒有什麼事情是眞正會改變的。不過，戴厚重眼鏡和有一頭絲狀長髮的桃樂西（就是那位索邦大學的畢業生）卻不苟同維吉爾和尼采之見。「我們的人生都是獨一無二的，」她說，「我們每個人都在改善世界的任務上有自己的角色。」

儘管尼采認爲人生是一個不斷的循環，但他卻對人的回憶能力，提出過一些有意思的見解。他指出，人跟動物的不相同處，在於動物是沒有記憶的，但人卻有。在田裡嚼草的乳牛之所以「既不會無聊也不會痛苦」，就是因爲牠們不會去回憶什麼。但回憶卻是人無所逃於天地的網羅。動物都是蒙福地生活在永恆的當下的，而人卻學不會遺忘。我們都死命抓住過去不放，因而感到痛苦。對尼采來說，人作爲人，就只能活在歷史中。

這樣，回憶的能力豈不是一文不值嗎？這又不全然。在〈論歷史對生活的功用與害處〉(On the Uses and Disadvantages of History for Life) 一文裡，尼采指出我們可以用三種不同的態度來對待歷史，一種是歌功頌德的態度，一種是研究古文物的態度，一種是批判的態度。換言之，我們既可以專注於歷史上的英雄人物和偉大成就，對他們大肆頌揚，讓他們作爲我們的激勵和安慰，也可以像研究古文物一樣，帶著溫情與敬意，努力蒐集歷史知識。但是，我們也可以把自己設定爲批判者，對過去時代的人與事加以仲裁，對我們繼承而來的東西作出取捨，找到「一個我們樂於從中起源的過去」。

對尼采來說，歷史並不是一門學校裡的學科，而是一種可以指導我們生活、攸關重大的東西。歷史是可以造福於人的，但前提是要適量。心靈的承受度是有限的，無法承受太多的歷史。如果一個人什麼都不願意忘記，他將會被歷史淹沒，無法踏出一步，就像古希臘哲學家赫拉克利圖 (Heraclitus) 所說的：「一切都隨著水流的波濤漩渦打轉。」另一方面，歷史的匱乏卻又會讓人變得懶散、一再重蹈覆轍，毫無可資測量自己是在前進或後退的工具，只能在無輪廓的地貌裡東晃西晃。

尼采認爲，我們全都是歷史學家，每一個人都是在爲自己的人生寫史。但是，假如是如此，我們應該爲自己寫的是哪一類型的歷史呢？眞的有些往事是我們應該忘記，而有些過去又是我們務必要謹記的嗎？我們什麼時候應該無保留地接受回憶所展現的往事，什麼時候又應該帶批判地重構過去？在書寫我們自己的歷史時，我們又應該怎樣看待我們自己的英雄、嘉惠於我們的傳統、別人對我們的負面評價和我們對某些往事的懊悔心情呢？

桃樂西堅決認爲，際此美國建國滿兩百年、各種解放運動風起雲湧之時，我們不應該再滿足於歌功頌德式的歷史或是研究古文物式的歷史，因爲它們只會強化既有的體制；現在我們已經可以聽得見女性歷史或少數民族歷史的聲音了，這顯示出，尼采所強調的批判式的歷史，已經開始受到重視。但維吉爾卻不以爲然。他自小就是聽美國建國先賢事蹟和歌頌美國偉大的故事長大的，他認爲，爲了保障這個國家的未來，應該大力提倡愛國主義。所以他投了歌功頌德式的歷史一票。

在大家熱烈討論有關歷史和記憶的問題時，桃樂西突然迸出了一句：「我的終點就在我的起點。」這話讓大家頓時鴉雀無聲。她在說些什麼？「那是艾略特的詩句，」桃樂西解釋說，「出自他的〈四首四重奏〉（Four Quartets）一詩，意指我們的未來早已包裹在我們的過去裡。」

這首詩，是艾略特對記憶和想像所展現的時間感的長篇冥思，其中交織著艾略特的個人生活經歷、他的基督教與印度教宗教觀，以及他對語言和詩的功能的反省。這首詩充滿各種學術性的指涉，如果把它用作班上的討論素材，對學員來說可能會相當吃力。不過，它也說不定可以作爲連接大家各自生活經驗的線索。「我們拿這組詩來讀讀如何？」我徵求大家的意見。他們的反應都很熱烈。畢竟，可敬的桃樂西既然覺得這首詩值得她提，大家自然也想看看它寫的是什麼東西。

四首四重奏

「今天，我們要討論的是艾略特的〈四首四重奏〉。這首詩，詩人動筆於一九三五年，也就是他四十七歲那一年，完成於一九四二年，當時的英國，正處於戰爭中最黯淡的歲月。全詩共分爲四首『四重奏』，在每一首裡，詩人各檢視了一個他人生中對時間、歷史、愛與救贖這些議題有重要洞察的時刻。每一首『四重奏』都以地名爲題。例如，『東科克』（East Coker）就是愛略特的家族在十七世紀移民到美洲以前的祖居之地；『小吉丁』（Little Gidding）是英國聖公會的一處靜修地，艾略特就是受其吸引而皈依英國國教的。今天我們要討論的是第一首四重奏『焚燬的諾頓』（Burnt Norton）。『諾頓』是一棟遇火後遭棄置的宅邸，位於科茨沃爾德山（Cotswold Hills），有一個大花園和一個乾涸的湖。艾略特曾經和女性朋友到此一遊，並獲得過某種靈視般的體驗。」

「靈視？」維吉爾插嘴說。他淘氣的藍眼睛在半框眼鏡的上方炯炯有神。「你是說他的複焦眼鏡不管用了？以他那個年紀，會有這種毛病是很正常的。那叫老—花—眼。」❶他一個字一個字唸出來。說完，他眼眉抬得高高的，帶著個滿足的微笑，看看兩邊的其他人。維吉爾就是喜歡在班上搞笑。而他那件陳年的褐色雙排釦畢嘰西裝和那條短而寬的大圓點領帶，則讓他的小丑形象更形突出。

「聽著，維吉爾，」一個帶怒意的聲音響了起來，「我敢肯定，詩人要談的並不是什麼複焦眼鏡，甚至不是——」瑪麗把她的銀框眼鏡拿下，舉向光線，「甚至不是三焦眼鏡。」瑪麗從前是個高中老師，很懂得怎樣駕馭像維吉爾這種喜歡引人注意的學生。她是個高個、漂亮的老婦人，有一把帶灰的長棕髮。她把頭髮編成辮子，盤起，看起來就像是頂王冠。她來上課都愛穿一件漩渦花紋圖案、有白色蕾絲領口的洋裝。我看見她從她的長袖子裡掏出一條手帕，教室裡隨之瀰漫著一種又像紫丁香又像紫蘿蘭的味道。她一面用手帕擦拭鏡片，一面說：「這位詩人一定是獲得了某種神祕體驗。是這樣嗎？」然後以很有自信的目光看著我。

「對，」我說，「有些人是這樣稱呼這種體驗的。不過這個我們待會兒再談，現在先來看看艾略特對時間的幾個假設。」接著，我就用聽來很莊重的聲音，朗誦起來：「現在的時間與過去的時間／也許都存在於未來的時間，」❷我看了學員們滿懷期待的臉一眼，「而未來的時間又包容於過去的時間。」瑪麗摸了摸臉頰上的皮膚，我感覺自己就像是把他們帶進了游藝場的千鏡室裡。「假若全部時間都是永恆的現在／」唸到這裡，我頓了一下，然後再用放低的聲音，把結論唸出來：「那全部的時間就是無法贖回的。」

有人嘆了一口氣。那是埃妃，一個從前住在肯塔基的農家婦，她喜歡稱自己爲「鄉巴婆」。她望著牆上的掛鐘，似乎是想從中找到理解我唸的詩句的線索。埃妃有一把密而捲、帶點藍的頭髮和一身棕褐色、皮革似的肌膚，讓她看起來又憔悴又別有魅力。她唸書只唸到八年級就輟學，而班上除我以外的每一個人都知道，這樣的情形，在埃妃那一輩的人是很普遍的。我期望埃妃可以去思考有關時間的抽象形而上命題，是否太奢求了呢？

但我已經是過河卒子，沒有退路，只能硬著頭皮繼續向前。我用強調的聲音唸出下一句：「『可能發生的過去』只是一種空中樓閣，」我看見葛莉絲用手指去撥弄脖子上的珍珠項鍊。就像埃妃一樣，她的教育程度僅止於八年級。她是個相當沈鬱的人。幾個星期相處下來，我得知了一些有關她的背景。她是在愛達荷州一個農家長大的，後來也是嫁給了一個農夫。婚後她和丈夫搬到華盛頓州這裡來，在州東部的帕盧斯（Palouse）種植小麥。葛莉絲有一個兒子，名叫比利，但卻是個智障兒。丈夫過世後，她帶著兒子比利搬到奧林匹亞來，住在市中心的一棟公寓。比利現在已四十多歲，是個身材臃腫、無憂無慮的大小孩。葛莉絲對比利的照顧極爲盡心盡力。她有時會帶著比利一起來老人活動中心，讓他跟其他老人打撞球。不過，對陪他打撞球的老人來說，這可是一件苦差，這一方面是因爲比利的球技好得不得了，一方面則是比利很黏他們。

「只是在一個思辨的世界裡，」我用低沈的聲音唸道，「保持著一種恒久的可能性。」我看見，我一面唸詩，席薇黛嘉一面點頭，就彷彿艾略特的話是世界最顯然不過的道理。席薇黛嘉身材嬌小但卻精力過人，在她身上，物質和能量是無間地結合在一塊的。她的每一個動作，每一句說話，都是生氣勃勃的，顯示出她的人生充滿目的性。毫無疑問，她認定自己是自己人生的舵手。席薇黛嘉是唯一會穿褲子到老人活動中心來的老婦人，她也是學員中我最欣賞佩服的一個，這可能是因爲她流露出的那種自信與生命力，有時正是我認爲自己缺少的。每次看著席薇黛嘉，我都會覺得自己是跟電池連接上了。

受到她的鼓勵，我繼續唸下去：「不管是『可能發生的過去』還是眞正發生過的過去／指向的都是同一個方向，那就是現在。」桃樂西把身體微微前傾，兩根前臂擱在桌子上，並向席薇黛嘉投以含著深意的一望。博學的桃樂西在退休後靠著一份不算多的教師退休金，在城市邊緣開了一家養狗場。每次看著她，我就會聯想到哲學中的心物二元論。她的心靈非常銳利，但身體卻相當羸弱。因爲患有骨質疏鬆症，她的骨頭隨時都有折斷之虞，而她的右眼因爲白內障，已經部份被白膜所遮蔽（她有一次把右眼瞼撐大給我看）。她現在跟一位女性朋友同住。她到底有沒有結過婚，還是一直以來就是跟女友住在一塊，我就不得而知了。

我看到她臉部的肌肉有點緊繃，看來，她是準備要花一番力氣去解開艾略特的形而上謎語。

「朗恩❸，」桃樂西問我，「你眞的知道艾略特在說些什麼，對不對？」她挨在椅背上，把一雙大手抄到頭後面。我是早就爲這首詩寫了一些註解，但從過去幾星期的經驗，我知道如果班上有人願意帶頭發言，那討論的氣氛就會更熱絡。我點點頭，示意桃樂西繼續把話說下去。

「嗯，是這樣的。我只是想，因爲你是個猶太人，所以你對艾略特的宗教背景，也就是說他的神學，會不如我們其中一些就是在這個傳統中長大的人來得熟。」我是知道一些艾略特的神學，但誠如桃樂西所言，我的知識只是一種局外人的知識。我知道，桃樂西並不是想挑戰我的權威，而只是想幫我一把。我決定讓她來帶球。

桃樂西瞧了席薇黛嘉一眼，而後者則報以會心的回望。席薇黛嘉的丈夫本來是個牧師，後來才攻讀心理學，成爲心理學家。

「你是知道的，」桃樂西說，雙手合成禱告的形狀，「基督教的時間觀的獨特處，在於它認爲時間的起點和終點都是預有安排的。我不是說我贊成這觀念，我只是要把傳統聖公會的時間觀告訴你罷了。你看，那終點——」說著，她把右手伸直，用食指指著前方，「就是基督的重臨，就是救贖的時刻。而起點——」她又把左手伸直，指向相反的方向，「就是天使報喜的時刻，也就是天使告訴瑪利亞，她將要產下一個亦神亦人的小孩的時刻。」

桃樂西晃了晃兩邊的手指，繼續說：「這兩個時點都是固定的，甚至可以說是超越時間之外的，而我們所有人，就生活在這兩個點之間。當然，我們都有各自的父母，有各自的生命軌跡，有各自的起點與終點。換言之，我們各有各的故事。但根據艾略特的觀點，這一點是微不足道的。我們的小故事只有作爲那個大故事的一部份，才是可以理解的。那就是人類因罪墮落和最後在罪中被拯救的故事。這個大故事，被艾略特視爲是個人小故事的框架。所以，我猜，根據這種觀點，過去和現在都是預述著未來的。」

我打量在座其他人，看到他們臉上流露出敬畏與困惑參半的表情。桃樂西的程度超出他們太多了。

「桃樂西，妳有沒有漏掉了些什麼呢？」瑪麗問，「如果時間都是永恆的現在，那爲什麼時間是無法贖回的呢？妳認爲這兩句詩的意義何在？」

桃樂西聳聳肩，望著我說：「這個得問哲學家朗恩。」

「瑪麗，」我回應說，「我想這一點我能夠說明。妳曉得，在那些有著偉大神話的文化傳統裡，例如古希臘人，相信時間就像季節一樣，是循環的。每件事情都會一再重覆發生，一如尼采所主張的那樣。正是基於這種想法，柏拉圖才會說時間是永恆的一個動的意象。我們個人的人生，是這個永不止息的循環的一部份，沒有任何力量可以干擾它或改變它的軌跡。因此，時間流是不能被打斷的，要發生的事是不能扭轉的。但猶太教和基督教卻都認爲，神聖者會在一個獨一的、不會發生兩次的時刻進入歷史之中，像上帝在西奈山上向摩西顯現或耶穌復活後向羅馬士兵說話，都是這樣的事件。這樣，時間的循環就會被打破，而過去因此會獲得嶄新的意義，未來也會獲得新的可能性。」

我們正蹚進一些很深的神學渾水，深得已經超過了老人活動中心主任勿談宗教的告誡。我注意到維吉爾正在用手指叩桌面，這表示他準備要發言了。「老師，」他堅持要這樣稱呼我，「我們是不是忽略了些什麼呢？」

「依你看，我們忽略了什麼呢？」

「這些畫在整首詩最開頭的逗趣花籬是什麼玩意兒？」

「逗趣花籬？」起初我不明白他說的是什麼。維吉爾舉起他的講義，指了一指。哦，原來如此。他指的是放在詩歌最開頭那兩句語出赫拉克利圖的希臘文題辭。我猜，任何不認識希臘文的人，都大有可能把們看成是帶鉤刺的藤蔓圖案。因爲擔心希臘文有可能會讓某些學員望而生畏，我本來是想暫時跳過這兩句題辭不談，等討論進展到某種程度再回過頭談它們。但維吉爾既然已經提了這個問題，如果我不處理，他是不會善罷甘休的。

「維吉爾，」我說，「那是希臘文，是引自古希臘哲學家赫拉克利圖的話。尼采也有引用過這些話。」

維吉爾蹙起眉問道：「你說他叫什麼哈利來著❹？」

「赫－拉－克－利－圖。」我把赫拉克利圖的名字一個音一個音給唸清楚，但隨即看到維吉爾臉上露出狡獪的笑容：原來他是逗我的。但我還是繼續說下去：「所有他寫過的東西都已經佚失了，現在我們對他的哲學主張，只能從其他談及他的哲學家（大部分都是柏拉圖時代以前的哲學家）那裡知道隻言片語。第一句題辭翻譯成英文，大意是『縱然「邏各斯」(logos)❺爲人所共有，但大多數人立身處世，卻彷彿各行其道。』第二句的意思是：『向上的路和向下的路是同一條。』這些話語因爲太過簡略，讓我們很難知道赫拉克利圖的確切所指。不過也有學者認爲，赫拉克利圖是故意說這種謎一樣的話，讓別人去傷腦筋的。」

「我不懂，朗恩，」埃妃說，她噘著嘴，兩手抱胸，「一個希臘人和這首詩有什麼相干的？」

「艾略特是個學富五車的學者型人物。也許，他是想藉赫拉克利圖的警句暗示讀者，他的詩，是要探討古代智慧和奧祕知識的。儘管艾略特是現代詩的靈魂人物之一，但他並不認同現代人的進步觀念。他認爲，如果我們相信人類是在不斷進步的話，就會低估過去的價值，以爲只有現在才是重要的。又也許他是想藉著赫拉克利圖的話提醒我們，雖然有些東西是會轉變的，但有些東西卻是自始不變的。我們應該同樣看重變和不變的東西。」

「你是說，他認爲我們不應該再佯裝自己無所不知？」瑪麗說，一面說一面有針對性地看著維吉爾。瑪麗和維吉爾兩個常常找對方的碴，但我意識到，這其實是他們喜歡對方的一種表現。

「妳說的沒錯，」我說，「而且他也可能是在質疑，我們所知道的一切，是不是就是全部。赫拉克利圖第二句警句所意味的似乎是，儘管有些事情表面上看起來南轅北轍，但它們事實上是一樣的，不同只是觀點角度的問題，就像你沿著一條路向上走時會覺得它是向上的路，沿著它向下走時會覺得它是向下的路，但它自始至終只是同一條路。又也許，赫拉克利圖說這句話的時候，心裡想到的是一個圓。古希臘人用一個分成四等份的輪子來象徵人生。每一個人的人生，都是一個圓的完成。」

大家似乎聽得懂我的話，我便繼續下去。「赫拉克利圖相信，宇宙的一切，都是變動不居的，都是處於『流』的狀態。這是因爲，根據他的哲學主張，萬物的本原都是『火』，但『火』卻有一種向下變化的趨勢：它會變成『水』，再變成『土』。之後，同一個過程會反過來進行一遍：『土』會向上還原爲『水』，『水』還原爲『火』。因此，一切都是在變來變去的。到底赫拉克利圖這番話是應該照字面解釋還是只是個隱喻，我就不得而知了。」

「老師，老師，」維吉爾在椅子上晃個不停，「我現在懂了。」

「怎樣？」

「這個叫哈利什麼的傢伙是對的，」他喊道，「向上的路和向下的路是完全一樣的。」接著，他就舉出一大堆他認爲可以印證赫拉克利圖的警句的例子，其中包括電梯、電扶梯、消化系統、股票市場、文明的興衰、睡覺和起床。老天，我想，維吉爾已經失控了。如果繼續在赫拉克利圖裡打滾，我就休想可以談艾略特的詩了。我看到桃樂西正瞪著維吉爾，嘴巴張得大大。然後，完全出乎我預料之外的，她拍起了手來：是爲維吉爾鼓的掌。

「精彩，維吉爾，」她說，「你辦到了，你沒有辱沒你的名字？」

「名字？」我問。我望向維吉爾，但他也是一臉茫然，不明白桃樂西在說什麼。

「啊，少來了，兩位紳士，你們怎麼可能沒聽過著名史詩《伊尼亞德》（*Aeneid*）作者維吉爾的名字。記得但丁的《神曲》的『地獄篇』（*Inferno*）嗎？」桃樂西問。維吉爾從眼鏡框的上方瞅著桃樂西，似乎對她接下來會說些什麼有點忐忑。

「在『地獄篇』裡，當嚮導帶領但丁遊地獄的人就是拉丁詩人維吉爾。而他帶但丁游地獄，爲的是讓他可以跟地獄裡的亡靈交談，從他們生前所犯過的錯誤與罪衍裡，提煉出道德上的智慧。」桃樂西說，「你們還看不出來嗎，我們這裡這位維吉爾，要做的是同樣的事情。他從赫拉克利圖那裡爲我們引伸出一個洞見，那就是如果你敢於深入你自己靈魂的深處，面對自己的所有恐懼、弱點、軟弱，出來以後，你就會變成一個比原先強和明智的人。看到沒，向下的路和向上的路是連接在一起的。」

桃樂西能從一堆渣滓中瀝出金子來的本領眞是讓人嘆服，而即使像維吉爾這樣的搗蛋鬼，經她的魔術棒一揮，也儼然明智得像個哲人。桃樂西可以幫助別人領略他們自己的傑出，讓他們的光芒可以外爍。眞是一個天才教育家。桃樂西的話顯然讓維吉爾很受用。他臉上散發著自豪的光芒，用宣佈事情的語氣說：「我是站在一長串維吉爾的頂點的。」哄堂爲之大笑。

當然，瑪麗是不會甘願讓他得意太久的。「維吉爾，那個古希臘人的話只證明了一件事：你的禿頭和你的屁股是連接在一起的。」又是一陣哄堂大笑。瑪麗的話讓維吉爾不悅，我知道，除非我能及時控制局面，否則他就會向瑪麗開火。幸好，就在這個緊要關頭，席薇黛嘉挺身而出了。

同一主題的變奏

「桃樂西，聽妳這樣一說，倒讓我想到一點。妳認不認爲，赫拉克利圖就像艾略特一樣，是在談論有關我們是如何經驗時間的問題呢？」

桃樂西給了席薇黛嘉會心的一望。有時候我會覺得，她們的這一類小動作，是有彩排過的。「有時候，當我看著我的這雙手時，」席薇黛嘉繼續說，把雙手攤開在桌面上，「我會覺得我是在看著母親的雙手。而有時候，當我跟別人討論什麼的時候，我又會覺得說話的人不是我，而是我父親，他只是透過我而說話。當然，我們是不同代的不同的人。一切都是變動不居的，就像赫拉克利圖所說的，一切都是『流』。儘管如此，卻並不表示，在變之中沒有不變的模式……」

席薇黛嘉停頓了下來，讓我們陷於懸疑之中，然後又突然迸出一問題：「過去難道不可能透過我們重覆它自己嗎？會不會赫拉克利圖所說的向上的路和向下的路不是實指，而是暗喻過去與未來？」

席薇黛嘉的這個主張就像一隻被放出籠子的兎子，我們全都一擁而上，追趕過去。

「我想妳說得沒錯，」桃樂西說，「而且它也可能符合艾略特的觀點：眞正重要的事情，是變中的不變，就像上帝對人類永恆的愛，就像救贖的可能性，就像基督透過道成肉身，把永恆帶入個人史中。」

「對，我就是這個意思，」席薇黛嘉說，「我們總認爲自己是跟別人不同的，是獨一無二的。這固然沒有錯，但這種人我的分別有多重要呢？我們太強調每個人的個體性了。到最後，我們會瞭解到，我們是生活在一個相似的模式裡的。儘管不是完全一模一樣。」

桃樂西接下來對席薇黛嘉的回應，就像是大提琴對小提琴的回應。「然而，親愛的席薇黛嘉，難道我們每個人不是都應該爲自己的人生負責嗎？我喜愛西蒙·波娃所說的，她生下來，是爲了履行自己被分配到的重大責任的。我們每個人與生俱來都有自己的使命，而我們的使命，都是我們自己才能勝任，別人無法代替的。這就是我不能苟同艾略特先生那狹隘的基督教觀點的原因。我們是可以救贖我們自己的，是可以救贖我們的過去的。我們女性爲自己的解放所取得的成就就是一個例子。艾略特的上帝有爲我們做過什麼嗎？」桃樂西搖搖頭，「不管艾略特先生怎樣認爲，人類有過若干的進步都是不爭的事實。」

討論的層次愈來愈深了，其他學員有辦法跟得上嗎？不過，當埃妃和葛莉絲都加入了討論以後，我就鬆了一口氣。

「講到童年回憶，我倒是有滿多的，」埃妃用她的山地腔說，「那時候我住在肯塔基的農場。我有一頭很喜歡的小馬，名叫赤斯特，我常常騎著牠到處跑。」她一面說話一面用鉛筆的橡皮頭敲桌面。

「有一天，」她繼續說，「赤斯特跳過一條水溝的時候絆了一跤，摔斷了腳踝。你們曉得，我常常喜歡帶著牠跳過矮樹叢和樹樁。當時有一層薄雪覆蓋著地面，牠沒注意到地上的水溝。都是我不好，我不應該在那種天氣騎牠出來的。牠一度掙扎著重新站了起來，但又馬上倒了下去。我被拋出馬背。我雖然害怕得渾身發抖，但受傷並不重。你們曉得，那時我可是個很結實的小孩。我們無計可施，只好結束牠的生命。我無比難過。我哭了又哭，不斷自責。但爹爹卻安慰我說：『寶貝，牠總有一天會死的，而那也不是妳的錯，因爲妳不需要爲發生在人生裡的所有事情負責。』我爹爹是個很慈祥的人，雖然有時候酒喝多了，脾氣會變得暴躁。」看得見她的眼眶有淚痕。

埃妃的話引起了葛莉絲的迴響。葛莉絲並不常發言，一般她都是雙手抱胸，靜靜地聽別人的討論，樣子就像個裁判。但她今天卻一反常態。

「埃妃說得很對，」她說，「我們的早年生活有很多值得回憶的事情。它們鮮明得就像是第一次發生。」說完，她拿出我上星期所發的講義來。看得見，講義上到處都有蠟筆做的標記，有一段詩句還被她用蠟筆圈了起來。那段詩句就緊接在艾略特談他的時間觀的詩句之後。

「你們知道的，我沒有讀過多少書，」她說，「而我對那些很高深的道理也不是很能消化，但艾略特在這裡提到的腳步聲，我卻聽到過，眞的聽到過。」她指了指講義上那段以「足音在回憶中迴響」起頭的文字。在這段文字裡，艾略特描述自己走過一條甬道，推開一扇門，進入了玫瑰園。他記述，當他凝視著乾涸龜裂的湖底時，突然看到一個海市蜃樓般的異象。他看到湖突然被一些「來自陽光的水」充滿，而在水的深處，有一朵蓮花靜靜地往上升，最後浮出水面。這些詩句傳達出一種強烈的欣喜。片刻以後，一片雲飄到湖面上方，而異象隨之消失了。

葛莉絲跟著解釋說：「你們知道嗎，過去我也有過一個漂亮的玫瑰園。我和丈夫吉恩——願主保守他在天上的靈魂——常常喜歡在裡面散步。沒有錯，我們的玫瑰園不像詩裡的玫瑰園，有門或欄柵之類的。不過，聽到詩人在詩裡所說的，我只覺得……只覺得……我好像又回到了我的玫瑰園……」她停頓了下來，臉色漲紅。

「吉恩很年輕就死了，」她繼續說，「是肺結核。那時候還沒有藥醫，是很可怕的疾病。」她用手拭去眼裡的什麼東西。「這是個痛苦的回憶，但對我也很有幫助。」說完，她就重新坐直身體，翹起下巴，自顧自點頭。她覺得自己已經說夠了。

葛莉絲是以自己的人生去理解艾略特的。艾略特直接跟她說話：談過去的贖回，談要怎樣走過人生的傷心絕望。還有什麼比這個更能讓人領略艾略特的基督教觀點呢？另外，葛莉絲的表現也暗合了赫拉克利圖的主張，因為她把個人的痛苦聯繫到了某種有共通性的東西上去❻，某種班上每個人都可以理解、感受得到的東西。

由於我所受學院教育使然，我總是希望班上學員發言時會使用概念性和學術性一點的語言。但另一方面，每當我參加學術會議，又總嫌我的同事或同行的發言太過不食人間煙火，常常希望他們能夠把知識和實際人生多融合一點，也希望我自己能做到這一點。但是，在老人活動中心裡，我的期望卻是反過來的：希望他們能知性化一點。

葛莉絲談完她丈夫和玫瑰園的事以後，班上鴉雀無聲。然後維吉爾轉過臉來對我說：「你聽到的又是什麼樣的足音？」他望望兩邊的人，看來是在找支持他的人。「是什麼讓你這樣一個優秀的年輕人會想要把時間耗在一群老頭子身上的？」

「你們並不老。」我違心地說。眞是一句蠢話。終於輪到我了。

過去的功用

「就像艾略特一樣，」我說，「我也對過去的意義感到困惑好奇。我從十來歲開始就有一種感覺：我只是個人生的訪客，是個路過的流浪者。我刻意跟別人保持一點點距離，因爲這會讓我有自由感，有優越感。我內心秉持一個不爲人知的信念：人生的一切都是借來的，沒有什麼是我們眞正能擁有的。至於歷史，至於發生在我們身上的事情，在我眼中只是一連串偶然事件的集合。」難道我會有一個叫歐文的父親和一個叫瑪麗安的母親，不是一種偶然嗎？難道我會住在一棟兩層樓的磚砌房子，家裡有一片楓樹成蔭的草坪，不是一種偶然嗎？

「上大學之後，我認定所謂的長大，就是把過去推到一邊，因爲只有這樣，你才能迎向更寬廣的未來。過去會退到你後面去，你只要往前看就行。我發現，這種態度並不是我那一輩所獨有的。我父母同樣是想逃離過去的人，最少是想逃離他們不堪回首的那部份過去：酗酒暴戾的父親、卑微的出身和因爲身爲猶太人而受到的歧視等等。」

「我父親力爭上游，成了一名商人，穿的是白襯衫，對子女和顏悅色。我們過的是井然有序的生活，每天在固定的時間吃晚餐。我媽媽從小就在一個露天市場工作，嫁給我爸爸以後，搖身一變成爲了一個摩登的家庭主婦。她不像她的移民父母那樣，從不會對鄰居朋友或兒女提高嗓門或舉起拳頭。在新生活裡，他們似乎都從過去獲得了釋放。他們也賜給了我和妹妹富足和安全這兩件禮物。但對我來說，這些禮物卻成了高牆。你們可以說我是個不知感恩的兒子，因爲我總是想著要怎樣逃離循規蹈矩、無聊乏味的中產階級生活。過度拘謹的生活讓我渴望冒險。」

我停頓了一下，打量那些已被我視爲是人生旅伴的人的臉。在淺綠色牆壁和天花板日光燈的反襯下，這些臉顯得細小，但卻充滿英雄氣概。在這之前，我從來沒有想過或懂得欣賞過他們的生存勇氣。而且儘管經歷過種種傷心往事和失望沮喪，好奇心的火焰卻仍然在他們內心燃燒著（儘管有時很微弱）。

「艾略特的啓悟來自一個湖，但我的啓悟卻來自別的地方。」我繼續說。「每次假期回到家裡，我就會拿出家庭的照相本和學校的同學錄來翻。我看到，頁復一頁、年復一年，照片中的那個我，都是笑著、擺著各種姿勢的，一副快樂無憂的樣子。但我知道，在這些照片的外表下，藏著的是一個未成形的自我，他困惑、心靈漂浮無定，終日做著白日夢。但奇怪的是，儘管現在我已經找到了創造自我的自由，但卻覺得有沈重的腳鐐套在腳踝上。」

「但有一天，一向認爲自己充滿各種可能性的我，卻突然醒悟過來，看到了自己的眞實面貌：我是過去的一部份。唸研究所的時候，有一次我從十九世紀丹麥哲學家齊克果的書上讀到一句話：『成爲歷史性的你自己。』這句話就像赫拉克利圖的話一樣，費解、神祕而充滿磁力。後來我才知道，齊克果的話，指的是人生的一種轉化，它所可能發生的時間，大約就是二十五歲上下，也就是一個人年輕的夢想開始褪色、成年的責任感開始興起的時候。當時的我，正好就是二十多歲。對我同一輩的年輕人來說，人生是充滿有待發現的意義和目的的。意義可以透過愛情、旅行、教育、政治活動和審美經驗去累積。我們都是活在當下的，像遊牧民族一樣流浪，進行著英雄式的探求，想把自己的心靈提升到更高的境界。不過，隨著時間的推移，這種雄心壯志慢慢失去它的部份光彩和活力，而所謂的英雄式探求之旅，最終卻把我們帶到相似的處境：結婚、就業、生兒育女、從宗教找尋精神慰藉、忙於賺錢和追求快樂。」

我再次停頓下來。我說這些，對在座的人有任何意義嗎？他們之中，大概除了桃樂西和席薇黛嘉以外，誰都沒有聽過齊克果的名字。而跟葛莉絲和埃妃比起來，我的人生又太中產階級了一些。如果說我從前的人生有過什麼試煉的話，那也不過是一些學院式的猜謎遊戲。只不過，最近這些年來，我的生活變得嚴苛了。我明白了何謂失業，領略了領「食物配給券」❼的苦澀滋味，也會擔心小孩生病，因爲一筆醫藥費就可能意味著一筆負責。難道齊克果——一個沒有妻兒而又有一筆小遺產可以賴以度日的人——也像我一樣，要爲柴米油鹽的事情傷腦筋嗎？難道他不是只應該費心於思索一些重大的哲學課題嗎？不，我可能過慮了，齊克果應該也是個懂得什麼叫艱難的人，儘管他面對的是另一種的艱難。

「齊克果說得對，」我繼續說，「如果你是爲追逐每一刻的絢爛而活，那你最終一定會厭倦，因爲那些絢爛瞬間都是會流逝的，都是留不住的，讓你一事無成。你所累積的，只是一些會蒸發的經驗。在我做過的事情裡，我找不出有哪些是可以向自己誇耀的，有哪些是有持久意義的。我只覺得，我的人生一直以來都是在彩排，彩排又彩排，卻從沒有正式公演過。」從哲學上來說，我所感受到的，是一種缺乏歸屬感、連續感和自我持續感的狀態。

「我知道，『成爲歷史性的你自己』這樣的話聽起來太學院，太刻意。然而，我仍然是被它迷住了，我感覺它對我發出召喚：『踏上你獨一的道路吧，感受它對你的腳所形成的反作用力吧。』但我起初卻抗拒這種召喚，回答說：『所謂獨一的道路，只是一種假象罷了。』走單一的道路對我來說是件陌生的事。我是個三心兩意、什麼都想試試的人，一直以來都是在不同的道路間晃來晃去的，也因此繁衍出很多個不同的自我。再說，我也極少是一個人在路上的。跟我同行的，有時是父母，有時是妹妹，有時是朋友，有時是戀人，有時是妻子兒女，有時是祖父母，有時是祖先。在我看來，所謂孤獨的旅人，只是一種空中樓閣。」

「我知道我是在抗拒齊克果所呼籲的『選擇成爲你自己，爲你自己催生。』我回答說：

『我是個流浪者，是個無父無母的孤兒。』儘管如此，有一點卻是我無法否定的。那就是，不管我的人生軌跡有多隨機，不管我和出現在我人生中的人事物的相遇，是多麼的偶然，但一旦我遇上它們，它們就成了我不可分的一部份。我彷彿聽到了艾略特在〈四首四重奏〉近結尾所說的：『我們將不停止探索／而我們一切探索的終點／將是到達我們出發的起點／並且是生平第一遭知道這地方。』。我於是想，我有可能擁有我走過的街道、住過的房子、乘涼過的樹蔭、認識過的人、有過的玩具、書本，就像『第一遭』擁有它們那樣嗎？」

「這一點，正是我會被齊克果一個主張吸引的原因。他說，我們都是一階段一階段被一個我們獨有的命運拉著向著走的，而這個命運，我們既可以選擇接受，也可以選擇拒絕。多簡單的一個觀念啊。只要選擇接納過去，我就可以把它從一種負擔轉化為活力的來源。選擇是一種自主的行動，而非被動的反應。於是，我就對我自己的過去說了『好』，主動地選擇了它。而幾乎就在同一時間，我感到一種新的活力在我的肉體和心靈裡流動。」

講完這個，我就不再言語。我就像葛莉絲一樣，感到自己說得夠了。當然，我並不是沒有可以再說的。例如，我還可以告訴他們，我所感受到那種新的力量對我帶來什麼其他的幫助：讓我可以寫出有頭有尾的論文和文章，讓我可以下定決心跟愛人結婚、生兒育女和就業。它也驅使我努力去跟我繼承下來的命運達成和解，這個繼承的命運包括了一個釀私酒的祖父和一個擅做蘋果派的祖母，一個被暴民殺害的叔叔（我的名字就是沿用他的），我父母的生活和我父親的死，一個和我愈來愈疏遠的妹妹，一個我逃離的宗教，還有我住過的房子，走過的人行道、街燈——這一切，對我的形塑，都要遠多於我所能瞭解的。

我這時已經明白到，是什麼把我吸引到老人活動中心來授課的了。我希望可以感受到歷史的重量，並優雅地把它扛起來；我希望可以把我的人生放在一個代與代的脈絡裡，好讓自己明白，人想要成爲自己、想要獲得個體性，就得同時讓自己歸屬於世界和他人。席薇黛嘉在詮釋赫拉克利圖的警句時，業已觸及一個過去的功用：有時候往回走就是往前走。出身、家庭和過去有時會是一種我們恨不得要逃離的重壓。但遺忘是不管用的，我們只能善加利用過去——就像尼采所說的批判式歷史一樣——轉化它，爲我們所用。

自己人

在我這篇小小的演說結束後，房間裡一片寧靜。瑪麗取出她的其中一條手帕，教室頓時瀰漫紫丁香的香氣。班上的學員都在打量我。他們現在是怎樣看待我的呢？

然後，突然有一個聲音打破了寧靜。「媽媽？」這聲音，聽起來又像男人，又像小孩。「媽媽，我想回家了。」他耐心地靜靜等在門口，已經有一段時間了，只是我沒注意到罷了。他就是葛莉絲的兒子比利。

「好的，比利，」葛莉絲說，「但先過來跟你的朋友們打個招呼。」她招手示意比利走過來。

「嗨，大家好，嗨，嗨。」他看來很高興看見我們，圍著桌子走了一圈，摸摸每個人的椅背，走到媽媽背後才站定。葛莉絲抬頭看著他，面露微笑。「他是我的寶貝，」她說，「沒有他，我眞不知道該怎麼辦。」葛莉絲把講義疊好，放入一個很大的手提袋裡，然後站起來，牽著比利的手。其他人也跟著收拾東西，把椅子推開。

我們互道再見。我告訴他們，我希望下星期能繼續談艾略特的詩。「我想我會去學希臘文。」維吉爾說。

就在我闔上公事包的時候，席薇黛嘉走了過來。「你做得很好，」她說，「你讓大家有機會瞭解你，知道你在想些什麼。」她伸出兩隻手握著我的手。我感覺到了她冰涼的皮膚和纖細的骨節。她抬起頭望著我，輕聲說：「你現在是我們自己人了。」

第三章　戀愛中的哲學家

儘管在〈四首四重奏〉中，艾略特呼籲老年人「當個探險家」，但另一方面，他卻又把老年視爲一個衰朽的象徵，在詩中拿老年人的「愚蠢」、「恐懼和癡想」去跟心靈內在的無限世界加以對比。艾略特不信任「進步」和「自我改善」這一對由十八世紀的人文主義與經驗科學傳下來的觀念，認爲現代人以爲社會可以臻於完美的想法只是幻覺。他相信，人如果不能順服於一個更高者的意志的話，自我改善是不可能的。他緬懷中世紀的靈性高度，在當時，教會和社會是緊密地結合在一起的。但誰又會願意回到一個由教會所主宰的社會，或是生活在有嚴格階級與性別規範的時代呢？最少我們班上的女學員就決不會願意。

她們其中一個（記得好像是瑪麗）認爲我們課程討論宗教和政治傾向保守的人物已經討論得太多了。「換個激進一點的傢伙來談談如何？」她說。然後，另一個學員（好像是維吉爾）又表示，我們花了太多的時間在談自己的過去了。「聽老年人的意見固然是不錯，但年輕人又是怎樣想的呢？爲什麼你不考慮帶一些你的年輕學生到老人活動中心來呢？」

作爲對瑪麗的意見的回應，我說我將會找約翰・穆勒（John Stuart Mill）的自傳的其中一章給大家讀一讀。我解釋說，穆勒是十九世紀激進政治思想家，他跟艾略特不同，是個對自我改善與社會進步充滿信心的人，而且不認爲宗教在這些事情上幫得上什麼忙。他對於鼓吹女權、言論自由、擴大民主參與一向不遺餘力。在我們這個各種解放運動風起雲湧的時代，還有誰比穆勒是更好的選擇呢？讀穆勒還有一個好處，那就是我們可以拿他來跟艾略特做對比：一個對未來充滿憧憬，一個對過去。

不過瑪麗的反應卻帶點猶豫。「教高中的時候，我曾經因爲課程要求，教過他的文章〈論自由〉(On Liberty)。那眞是有夠艱深的了。」

「但你有讀過他對自己心理危機和跟一個已婚婦人墮入愛河的自述嗎？」我問。瑪麗搖搖頭。

「好吧，」她遲疑地說，「你知道我愛看肥皀劇的。我就投你的建議一票好了。」

之後，我又同意了維吉爾的建議，答應找些年輕人來參加討論。我打算看看我大學裡的學生有沒有人願意來。但我不是太有把握，因爲我還記得，我大學時代對祖父母一輩的人都興趣缺缺的。另外，依我觀察，我的學生很多都屬於反文化的類型，很難指望他們會願意把時間耗在一群「灰白心魂」的身上（我的老年學生現在都喜歡我這樣稱呼他們或彼此這樣稱呼）。不過，當我在課堂上提出邀請時，我卻發現我錯了，因爲我的話才一出口，就有不少志願者舉手。

年輕人的加入

出現在老人活動中心的時候，我那些年輕學生看起來就像一群從歷史裡走出來的人物。漢娜和愛倫穿的是有流蘇的服裝，頭上綁著兩根長辮子，怎麼看怎麼像印第安姑娘。至於蓄著黑色大鬍子的達利爾和金色山羊鬍的法蘭克，都是穿著邋遢的牛仔褲和褪色的工作襯衫，看起來像是開拓西部時代的農人或傳教士。黛安娜穿的是白色的寬鬆襯衫和黑短裙（這是她打工那家餐廳規定這樣穿），一頭又密又黑的頭髮用緞帶紮成一條馬尾巴，讓她看起來像是垮掉的一代❶的成員。理查的穿著則是跟黛安娜大異其趣。他瘦削的臉蛋刮得乾乾淨淨，上身一件開襟毛線衣，下身一條卡其褲，看起來像個五〇年代長春藤聯盟❷的學生。

他們都是我與幾個同事合開的大一共同課程「西洋文明史」的學生。我負責的部份，是西方文明從早期部落式氏族社會發展到古希臘和羅馬城邦文化的階段。爲了不讓我的教學內容顯得「迂腐」，我有時會談些有時代意義的話題，像比較氏族社會和嬉皮團體結構的異同之類的。我這些學生的生活，可以用弗洛伊德一本書的書名來形容：「文明及其不滿」。他們其中很多都受到來自家庭傳統與社會解放運動兩方面力量的拉扯，感到無所適從。在與學生進行個別晤談時，我得知達利爾是個同性戀，卻鼓不起勇氣告訴父母。他對教會的侍奉相當熱心，但他確信，如果他的性向一旦披露，那不管他的弟兄還是上帝都會鄙棄他。漢娜也有她的煩惱。她有一個很要好、比她大幾歲的男朋友，對方馬上就要從大學畢業，並打算畢業後到弗蒙特州去參加一個集體農場。他希望漢娜可以輟學，跟他一道去。「我愛他，」她告訴我，「但我的人生目標要怎麼辦呢？」法蘭克告訴我，他渴望可以在加州的一間佛寺出家。幾年前，他曾經利用學校的假期去了尼泊爾的首都加德滿都一趟，自此他身上的一部份就沒有再回來過。

這些學生會對老人活動中心的哲學課感興趣，是不是都有什麼特殊的原因呢？他們有可能從一群老人家身上得到啓發嗎？任何事情都是有可能的，我想。最少，我自己就從老人家身上獲益匪淺。

所有人圍坐在由六張橋牌桌拼成一張的大桌子四周。年輕臉孔的出現，讓老人活動中心的陳設更有臨時的味道，就像整個地方只是一個流動劇團的舞台，一等晚上表演結束，一切就會被收拾打包，搬到下一個地點。

很有可能，這還是我幾個年輕學生生平第一次處於一個有那麼多老人的環境中，因爲我稍後得知，他們大部分都幾乎沒有見過自己父母的父母（但也有因爲父母離異或生活不穩定而由一個祖父或一個外婆帶大的）。儘管他們有留長髮的、有蓄鬍的、有戴著染花大頭巾的、有戴念珠的、有散發出廣藿香油味道的，但外表都乾淨而整齊。他們的舉止合宜，就像是在參加家庭聚會。而我的老年學生則是他們一貫的樣子：坦率、性急、難以管束。

穆勒的低潮

爲在座每個人做過簡單介紹以後，我開始進入主題：「請諸位試著想像以下的情境。有一個名叫約翰的哲學家兼活躍的社會活動家愛上了另一個聰慧的社會活動家哈莉特。問題是，約翰雖是獨身漢，哈莉特卻是有夫之婦，而且已經爲人母。另外，約翰從小就活在父親的支配下。他父親爲了讓他成爲天才，從很小開始就教導他希臘文、拉丁文、代數、經濟學、政治理論和歷史，因此，他覺得有責任去幫助父親完成改革社會的理想。他父親詹姆斯相當擔心兒子會成爲醜聞的主角，因爲當時可不是什麼風氣開明的時代，而是十八世紀三十年代的英國，也就是維多利亞時代的英國。換成你們是約翰或哈莉特，你們會怎樣做？」

一陣沈默。誰會打頭陣呢？法蘭克說話了：「找一個可以共同參與、造福別人的計畫，來昇華雙方的愛情。」

「嗯，這是一個辦法，」我說，「而且不會踰越道德的尺度。」

「當好朋友不就得了嘛。」做事一向中規中矩的埃妃說。

「對，這可以讓他們免去麻煩。」

「可以就這個問題寫一本書和參加電視談話節目。」搞笑不遺餘力的維吉爾說，他對桌子四周的每個人露出個大笑容，對坐他旁邊的黛安娜笑得更是特別甜。

「雖然當時沒有電視，」我回答說，「但倒是有一些小報有供人吐露心事的園地。不過，如果你想別人正襟危坐聽你說的故事的話，還有一個好辦法，那就是把你的事寫入自傳裡。」在座有好幾個人點頭。「這就是爲什麼我會影印約翰．穆勒的自傳的其中一章分發給大家的原因。這是我們今天要討論的主題。」

接著，我開始說明，約翰．穆勒的故事和他父親詹姆斯．穆勒是分不開的。詹姆斯．穆勒出生於蘇格蘭一戶貧窮的農家，以這樣的出身，本來是沒有什麼出頭的機會的，不過，一個有錢人卻慧眼看出了詹姆斯的天分，資助他唸書一路唸到大學。大學畢業後，詹姆斯成爲了一名牧師。不過，他旋即發現自己既缺乏傳道的口才，也沒有傳道的熱忱。換過幾個工作後，他成了一名記者，並埋首於大部頭的《印度史》（*History of India*）的寫作。這部書最終讓他成爲了東印度公司的僱員——等於是個半公務員。他在東印度公司一待就是一輩子，負責處理的是與殖民統治下的印度有關的貿易與合約事宜。

詹姆斯．穆勒的太太在二十年中爲丈夫生了九個小孩。詹姆斯．穆勒極爲輕視自己太太，認爲她是個沒有知識的女人。但穆勒太太卻任勞任怨，甘心情願接受一個辛勞順服的妻子的角色。她竭盡所能利用丈夫有限的收入去維持一個人口不斷膨脹的家庭，而詹姆斯．穆勒則什麼都不管，只管寫他的歷史鉅著。

詹姆斯．穆勒的一個好朋友是英國的著名哲學家邊沁（Jeremy Bentham）。邊沁主張，初生小孩的心靈有如一塊「白板」，是完全空白一片的，他會有什麼經驗或想法，都是後天得來的。詹姆斯．穆勒相信這個理論，而且據此推論說：如果一個老師能夠完全控制一個小孩子接觸的環境和學習的內容，那這個小孩在長大以後，就會成爲一個沒有任何錯誤觀念和不可靠知識的人。而如果一整個社會的小孩都可以受到這樣的管教，那麼，完美社會的願景將可得以落實。

詹姆斯．穆勒決定要親自動手塑造一個這樣的理想心靈，並選中資質優秀的兒子約翰作爲實驗對象。從小，約翰就在父親的教育下，習得數量驚人的知識。據約翰．穆勒在自傳裡說，父親加諸他的教育，「要比我的同輩多出四分之一個世紀。」

老穆勒從兒子三歲就開始教他希臘文，七歲開始教他拉丁文，十二歲開始教邏輯，十三歲開始教自然科學和政治理論。小穆勒沒有上大學，但卻積極參加各種知識分子的團體，以求從別的知識分子身上吸收新知。就像他父親一樣，小穆勒也致力於鼓吹在當時被稱為「激進」的社會改革。他是國會改革的大力鼓吹者，主張的改革包括首相由選舉產生、廢除國王和上議院、建立不記名的投票制度、公務員由考試產生等。穆勒父子都同樣偏好代議制政府，只不過，在婦女投票權的問題上，老穆勒和小穆勒的立場卻南轅北轍。

儘管約翰·穆勒所受的教育讓人豔羨，他卻在自傳裡表示，自己「深受父親教育理論的一個瑕疵之害」。那就是它只有知性而沒有情感。他指出，在家裡，情感的表達不只是被忽略，而且是被禁止。老穆勒極端鄙夷各種激情，認為那不過是瘋狂的一種表現。他嘉許的是一種清晰的、實事求是的語言，而這一點，是跟他那唯物主義與經驗主義的世界觀相呼應的。

在《自傳》(*Autobiography*) 的第五章裡，約翰·穆勒記述他曾經一度陷於精神崩潰的邊緣，而這種經驗，引發了他一連串的反省。他說，一直以來，他都認定，只要他鼓吹的社會改善能在遙遠的未來落實，他就會獲得快樂。「但這時的我，從這一點中醒了過來，就像是從夢中醒過來一樣。」他描述，自己逐漸被一種心理倦怠感所侵蝕，變得對一切值得高興或愉快的事無動於衷。這種心緒讓他問了自己一個問題：假如你追求的人生目標全都實現，假如渴望的那些社會改革全在這一瞬間落實，這會帶給你無比的快樂和喜悅嗎？

穆勒告訴我們，一個回答從他內心湧起：「不會！」因爲，如果他追求的理想社會眞的得到實現，他將會失去目標。這個發現，讓他陷入了深深的沮喪。

穆勒試圖透過閱讀一些他喜愛的書籍——一些「過去偉人們的回憶錄」——來排解鬱悶的情緒，卻一點都不管用。而當他意識到沒有別人是他可以求助的時候，他的孤立感益發濃烈。他沒有一個親密的朋友。他也不可能跟父親討論這個問題，因爲他父親所持的一套心理學理論，是從一開始就排除兒子會有不快樂的可能的。因此，穆勒唯一可以求援的人只有自己。

他在自傳裡解釋，他父親相信，一切的心理和道德感受——不管是好的還是壞的——都是一種心理連結的結果。而從小，父親就灌輸他一個觀念：「爲能造福社會全體的事而快樂，爲能傷害社會全體的事而痛苦。」詹姆斯．穆勒是想藉這個觀念，在兒子心裡建立起快樂與社會福祉兩者間的連結。但現在，約翰．穆勒卻發現這種理論根本站不住腳。因爲這樣建立起來的心理連結，只是一種人爲的連結，其穩定性極其脆弱，而且，誠如穆勒所絕望地指出的：「知道只要我相信某件事情就會得到快樂，並不構成讓我去相信這件事情的理由。」

因爲看到瑪麗在搖頭，我把這場迷你的講演暫停了下來。「瑪麗，是不是有什麼讓你困擾的？」我問。

「對，」瑪麗把一隻手按在額上。「穆勒是眞的憂鬱嗎？我的意思是，他的憂鬱是認眞的嗎？還是只是年輕人邁入成年時常見的那種強說愁？」

好問題。穆勒的《自傳》的行文風格是陳述性和不動感情的，只有偶爾才會流露出一個情緒的高音。「讓我告訴妳一個可以反映穆勒情緒狀態的有趣例子，」我說，「然後妳自己再來判斷，他的沮喪是不是認眞的。」瑪麗勉強同意了。

「穆勒對古典音樂有著強烈的興趣，」我繼續說，「特別是莫札特的音樂。但在經歷憂鬱那段期間卻飽受一個想法的折磨：音樂並不是不可窮盡的。他推想，能夠用來構成動聽樂曲的音符組合，應該是有限的，而歷來已經有過那麼多偉大的作曲家寫出過那麼多動聽的樂曲，那剩下來的可能性，就應該寥寥無幾了。只要每多一個人寫出一首悅耳動聽的樂曲，就代表音樂可能性的窄縫更收細了一點。音樂創新已經走到了盡頭。從穆勒會有這種灰暗的想法，妳認不認爲……」

瑪麗蹙起了眉。「我會說我對他感到同情，但對於他那些高深的思辨，我卻看不出來跟我的問題有什麼相干的。」

「好的，我來解釋。」我讓步說，「乍看之下，穆勒有關音樂的看法只是一個末節。不過，放在他的整個人生脈絡來看，它卻代表著更大的意義。他對音樂即將終結的憂慮，正反映出他感覺自己的抵押品贖回權已經被取消的灰暗心緒。」

「什麼的贖回權？」維吉爾喊道。

「抵押品的贖回權。」我說。

「他忘了繳貸款啦？他不應該那麼粗心大意的。」維吉爾打趣地說，想在一群新聽衆面前表現表現。

「對，如果你忘了繳房貸，銀行就會把你的房子拿去拍賣，讓你失去自己的窩。不過，在穆勒的情況裡，他被沒收的並不是房子，而是快樂❸。未來已經封死了，生命的可能性被切斷了。一個他一直秉持的信念——人生應該爲建立一個更美好的社會奮鬥，因爲這個目標的實現將會帶來快樂——突然間垮了下來。想想看音樂。音樂是一種看不見的、完全只能靠時間來呈現的表現媒介，然而穆勒卻認爲，音樂已經沒有未來可言了。會繼續存在的只有音樂的過去，但不管這個過去有多輝煌，那都是已經過去的了。這種感覺努力是徒勞的，感覺不會再有新的東西出現，難道不是憂鬱感的最佳寫照嗎？你發現世界已經走入死胡同，但四周的人卻無動於衷，這難道不夠讓人陷入憂鬱嗎？」

「這不無可能，」桃樂西插話說，環顧了四周的人一眼，「誰有像那樣一個父親和那樣一個成長背景，誰都有可能會得到慢性憂鬱症。但讓我感到困擾的一點是，穆勒對於他是怎樣突破憂鬱狀態的說明，似乎相當難讓人置信。」在座有好幾個人——包括我的年輕學生在內——都點頭表示附和。

桃樂西的話不無道理。根據穆勒自述，他賴以脫出憂鬱狀態的，不是宗教或心理學，而是文學。幾乎是在偶然的情況下，他拿起十八世紀一個法國二流劇作家馬爾泰蒙（Jean-François Marmontel）的《一個父親的回憶錄》（*Mémoires*）來讀。當他讀到馬爾泰蒙談到父親的死和毅然生起要代替父親充當全家人保護者的決心時，感到極大的震動。「這一幕所傳達的鮮明概念和情感把我完全籠罩，」穆勒這樣描述他當時的感受，「我感動得落淚，從此時起，我的心理重擔變輕了。」

爲什麼馬爾泰蒙書中的這個情節會帶給他心靈上的淨化，穆勒並沒有加以解釋，留給讀者很大的詮釋空間。有些學者猜測，穆勒讀《一個父親的回憶錄》時的反應，是他「伊底帕斯情結」和「弒父願望」的反映。儘管穆勒是個相當有自省能力的人，但他並沒有對自己爲什麼會有一個奇蹟式的轉化多作解釋，而只是在行文中暗示，馬爾泰蒙的書讓他心靈裡那些被壓抑著的情緒，得以像水龍頭被打開一樣，釋放出來。不過，他倒是告訴了我們，當他從憂鬱和絕望中解放出來以後，他的觀念和個性有了什麼樣的大轉變。他的轉變一共有三個方面。

首先，他的人生哲學改變了。他不再把追求快樂視爲人生的直接目標，而是改爲把目標放在幫助別人獲得快樂上，放在改善人類的處境上，放在藝術的追求上。快樂現在被他當成這些追求的副產品，而不是追求的目標本身。「每當你問自己是不是快樂的時候，你就不再是個快樂的人。」他說。

其次，他決定要把更大的強調放在「個人內在情感的開發上，因爲那是人獲得幸福最基本的條件。」他認爲開發人的情感的最好方法是研讀詩，特別是英國「湖畔詩人」華茲華斯和科爾律治的詩。穆勒接受了他們的主張：情感並不是天生的，但我們領略與發揮情感的能力卻是與生俱來的，可以透過藝術加以培養和提升，使之成爲我們生命的有機部份，而不再只是一些習得的「連結」。

第三，穆勒認爲，與其把他的心理危機視爲純粹的個人事件，是他的個人際遇與氣質個性使然，倒不如看成是一件普遍事件，是「內在於生命本身的一個瑕疵」使然。他相信，全人類——又特別是他的英國同胞——都一定像他一樣，深受情感被壓抑、內在不完整之苦。因此，他在他改革社會的計畫裡，加入了提倡詩與想像力的價值這一項，要讓它成爲教育的一部份。自此，個體性的自由發展成爲了穆勒的戰鬥口號。

由於注意到愛倫坐立不安的樣子，我再次把話停下來，望著她看。

「哇，眞酷！」她驚嘆說，「哲學家都是這樣解決他們的問題的嗎？穆勒先生不用看心理醫生就能自己解決問題，眞棒。如果他看了心理醫生，只怕就當不成社會改革家了，因爲他們會給他吃一堆有的沒有的藥物，讓他變得平靜，變得適應社會，不會再整天想著去改變社會。」她搖了搖頭，兩根長辮子在肩膀前面揚起又落下。看心理醫生？這是她的經驗之談嗎？

「對，」我回應說，「當時並沒有心理健康諮詢師之類的人。啤酒和琴酒都很流行。有些『湖畔詩人』甚至試抽過鴉片。但據我所知，穆勒唯一嗜喝的飲料只有茶。」

「我欣賞穆勒所說的，」法蘭克打岔說，「個人內裡的瑕疵，就是整個社會的瑕疵的反映。他把內省的小鏡子一轉而成了審視社會星球的瞭望鏡。」法蘭克一向偏愛使用比喻。

「對的，」我回答說，「穆勒並沒有把他個人的處境視爲是他獨有的。他認爲，他從自己身上反省到的，也適用於他周遭的世界。心靈的主觀狀態往往是包含著社會意義的。這也是爲什麼他會認爲他的發現有值得寫成書的道理。我想，穆勒清楚地表明了，他的這個經歷，標誌著他遠離父親的影響，走向獨立思考的道路；標誌著他遠離一種幾乎純粹建立在知性上的生活，走向一種知性和感性並重的生活；標誌著他遠離一種狹隘的、化約主義的心理學，走向一種寬廣的、全貌觀的心理學——前者認爲人的一切出發點都是自利的，而人與人之間的關係，只有競爭的關係，後者則認爲，兩個人格獲得充分自由發展的個體，是有建立親密關係的可能的。」

「朗恩的意思是，」桃樂西插話說，「穆勒因爲變得有感情和能夠體會別人的感受，所以變成了一個有血有肉的人。那就是他要傳達給我們的主要信息，是這樣嗎？」

「對，扼要地說是這樣，謝謝妳的意見。」我說，「不過還有另外一點，是讓穆勒跟我們的處境關係更形密切的。」我望向席薇黛嘉，看到她向我親善地微笑和鼓勵性地點頭。「穆勒所發現的，」我繼續說，「是想像力的力量。」

「他在哪裡說過這話？」瑪麗問道。

「他並沒有在《自傳》裡直接說出這一點。不過，從他引用華茲華斯和科爾律治的詩可以看得出來，他深信浪漫主義運動的一個核心主張：想像力具有拓寬我們已知世界的力量。科爾律治曾經說過，人具有一種可以稱之爲『形塑』或『組合』的力量，可以把我們紛紜散亂的經驗融合成一種讓人驚喜的新關係。當穆勒發現他仍然能受文學所感動時，他就意識到，自己內心深處有著一個活水源頭——一個不是他父親放進去，而是他本有的活水源頭。而那也是讓他得以從憂鬱狀態中恢復過來的種籽。現在，他對於何謂快樂，何謂社會改善，已經有了全新的觀照。他被解放了。」

「解放？」瑪麗喊道，「被什麼解放？被狂想嗎？」

「是被想像力解放。對穆勒來說，想像力不是指那種構思童話故事或維多利亞時代色情文學的能力。那是一種把現實轉化爲理想、把生命的限制轉化爲可能性的能力。在一篇論宗教的文章裡，他聲稱，藝術和想像力都是開啓新觀念與新可能性的鑰匙，沒有這把鑰匙，人就會繼續處於盲目的狀態。依我猜測，穆勒的心理危機並不是在讀了馬爾泰蒙的回憶錄以後馬上解除的。那可能只是他乍見光明的一刻。更有可能是，他的完全痊癒，是在他發現自己有能力在強烈感情裡找出意義之後。」

「就是在他跟哈莉特．泰勒認識之後？」漢娜說。

「對，」我回答說，「泰勒太太，一位漂亮、聰慧、熱情洋溢的維多利亞婦女，三個小孩的媽媽，一個不太可能成爲穆勒的太太的女人。」

「但因爲具有想像力，所以他一頭栽進去了。」漢娜說。

「而因此，音樂就沒有走到盡頭，而是可以繼續演奏下去。」瑪麗接著說。

「對，音樂是繼續演奏下去了。」我答道。

「結果呢？」桃樂西問道，「結果是不是穆勒必須在追隨他的想像力和追隨理性之間選擇其一？」

我點點頭。

「但這個跟我們現在的處境又有什麼關係呢？」愛倫問。

「這個我想我明白。」法蘭克說，「難道我們不是像穆勒一樣，也是個身處科學理性時代裡的浪漫主義者嗎？在學校裡，老師都說我們應該培養創意性和想像力，但一旦我們表現出創意性和想像力，他們又會說，那是非理性的，是不能被接受的。爲什麼不能被接受呢？還不是因爲會對既有的體制帶來威脅！」

「朗恩，」愛倫說，「你前面說過，穆勒和他父親對女性是不是應該有投票權的問題意見相左。怎麼會這樣？」

「部份是兩個人想像力的多寡使然。穆勒有能力想像出一個尚未存在的社會，一個對很多人來說不太可能存在的社會。而他父親則認爲，已婚女性的意見，應該是與丈夫一致的，所以她們並不需要投票權。但穆勒卻意識到，沒有投票權，一個人就會失去發揮自由的機會，而沒有這種機會，一個人就不會發展成爲完整的人。我想，他會體會到這一點，大概跟他曾爲成爲一個完整而獨立的個人掙扎過有關。好些年後，穆勒和哈莉特合寫了一篇名爲〈女人的臣屬地位〉(The Subjection of Women) 的文章，其中提到，女性的人格發展是那麼的不完整，以致於『我們幾乎難以知道她們是誰』。」

「但穆勒卻可以想像得到一個女性可以發展出完整人格的未來。」瑪麗說。

「對，」我說，「不過，這種想像力既爲他的生活帶來刺激，也帶來了艱難。」

「我們何嘗不是這樣，」維吉爾說，「我們何嘗不是幾乎不知道自己是誰。」

「維吉爾，你代表自己發言就好，」瑪麗反駁說，「我自己是誰，我可是知道得一清二楚。」

在維吉爾就要回嘴的時候，漢娜插進來說：「朗恩，你還沒有告訴我們約翰和哈莉特之間的愛情故事。他們是怎樣認識的？」

我還沒有回答，在座的人已形成三三兩兩的幾組，各談各的話：法蘭克跟席薇黛嘉談，漢娜跟桃樂西談，黛安娜跟維吉爾談。埃妃望著虛空，葛莉絲則一臉困惑。

「各位，各位！」達利爾喊道，試圖要恢復秩序，「你們可以靜下來一下子嗎？」我從未看過達利爾主動充當班長的角色，但他的努力，還是讓大家安靜了下來。

「謝謝你，達利爾。」我說，「各位，讓我們一件事情一件事情來。首先，維吉爾，我很想知道，你說『你幾乎不知道自己是誰』這話是什麼意思。」

維吉爾用嘴巴掩嘴，佯裝尷尬。

「說啊，凱勒爾先生，你有什麼好猶豫的？」黛安娜說，她似乎已經對維吉爾產生好感，「把你告訴我的說給他們聽啊。」

維吉爾裝成一副卻不過黛安娜的要求的樣子，開口說道：「我只是想表示，我們老年人的處境，就像女性還沒有取得投票權以前一樣。每個人似乎都認爲，就因爲我們是老人，就應該有老人的樣子。每次走入商店，店員對我都是視若無睹，就像我是個隱形人似的。每個人都只看得見我們的皺紋和白髮或者——」他拍了拍自己的頭，「禿頭，卻看不見在我們深深的內裡，我們和其他人是沒有分別的。」說完，維吉爾帶著一副乞憐的表情看著黛安娜，後者則輕輕拍了拍他的肩膀。

但瑪麗卻不準備讓維吉爾把不虞有詐的黛安娜迷得團團轉。「哦，是這樣，維吉爾？但不幸的是，我們全都知道住在你深深的內裡有什麼。」她語帶嘲諷地說，「有一頭老山羊❹。」

這話讓黛安娜感到震撼。而我的其他學生，則不知道瑪麗是說眞的還只是開玩笑。

「不管山羊不山羊，」我打趣說，「維吉爾都提出了一個値得正視的論點。刻板印象常常都會帶來偏見，有時還會強逼別人接受某種低貶他們智力與能力的角色。婦女解放運動已經在某種程度上改變了人們對女性的刻板印象。你們認不認爲，接下來會有一波老人解放運動？」

「老解（elderlib）？❺」埃妃說，「我可沒把握它會對我有用。你們看到的，我已經是個老女人、老祖母了。我過去固然曾經是個牧場主和家庭主婦，但現在卻是個寡婦了。我可無法想像自己會在一瞬間變成一個——你們是怎樣稱呼的？『小辣妹』，是嗎？」說完，她就笑了出來，其他人也笑了。

「你本來就是一個很棒的小辣妹，」桃樂西說，「一個成熟的小辣妹。我只盼自己有像妳一樣的身材。」

埃妃的臉紅了起來。在班上，我們絕少談到彼此身體的話題，除非是看到誰因爲摔一跤而青瘀了一塊，或是因爲接受過凍結疑似癌細胞的治療而在頰上、鼻子或額頭出現水泡。

「想像力難道可以漫無節制的嗎？」法蘭克用手掂著他的山羊鬍尖說，「如果每個人愛做什麼就可以做什麼，豈不是會天下大亂？應該設定一些可以保持社會和諧的原則，規定每個人在人生的某一階段有權做些什麼。」法蘭克望望兩邊，尋找同道。

「你的話固然不無道理，法蘭克，」桃樂西說，「問題是，誰來決定這些規則呢？過去人們相信，正常而適當的行爲準則，是自然所制定的。現在我們已經知道，這些準則的制定者其實是社會、經濟、法律和宗教宣傳。我想這一點，你們年輕人應該比我們這些老頭看得更清楚才對，因爲我們的想像力，已經被一而再、再而三的失望挫折磨損得差不多了。根本就沒有所謂自然的東西，有的只是歷史和建造歷史的人。」她雙手抱胸，一臉桀傲不馴的表情，「這就是穆勒和哈莉特致力去做的事情。他們拒絕接受他們當日的成規習俗，因爲他們認爲那是虛矯的，甚至是不道德的。」

「我可以幫妳的這個見解補充一個註腳，桃樂西。」我插嘴說，「穆勒和哈莉特都服膺烏托邦主義者歐文（Robert Owen）說過的一句話：貞潔是有感情的性交，賣淫是沒有感情的性交。」

葛莉絲舉起一隻手。「但也許他們主張的一切，不過是為他們所做的蠢事脫罪罷了。你們知道，人們總是嘗試用堂皇的理由去為自己所犯的罪開脫。」

漢娜幾乎從椅子上跳了起來。「他們做的事有那麼要不得嗎？」她直通通地望著葛莉絲說，「難道忠於愛情——我是指眞心眞意的愛情——不是比在乎別人怎樣想更重要嗎？一個人如果壓抑感情，就會變成像穆勒當初一樣沈鬱。」

「我倒是覺得，如果每個人都覺得你是個老古板，你就會變得沈鬱。」維吉爾打岔說，瞧了瑪麗一眼。我知道我得趕緊把話題帶開。

「漢娜方才問我有關穆勒和哈莉特之間的愛情故事。我想這故事對我們可能有啓發性。哈莉特是一個成功商人的太太，生有三個小孩，儘管如此，她卻不是一個樂於被關在家裡相夫教子的人。她對當時各種政治和知識上的爭論都極感興趣，包括婚姻制度的問題、離婚的問題、女權的問題、勞工階級的困境、言論自由等等。但他的丈夫卻無法跟她談這些問題。

她爲此感到苦惱，跑去找她的牧師霍克斯（William Johnson Fox）訴苦，說自己缺乏一個可以討論各種問題的知性同伴。她的丈夫雖然仁慈而體貼，但卻缺乏知性和藝術上的修養，讓哈莉特感到乏味。」

「聽了這話，霍克斯認爲她說不定會樂於認識穆勒，於是就安排穆勒和其他幾個朋友一起到哈莉特家裡用晚餐。幾乎從他們第一次碰面開始，穆勒和哈莉特就建立起深深的友誼與親密感。」

「這時候的穆勒，本就已經準備好要跟誰交換他的感情與感受，而正巧，他發現哈莉特是個完美的夥伴。哈莉特雖然是個有夫之婦，但特立獨行的個性卻讓她敢於向丈夫爭取與穆勒相處的時間，而穆勒也渴望有她作伴。哈莉特的丈夫泰勒出於嫉妒和怕別人說閒話而反對，但最後卻拗不過哈莉特的堅持而讓步，同意讓他們定期會面，甚至同意讓他們一起到法國去渡假。哈莉特和穆勒雖然過從甚密，但就我們所知，他們的關係始終是柏拉圖式的。這情形一直維持了二十年，直到泰勒過世，穆勒和哈莉特才終於結爲夫妻。但他們倆此時都已經得了慢性肺結核，健康日走下坡。在十九世紀，肺結核可是無藥可醫的。他們在法國的阿維農過著半隱居的生活。哈莉特在結婚八年後過世，安葬在他們所住的房子旁邊。在同一棟房子裡，穆勒又活了十五年，由哈莉特的女兒海倫加以照顧。這二十八年間，哈莉特對穆勒發揮了極重大的影響。事實上，穆勒宣稱，他最重要的觀念都是來自哈莉特的。他們還合撰論文和文章。大可以說，他們是把他們鼓吹的哲學理念體現在自己的生活中。不過，他們也爲愛情和知性上的合作付出了很大的代價，因爲爲了避開閒言閒語，他們必須住得遠遠的，遠離朋友和親人。」

「好悲哀的故事。」漢娜嘆了口氣說。

「爲什麼妳認爲它是悲哀的呢？」席薇黛嘉問。

「因爲他們等太久才能擁有彼此。這樣壓抑感情，壓抑肉體的吸引力，値得嗎？」

「說得對，」達利爾說，「他們既然相愛，就應該馬上結合，而不要管別人怎樣想。」

「你們認爲性眞得那麼重要嗎？難道你們認爲，沒有性生活，男女之間就無法出現一種深邃的精神聯繫嗎？」席薇黛嘉問。

「不，我不認爲可以。」漢娜搖頭說。

「也許妳是對的，」席薇黛嘉說，「但我認爲，親密關係是可以用很多不同的方式體現的。當我丈夫埃爾生病以後，我們就沒有再進行性行爲了。但我們還是會睡在一起，還是會觸摸對方，而有時半夜醒來，我們會靜靜地望著對方，什麼都不說。這些都是我一生中最感到充滿柔情和親密感的時刻，讓我覺得我們比結婚以來任何時刻都更接近對方。」席薇黛嘉微笑著望著漢娜，而後著則把一隻手搭在她的手臂上。

「但在那之前呢？」漢娜說，「你們一起生活了那麼多年，難道你們都沒有做愛嗎？你們有小孩吧？我不是想打聽你們的私隱，請不要見怪。」

席薇黛嘉笑了。「當然，我們當然有做愛，也當然有小孩。哦，對了，我們談這個妥嗎？」席薇黛嘉望望我，然後又望望桃樂西。

「席薇黛嘉，妳忘啦，婦女已經解放了，愛談什麼都可以。」桃樂西說。

「我看不出來現在談的這個，跟穆勒的哲學有什麼關係。」理查突然說。一路下來，他都沒有說話，只是靜靜在講義的邊上做註記。

「你看不出來我並不感到奇怪……」愛倫尖聲說。

「等一下，」我為理查辯護說，「理查剛剛提到的一點確實值得我們討論。透過一個思想家的私生活去評估他的觀念，這個做法正確嗎？」

「要不是穆勒寫了他的自傳，我們就不會去討論他的性生活了。」桃樂西說，「我並不想把哲學化約為哲學家的個性，但當一個哲學家愛上了一個與他旗鼓相當的女人，而對方也愛他，而他又寫了有關個人自由、個體性和女權問題的著作時，你很自然會想多瞭解他的私生活和他的思想之間的關聯。我覺得他就像是把他的觀念寫成一齣戲劇裡的角色，而我們則是觀衆。」

「我明白這一點，」理查說，「但大家剛才談的可是性生活的問題——」他把臉轉向我，「而你告訴過我們，說不定穆勒和哈莉特是從來——包括結婚以後——都沒有性生活的。那我們討論性生活的意義又何在呢？」

「也許我們不應該把性定義得太狹窄。」我回應說，「不妨考慮一下以下這一點。穆勒曾經把幸福定義爲樂多於苦。但他卻不認爲——就像邊沁主張的那樣——苦與樂是可以量化爲一個個單位，再來加減乘除的。他認爲，有一些快樂是比另一些快樂更高級的。換言之，他採取的是一種質的方法，而不是量的方法。而很顯然，穆勒是認爲，親密感和友誼所帶來的快樂，在質上要凌駕於肉體的、性的快樂。」

「這只是他個人的看法，」桃樂西說，「一旦你打開了通向個人自由的大門，一旦把快樂視爲一種可以從量或質上評比等級的東西，那每個人都可以有自己的評估方式。」

「沒有錯，」我回答說，「而我覺得穆勒本人也意識到這一點。如果你翻開他那篇論個體性的文章〈論自由〉，就會看到，他主張每個人都有權去過自己想過的生活，都有權去進行自己的生活實驗。他讚揚自發性、原創性，甚至讚揚慾望和衝動。你們要知道，在哲學史裡，慾望和衝動大多數時候都是受到貶抑的，被認爲是要比人類的理性能力低下的。穆勒也同意，歷史上曾經有過一個時期，人們的行爲由於太容易受慾望和衝動的支配，所以有必要透過教會和國王所定的嚴格法律，去對過剩的慾望加以節制。不過穆勒又認爲，現在的問題已經跟過去不同。現代的問題不是慾望過多，而是過少。他環顧維多利亞時代的英國，看到的盡是因循保守、壓抑感情、模仿別人生活方式的人，難得有一個是表現出眞正個體性的。因此他主張，每個人都有權利去進行自己的生活實驗，只要那是不會對別人帶來傷害的。」

「解開想像力的枷鎖，推倒路障鐵馬。」法蘭克歡呼說。

「對，某種程度上是這樣，」我說，「不過穆勒相信，這種容許每個人進行自己生活實驗的做法，到頭來不只不會削弱社會，反而會強化社會。因爲，如果一個人能夠過他自己想過的生活，他就能成爲更完整的人，也就能對社會帶來更大的貢獻。更何況，我們並不知道哪種生活方式才是最能帶來人類的進步和社會的完美的，所以，容忍多元性是一個上策。」

「眞是不可思議，」漢娜說，「跟我相信的完全一樣。當然，我是從來沒有像穆勒那樣，把這一點由頭到尾想過一遍。但聽了他的見解以後，我卻感到我就是這樣想的。」她搖搖頭，望向她的朋友維吉爾，希望獲得他的認同。但維吉爾卻沒有反應，只是漲紅著臉。事實上，他已經有好一陣子沒有發言了。他是個抱獨身主義的人，對性和個人自由的討論讓他尷尬而插不上嘴。

「朗恩，」桃樂西問道，「到底穆勒是先有自由主義思想還是先認識哈莉特的？這不正是我們這會兒討論所環繞的問題嗎？」

「穆勒在〈論自由〉的獻詞裡說，這篇論文是獻給他的好朋友兼太太哈莉特的，說那是兩個人的思想合作成果。他說哈莉特的『偉大思想和高貴情感』，乃是他的靈感來源。文章是哈莉特過世後一年出版的。」

「你會不會認爲那是一篇 *apologia pro sua vita?*」心思細密的桃樂西問我。

「一個 apple orchard〔蘋果園〕？」維吉爾終於逮到說話的機會了。

「我是說 *apologia*，」桃樂西說，「那是『辯詞』的意思。很多大思想家和作家都寫這一類的文章。它們表面上是提出一種主張，但實際上是爲自己的生活和觀點辯護。我只是好奇，穆勒的〈論自由〉，會不會是爲了對他和泰勒太太惹人非議的生活方式的一種辯護。當然，事情也可能是反過來：他們之所以有勇氣打破社會的禁忌和成規，就是因爲他們堅信自己的信念是正確的，應該身體力行的。」

「我認爲應該是後者。」我說。

「那不是把一個解放運動體現在個人身上嗎？」理查問，「我覺得我也是個相當個人主義的人，但我不認爲那就表示我有必要反叛父母和社會。」理查環顧四周，想尋求支持他的人。

「那對你是一件好事，」維吉爾說，「年輕人就是應該尊敬父母的。而如果你能把父母視爲楷模，並以青出於藍作爲目標，那你就會更有力量。」

「你不認爲你應該反叛一點點嗎？」愛倫對理查說，「不然，你又怎能找到你自己呢？依我看，你啊，也太循規蹈矩了一點。」愛倫盯著理查的衣服看，似乎是在批評他那件釦子釦到領口的襯衫和開襟毛線衣。

「我用不著靠衣著來凸顯自己有個性。」理查反駁說。

「我們全都是環境和社會的產物。」法蘭克說，然後又補充了一句：「個體性只是假象。」他的評論似乎讓討論嘎然而止。我們眞的有可能原創些什麼嗎？還是我們的觀點和信仰，不過都只是我們成長環境與人生經歷的產物？

遊戲

「我想到一個好主意，」漢娜突然興奮地說，「我們來玩個遊戲吧。」

「遊戲？」理查說。

「對。我們不要光談穆勒想像出來的理想世界，讓我們自己來想像一個理想的世界。我們輪流去想像一個自己嚮往的未來世界的模樣。」

「在妳說的那個未來世界裡，在座大概有一半的人都已經死了。」桃樂西說。

漢娜蹙起了眉，她沒有想過這一點。不過她隨即又充滿自信地翹起了頭。「你們不一定會死的。在那個理想的未來裡，科學家說不定會發明出一種可以阻止老化的藥物，讓你幾乎可以活到永遠。」

「啊，老天。」桃樂西喘了口氣，一隻手放到胸口。

「永遠可是好長一段時間。」維吉爾嘆息說。

「來嘛，」漢娜以充滿熱忱的眼光打量每一個人，「不要老是畫地自限嘛！」

「漢娜的遊戲聽起來很有意思，」達利爾說，「我願意參加。」

「我也願意試試。」埃妃說。

大家因為不想看到滿懷期待的漢娜失望，勉強接受了她的建議。由於主意是漢娜出的，理查堅持她要輪第一個。她接受了挑戰。她雙手抱胸，低著頭沈思。在等她思考的期間，維吉爾對黛安娜竊竊私語些什麼，而葛莉絲則把她的大手提包放到桌子上，在裡面東找西找，不知道找什麼。終於，漢娜抬起了頭。

「老天，」她說，「這比我想像的要難。」

「怎樣，想不出來，對吧？」理查帶點幸災樂禍的口氣說。

所有眼睛都望著漢娜。她轉過臉看著理查，露出個得意的笑容。「不，我想出來了。」然後又小小聲補充一句：「大致想出來了。」

維吉爾從眼鏡框的上方瞅著漢娜，而葛莉絲則把手提包放回地板上，嘴裡嘀咕些什麼。席薇黛嘉給了漢娜一個鼓勵性的微笑。

「好吧，」漢娜說，「雖然我不是約翰．穆勒或哈莉特．泰勒，但我也看到一個理想的未來。」她把一隻手平放在額上，做出凝視遠處的樣子，「在我的這個未來裡，沒有人是胖嘟嘟或瘦巴巴的。」

此語一出，所有人都大笑不止。

「這並不可笑。」漢娜急著說。但瑪麗已笑出了眼淚，而理查則笑得彎腰捧腹。

「肅靜，各位，」達利爾大聲喝道，不知道爲什麼他突然會想要充當漢娜的保護者，「讓漢娜把她想到的未來說下去。」

我們好不容易才把笑意控制住。「好吧，各位，我承認我的話聽起來是有一點好笑。但你們想想看，今天世界上最大的兩個問題就是有人吃得太多，有人吃得太少。我說的吃得太多，並不眞是指暴飲暴食，而是指過度消費。看看，有些人擁有的太多而有些人擁有的卻太少。有些人因爲營養不良而瘦得皮包骨，有些人則因爲飲食不知節制而變成大胖子。你們得要承認，要能想像出一個人們既不會過胖也不會過瘦的未來，可是需要很大的想像力的。」

「但妳有沒有想過，」桃樂西不以為然地說，「有些人是又胖又窮的呢？」

「當然有可能，」漢娜說，態度又重新嚴肅起來，「他們是因為過度消費而變窮的人，是因為吃了太多垃圾食物而變胖的人。」這兩句話讓在座的人為之肅然。「我希望的未來，」她繼續說，重新吸引了我們的注意力，「是一個每個人都會獲得足夠營養和恰當食物的世界。」她掃視她的聽衆，「你們知道當我去想像一幅未來的圖像時，我看到些什麼嗎？」大家沒有說話，等著她說下去。「我看到我外公外婆的飯桌，看到我們正要坐下吃晚飯。我外公外婆是務農的，從八歲開始，我就住在他們家裡，一直到十三歲我媽媽再婚，才搬去與媽媽同住。我外公外婆吃的都是自己種的東西。我們有很多新鮮蔬菜，有很多南瓜、豌豆、鷹嘴豆和玉米。除蔬菜外，有時候我們也會吃雞肉。外婆會自己烘麵包、派和蛋糕。我外公會自製楓糖漿和醃橄欖，還會自己釀啤酒——每星期五晚上，他都會給我一小杯嚐嚐。當然，他們並不富有，但也並不貧窮。他們是剛剛好。而這就是他們教給我的——」說到這裡，漢娜對理查投以挑戰性的一瞥，「一切剛剛好就好，不要太多。」

「老天，」葛莉絲說，「我完全贊成你的話。我也曾經務過農。那是一種苦生活，但也好處多多。」

「在大企業經營的機械化大農場的競爭下，這種小農場現在已經難以爲繼了。」埃妃說。

「這樣說，」理查對漢娜說，「妳想像的未來，是不切實際的。」

「那又如何？」漢娜回應說，「只要我能想像它，它就會是我的未來。你喜歡怎樣想像你的未來，那是你家的事。」

「也許我們不應該照字面去瞭解漢娜所想像的未來，」席薇黛嘉猜測說，「她只是要構想一個每個人都有衣有食的世界罷了。她提到的外公外婆家的餐桌，只是個比喻，是個可以激發她對未來的想像的回憶。」

「但這個世界總會有胖子和瘦子，也總會有窮人和富人，」理查不服氣地說，「除非妳憧憬的，是一個共產主義的世界，每個人都是爲國家工作，沒有貧富之分。是這樣嗎？」他用挑戰性的目光看著漢娜。

漢娜想了想理查的問題，然後搖頭說：「不，我並不憧憬每個人都是一樣或者他們的生活都受到一個老大哥❻的控制。我憧憬的是每個人都是自由的，就像穆勒所說的，每個人都有過自己想過的生活的自由。但我也憧憬一個每個人都尊重別人、把別人當成目的而不是工具的世界。也許聽起來會有點滑稽，但我覺得我憧憬的世界，可以用我跟外婆的兩句簡單對話涵蓋：『外婆，請把那盤馬鈴薯泥遞給我。』『拿去，漢娜，那是我專爲妳做的。』」

「知道還有像漢娜這樣的年輕人存在，讓我心安了不少。」葛莉絲嘆了口氣說。我知道葛莉絲是什麼意思，但我不能不好奇，漢娜說的是由衷之言，還只是一個聰明女演員的表演。理查的想法顯然跟我一樣，他打量著漢娜，臉上混雜著狐疑與敬佩的表情。

「親愛的漢娜，」席薇黛嘉說，「永遠不要放棄妳的夢想。」她搖搖頭，繼續目不轉睛地看著漢娜，讓漢娜感到不好意思。「但不要忘了，」席薇黛嘉接著說，「當妳夢想些什麼的時候，也正是責任落在妳肩上的開始。就像穆勒和哈莉特這對戀人一樣，要把夢想化為現實，有時是要付出很大代價的。大部分人都太輕易放棄夢想了，只要碰到一些挫折，他們就會變得退縮或冷漠。這時，他們會改為接受某個其他人的夢想，並視之為自己的責任。但不管他們付出多大的努力去實現它，那夢想仍然不是他們自己的。而等有朝一日他們醒悟過來，已為時太晚，時間已一去不返了。他們也許甚至連當初自己有過何種夢想也不復記憶。」席薇黛嘉繼續看著漢娜，漢娜撥弄著自己的辮子，回報以一個童稚的微笑。我覺得這時我應該說些什麼。但該說什麼呢？

「漢娜有關馬鈴薯泥的意見可說深得我心，」維吉爾調皮的聲音又響起來了，「馬鈴薯就該是搗成泥吃。要比用烤的、蒸的、油炸的，甚至裹上乳酪絲烘的都要好吃上許多。我有時候會做一個有關馬鈴薯泥的夢。」他一面說，一面用手勢比出一墩墩馬鈴薯的形狀。

「少來了，維吉爾，」瑪麗挖苦說，「你才不會做這樣的夢。」

「不，不，我眞的會。」維吉爾堅持說，「在夢裡，我看見自己把一些碩大無朋的馬鈴薯打成泥，然後把所有的親朋好友都請來，大快朵頤。我會在馬鈴薯糰的周邊澆上一些牛油和在上頭撒一些辣椒粉。」說完，維吉爾的眼睛在眼鏡框上方左顧右盼，打量別人是什麼反應。

「我相信你說的，維吉爾，」桃樂西說，「也樂於參加你招待的馬鈴薯泥盛宴。」她笑得胸口起伏不定。「對了，席薇黛嘉，我想問妳一個問題。妳可曾放棄過夢想或對夢想的追求？我會問這個，是因爲我認識的人之中，沒有比妳更忠於自己的夢想的了。」

「沒有，我想我從來沒有停止過夢想。」席薇黛嘉回答說，「不過，爲世界和平和飢餓的小孩擔心了那麼多年，卻讓我覺得累了。我很希望可以看到有接我棒子的人出現。」

「現在妳可以放心了，看來這裡就有一批生力軍。」瑪麗指著在座的年輕人說。

席薇黛嘉點了點頭，但看來並不是完全同意。

「我覺得在我們之間存在著重大差異，」達利爾說，「我是指我們兩代人之間。」

「你是指代溝嗎？」瑪麗說。

達利爾看來有點不確定。「類似這樣。我只是覺得，這個活動中心裡的人都太關心國事了。走進這裡的時候，我聽到人們在談的盡是失業率、世界和平、貧窮兒童的問題，」他猶豫了一下，「也就是說，都是一些大問題。而我們這一輩的人——最少是我自己——擔心或在意的，卻是一些和自己直接相關的事情，像是看到有人在學校裡砍樹或學校裡有些弱勢族群受歧視之類的，總之，都是一些我親身碰到的事情。至於抽象的大問題，並不會引起我的注意。」

「這是事實，」理查附和說，「我們通常只會關心一些具體、切身的事情。這是年齡的關係嗎？還是因爲時代不同了？我們不會因爲別人說甚麼事情重要，就去關懷什麼。只有它們是跟我們的生活息息相關時，才會引得起我們的注意。如果有哪個我這種年紀的人到處說他很關心世界和平和飢餓兒童的問題，我不會認爲那是他發自內心的關懷。那只是別人的夢想和關懷，他們不過是在模仿罷了。」

「聽你這麼一說，我才知道也許眞有代溝這回事。」桃樂西說，「我一直認定，代與代之間存在鴻溝，只是誇張之詞。我一直以爲，我跟年輕人相通的地方，要比跟我同年紀的人多。但達利爾的一番話，卻說不定是切中了要害。我們是在一個視同情和幫助窮人爲理所當然的環境裡長大的，最少在我的家庭裡是這樣的。第二次世界大戰讓我們成爲愛國主義者，韓戰讓我們有一點點困惑，而越戰則徹底摧毀了我們的信仰。不過，應該幫助別人，卻是我一直深信不疑的理念，因爲幫助別人可以讓我覺得愉快。」

「我、我、我，我們全都無可避免是自我中心的，」法蘭克說，「一切都是以自己爲出發點。」

「不過我對那些挨餓的人和受壓迫的人的同情，眞的是發自內心的。」漢娜喊道，恢復了一部份她失去了的生氣。

「妳這就說到重點了，」法蘭克說，「妳說妳同情他們。但同情只是憐憫。當你同情一個不幸的人時，你是不會對他的痛苦感同身受的。你會在內心深處暗暗竊喜：『哇塞，幸好這樣的事沒發生在我身上。』這就是佛教要主張慈悲的原因。慈悲並不是同情，並不是憐憫。慈悲是從人我沒有分別的立場出發的。別人的困境就是我們自己的困境，因爲每個人都是我的一部份，因爲我們的命運都是一樣的：都必有一死。」法蘭克用手指指向在座每一個人，「我們全都是一樣的，都會有恐懼、有憤怒、有失望。但我們卻寧願把自己封閉在一個小小的繭裡。」

「耶穌也是這樣認爲，」葛莉絲說，「他用寓言指出過這一點。」

「『把小孩召喚到我面前來……』」維吉爾背誦了起來。

「阿門，弟兄。」葛莉絲立刻把他堵住。

「我們會不會離題得太離譜了?」理查說，「朗恩，我想我得爲此負部份責任。不過，看來我們已經完全跟約翰・穆勒脫軌了。」

「不見得。」我回答說，「約翰・穆勒有一幅理想社會的願景，並相信人類的歷史反映著一個進化的過程，雖然有些階段會有微微倒退的情形發生。而他的父親詹姆斯・穆勒則相信，歷史是由人性的法則所導引，而每一個人的行爲動機都是自利的，利他主義和自我犧牲只是神話。不過，約翰卻擁抱改變。畢竟，他自己既然能夠改變，那社會、國家和世界就沒有道理不能改變。也許，這就是我們應該追問我們的理想未來是什麼樣子的原因。漢娜給我們出的題目，是要我們向彼此敞開自己的夢想。與別人分享我們的夢想，要比分享我們的懷疑困難多了。」

「地球號太空船！❼」達利爾喊道。

「不是空間❽，是時間，」桃樂西糾正他說，「那才是人類最後的邊疆。我們都是時間的旅人，都期盼可以找到同行的旅人，一起跨過有限的門檻。」

時間的旅人？對，這是一個貼切的說法。雖然分屬不同的年齡層，但我們卻共享著相同的命運。這裡就是一座丁尼生的拱門：想像力。想像的力量可以把限制轉化爲可能性。穆勒本人就是丁尼生的敬仰者，是詩人還很年輕就寫評論推崇他的少數人之一。這裡，我們有一群由不同年齡層組成的船員，正在海上乘風破浪。

「每一代人都有其對歷史獨有的體驗，而且穿上各自的使命披風。」我說。

「我從不認爲我是個十字軍或社會改革的一員。」達利爾自忖道。

「這很正常，難道你沒看出，其實我們每個人都是自成一類的？」葛莉絲說，「我的意思是，我們都只是我們自己，而不是別人。」

「啊，對極了，」席薇黛嘉說，「我們每個人都是獨一無二的，都是自成一類的。不信，你只要看看桌子四周的每一個人就曉得。」

我們大家互相看了看彼此：維吉爾正在用手指敲桌面；黛安娜在束她的頭髮；瑪麗在手提袋裡找東西；達利爾在捻鬍子；桃樂西翹著下巴，若有所思地望著天花板；愛倫一副坐立不安的樣子；埃妃在哼什麼；漢娜專心致志在做筆記；理查在打量他的手指甲；葛莉絲閉起眼睛，十指互握。席薇黛嘉在望著我，而我望著她。

第四章　記憶之浪

「自我」或「靈魂」的觀念是我們繼承自古代的遺產。古希臘人稱「自我」或「靈魂」為psyche，而柏拉圖主張，它是由三個部份所構成：慾望、激情和理性。慾望是人的食慾、性慾所從出的部份，激情則是勇氣和榮譽感的源頭。柏拉圖主張，理性是靈魂裡最高貴的部份，因為它可以讓人明辨甚麼才是眞正值得追求的目標，並約束慾望和激情，不讓它們干擾人對有價值目標的追求。任何慾望、激情和理性三部份達到有機統一的人，就是擁有了可以洞悉宇宙永恆秩序和靈魂不朽的裝備。不過，大部分二十世紀的英美和歐陸哲學學派都不再相信人有一個固定不變的核心或內在自我的存在，而認為所謂的自我，不過是一個語詞，用來指涉出現在個人身上各種特徵與態度的總合，要不就只是跟「我」（I）這個第一人稱代詞等值的另一種表達方式。

傳統的形上學都是以一個前提為依歸：世界上的可見之物，是以不可見之物為基礎的。

例如有些哲學家就相信，感官經驗如果沒有經過心靈、觀念或概念的過濾，乃是不可理解、不能成爲知識的。但二十世紀早期和中期的哲學流派都反對這種二分法，認爲可見之物才是我們應該憑藉的。他們嘗試以科學和經驗性的方法，來作爲哲學的圭臬和楷模。而由於「自我」或「靈魂」、「精神」這一類東西是看不見、摸不著的（除非是透過所謂的「智的直覺」或神祕冥思），所以被認爲是必須予以丟棄的觀念。取而代之的是一個概念性自我（conceptual self）的觀念——這樣的自我，是從別人對我們的看法和我們對自己的看法中建構出來的，所以是經驗性的。這種思路，又引生出「理想的自我」（Ideal self）、「自我評價」（self-evaluation）、「自我尊敬」（self-esteem）和「自我意象」（self-image）等觀念。這些自我觀念裡的自我，都是可以透過量化的方法加以測量和放在一張評價表上排出高下等級的。

傳統自我觀念的式微，看在某些人的眼裡，反映的是世俗化傾向的持續擴張和對生命的靈性向度的否定，但看在另一些人眼裡，卻是科學的一大勝利。當然，對一般人而言，這只是個純學院性的議題，只要留給哲學家、心理學家和神學家去傷腦筋就好，沒有自己操心的必要。但我卻沒有這種可以置身事外的好運氣。因爲在老人活動中心授課了好幾年以後，一件意想不到的事情讓我不得不與這個議題面對面。

記憶之浪

「它們就像湧動的浪濤一樣，一波波向我捲過來。」席薇黛嘉說。我跟老人活動中心裡的朋友已經有相當日子的相處，而不管他們跟我分享的是他們的歡樂還是悲傷，是他們的脆弱還是堅強，對我來說都是熟悉和可理解的。但這一次，我從席薇黛嘉口中聽到的，卻是一種全然陌生的東西。

「它們看來像水的樣子嗎？」我追問說，「是青綠色的嗎？」

「青綠色？」她楞了一下，「不，它們是沒有顏色的。不像水而更像是呼吸。它們漫過我，也漫過這裡的一切：床、書桌、桌燈，還有五斗櫃上的照片。」

「這種感覺讓妳覺得害怕嗎？」我很爲她擔心，但又不願意讓她在我的聲音裡聽出恐懼。我很好奇，她是準備要跟希臘哲學家普羅丁（Plotinus）所說的永恆存有（eternal being）的火焰重新合一，還是只會慢慢從我眼前消失。

「害怕？」她帶著莞爾的表情看我，「我應該害怕帶給我快樂的東西嗎？每天早上，我天未亮就會醒過來。你知道，我們老人家都是這個樣子的，醒來得很早。我會起床嗎？」她搖搖頭，「不會。我根本沒有必要起床。沒有人需要我起床爲他們做任何事情。現在，唯一需要我的人只有我自己。」

席薇黛嘉坐在廚桌的另一頭看著我。她正在告訴我的，是每天早上自發的、像浪濤一樣湧向她的回憶。聽在我的耳裡，那像是一種排山倒海的東西，但在她，卻是一種綜合。什麼樣的綜合？悲哀的綜合嗎，還是歡樂的綜合？那會是一種中風的後遺症嗎？她還告訴我她會做一些用德語發音的夢——德語是她兒時在巴爾的摩街頭常常會聽到的語言。

朋友早就勸過她不要在炎熱的中午花太多時間在園藝上。但席薇黛嘉是個意志堅決的人，沒有聽勸。而她會中風，脫水可能就是原因之一。她的醫生說：「我媽媽也是這個樣子，不聽人勸。」她女兒則埋怨說：「老頑固。」所幸，她痊癒過來了，只剩下一點點麻痺。她的口齒仍然清晰，只是有時需花點力氣才思索得出她想說的正確字眼。

「既然我用不著起床，我就躺在床上，任由過去的回憶漫過我。那些回憶是……是……該怎麼說……啊，對了，是不稱自來的，」她馬上搖搖頭，「不，不是不稱自來，是不請自來。」她對於自己找到正確的字眼感到高興，「不請自來，就是那樣。過去生活的畫面，不管是快樂還是痛苦的，都重新回來了，而且有很多都是我不知多少年沒想起過的事情，像我買的第一輛車、我媽媽的髮梳、我和妹妹小時候在沙灘玩耍的情景。那些浪把它們帶回來給我。它們是我的，而我也是它們的。我們是一體的，彼此匯流在一起。你明白我的意思嗎，朗恩？」

我點點頭。但我眞的明白嗎？我想起了祖母對我說過的一番話（那是我成年後我們難得會有的交談的其中一次）。她說，每晚入睡以後，她感覺上就像走進入了一家電影院，生平往事會一幕幕掠過眼前。但她又對我強調：「那不是夢。」我並沒有問她這話是什麼意思。

席薇黛嘉手背上的皮膚幾乎是透明的，讓支撐著她生命的那些血管、肌肉、肌腱和骨頭，全都清晰可見。儘管如此，穿著寬鬆條紋上衣和圍著淺藍色圍裙的她，仍然顯得端莊美麗。她的紅頭髮變稀疏了，而本來就不高的身材，現在益發矮小。

自從我第一次在老人活動中心認識席薇黛嘉開始，她就一直是我的朋友，甚至老師。她是被我引爲楷模的人之一，是我希望自己年老時會成爲的那一類「灰白心魂」——甚至希望自己此刻就已是這個樣子。

席薇黛嘉明快而決斷的言談舉止透露出她這個人的特質：獨立、決斷、關懷、接納、不相信權威、對宗教信仰心存懷疑但又無所憂懼。不過，這並不表示她是不會犯錯的，而她的一些想法，在我看來是自相矛盾的。儘管如此，她仍然是我最景仰的那一類舵手。我很想知道，她是怎樣培養出這些素質來的。但那是一些我學得來的東西嗎？

在我們談到如浪濤般湧來的記憶的幾個禮拜前，也是在她的廚房，隔著同一張廚桌，她拿出一本漢姆洛克學會（Hemlock Society）出版的雜誌給我看。漢姆洛克學會的主旨之一，是教人各種自殺方法。

我備感震驚。「妳眞有這樣的打算？」

席薇黛嘉點了點頭。「到我發現我再也無法過完全由自己主導的生活時，我不願意讓生命繼續下去。」她的聲音裡不帶一絲悲哀或忿怒。

我本來是想反駁說，認定人有了結自己生命的權力，等於是認爲生命是一個個人的選擇。可是，一向以來，席薇黛嘉都是主張，生命是一件禮物，而不是一件我們愛怎樣處置就怎樣處置的私人財產。她現在的態度似乎與從前矛盾。她變得想擁有生命的支配權。但我沒有把這個反駁說出口，因爲畢竟，受到威脅的是她的人生品質，而不是我的。難道我不應該把決定權留給她自己嗎？

席薇黛嘉還告訴我，如果有朝一日她沒有辦法再閱讀的話，她的生命將是無法接受的。我不知道是應該讚揚她的勇氣，還是勸她不要胡思亂想，告訴她她現在的幽暗情緒，只是中風的後遺症，過些時說不定就會消散。但我又是誰呢，有什麼資格勸她去接納自己的生命處境？何況，我不是一向主張，「自主」是一個人個體性的本質，而自由決定自己的人生道路，又是「自主」的最關鍵因素？這樣的話，我不是應該尊重她出於自由意志的決定嗎？事實上，從她身上展現出來的獨立自主的個性，正是我最欣賞的人格特質。另一方面，我又覺得，如果席薇黛嘉選擇自己了結生命，那對愛她和關心她的人來說是不公平的。不過，這一點又要怎樣和我的「自主」主張相合呢？我一肚子困惑，只好保持緘默。

在認識這些老年朋友以後，我愈來愈急於想釐清記憶、自我、自由和人的有限性這些觀念。還沒有跟這些老年人有過親身接觸以前，我一直以為，我有充裕的時間去思考這些哲學問題。但現在，我卻覺得，大思想家那些讓人飄飄然的思辨，跟日常生活裡那些實際方面的、情緒方面的，乃至於生理方面的議題之間，是存在著巨大的緊張的。

我會被哲學吸引，是因為我覺得觀念的世界可以為人生注入活力。每個我研讀過的哲學家，都無不為意義和自我理解開啓出新的可能性。只不過，當傳統的哲學兩難式是被夾在厚厚的書頁之間或學術期刊裡面時，它們都是很好駕馭的。你愛什麼時候打開或闔上它們都可以，你愛什麼時候從事哲學的反思或寫作就什麼時候從事。但對我的老年學生來說，未來的地平線卻是在快速逼近中的。他們沒有多少的時間可以追逐形上學的不確定性或倫理學的懸疑性。人在追求不受時間限制的眞理時，時間可是會一分一秒溜走的。

透過我的老年朋友，讓我具體感受到我的晚年——我人生的十一點鐘——離我現在其實有多麼的近。在做人生最後的結算時，我要站在什麼樣的哲學立場呢？而我站在什麼立場，又會對我的人生、對我與別人的關係、對我與社會的關係，帶來什麼樣的分別呢？

我們都是老樣子嗎？

在我們談及記憶之浪的話題的五年後，席薇黛嘉又經歷了好幾次輕微的中風。她變得身體衰弱、頭腦混沌，無法繼續過獨立的生活。她女兒（一個住在西雅圖的心理學家）勸她把房子賣掉。房子是席薇黛嘉丈夫埃爾蓋來供退休後居住的。埃爾已經過世好些年，死因是癌症，從發病到去世爲時短暫。現在，席薇黛嘉搬到了一個環境陳設得像家居的安養中心，與一小群其他老人同住。安養中心裡住的大部分都是無法自己料理生活的老人，但需要特殊看護的並不多。

因爲沒有探望席薇黛嘉已經有好幾個月，所以我打算去看看她，但又對此行感到忐忑不安。打電話過去的時候，安養中心的主任提醒我說：「她可能已經不認得你了。」這個消息讓我難過。說不定，席薇黛嘉已經完全被記憶之浪淹沒了。一直以來，我都把席薇黛嘉認作一個活力與自主的象徵，但如今的她，還會剩下些什麼呢？

安養中心是一棟有農宅風味的大房子，離席薇黛嘉原來的住處只有幾英里。一男一女走到大門來迎接我，他們就是安養中心的主持人。好些人圍坐在一張廚桌打撲克牌。摩根主任指著毗鄰的一個起居室，示意我席薇黛嘉就在裡面。在被陽光充滿的起居室裡，我看見一張沙發上坐著個駝成一團的身影，身上穿的是件藍黑格子相間的漂亮女裝襯衫（這種襯衫，你可以在運動時裝的目錄上看到）。她的頭是垂著的，透過稀疏的頭髮，可以看得見頭皮。她是在打盹嗎？如果是，我應該吵醒她嗎？她會認得我嗎？我們會有什麼好談的嗎？

我躡足往前走。突然間，她抬起了頭，面露微笑，兩眼炯炯有神地看著我。她站了起來，輕步走向我。「你來啦，」她高聲說，「你每次走進來，都是這樣的腳步聲。」她用兩隻手抓住我的手，就像以前很多場合那樣子。她把我帶到沙發旁邊。「坐吧，」她說，「他們說他正在過來。」她打量我。「你還是老樣子。我也是老樣子嗎？」她問，「我們都是老樣子嗎？」

雖然我跟年齡比我最少大一倍的老年人有豐富的相處經驗，但我仍然沒有準備好要如何面對席薇黛嘉。她眞的認得我是誰嗎？我可以假定她還記得跟我分享過的過去嗎？

席薇黛嘉並沒有選擇自殺，而是選擇慢慢適應行動能力逐漸失去的事實，而到了現在，她即使再次有自殺的念頭，也無力付諸實行了。她繼續活下去，是否出於自覺的選擇，我無從判斷。也說不定，她願意在一種她過去認爲無法接受的處境中活下去，是因爲她發現了某些値得她活下去的理由。不管怎樣，看到她還活著，我還是很感激。

我努力從她的臉容和手勢中去搜索她過去那種淋漓的元氣。我想找到的，是那種可以把我們從各自的自我中超拔而起、參與到彼此裡面去的超越火花。我只覺得我再一次成爲一個生澀的新手，就像那個在老人活動中心教授第一堂課的哲學老師。

如果我不能確定她是不是眞的知道自己在說些什麼，我又要怎樣跟她溝通呢？在交談的過程中，我注意到，她說的話要比第一次中風之後更不連貫，而且缺乏特指的人名和地名。另一方面，在她的聲音和手勢中，她一貫的幽默感和生氣卻仍然鮮明可見。

「他也會來這裡看我，就像你那樣，用走的走進來。」但我並不知道她所說的「他」究竟是誰。「他也認識你，就像你也認識他一樣。我不知道其他的女孩現在怎樣了，但其中一個死了。也許他也會死。」當她使用「他」這個代名詞時，我不太清楚她指的是我還是那個快要來看她的男性朋友或熟人。這種失語現象，是多次中風者常見的後遺症。忽然，席薇黛嘉像在想什麼似的沈靜下來，然後，兩眼放射出她常見的那種光芒，繼續說：「那件事你也知道的，對不對？」

我但願我知道，也說不定我眞的知道過，而只不過是忘了罷了。在我眼前的，是我的朋友席薇黛嘉，她想知道我知不知道她提到的事。而我在想的，則是眞的席薇黛嘉是不是已經不在了。是不是眞正的席薇黛嘉已經因爲大腦動脈出現了一些裂隙的緣故，已經潛退到了遙遠過去的回憶中，徒留一些慣性的聲音和手勢。如果這些聲音和手勢，已經從一些核心裡散離了出來？席薇黛嘉是不是已經失去她的自我，徒留一些我所熟悉的外在特徵？讓人困擾的問題很多，但我能跟這個老朋友相處的寶貴時間卻很少。

老化的自我

探望席薇黛嘉的幾星期以前，我開始爲應邀參加一個學術會議動手撰寫論文。會議的主題和老化的自我有關。這個主題是我一個朋友想出來的，他正在研究一些應用於老年人的關鍵概念，是怎樣被不同的學術部門所使用的。我在論文裡評論了各種看待自我的哲學觀點，而現在，坐在席薇黛嘉的身旁時，我發現我受到了這些對立的哲學觀點所拉扯。

我們繼續望著對方。我提了一些老人活動中心的老朋友的名字，像桃樂西、埃妃、瑪麗、葛莉絲、維吉爾等。我每說一個名字，她的眼睛都會亮一下，喊道：「對，對，你也認識他。」她也會向我說一些她的事情，像跟安養中心主任爭吵或摔斷腿之類的，不過，這些事情是發生在幾天前還是幾年前的，我可不敢確定。維吉爾上星期眞有來看過她嗎？這一點，我倒是知道答案：沒有，因爲那是不可能的。我在沙發上調整了一下坐姿，以便可以靠得席薇黛嘉更近一點。如果自我只是一堆行爲的組合，那我眼前的身體，毫無疑問就是席薇黛嘉，因爲她有很多我熟悉的姿勢舉止。我似乎應該可以釋懷了。但我又想到了西蒙・波娃對人們看待老者的態度所發的嚴厲批評。

在《老年的來臨》(*The Coming of Age*) 一書中，波娃透過研究過去幾世紀一些法國小說家、畫家、劇作家、哲學家晚年所寫的日記或筆記，得出一個結論：老年既不是一個會讓人變得特別有智慧的階段，也不是一個會讓人無可避免要受到淘汰的階段。她認為，人的心靈幾乎是永遠年輕的，而我們之所以會覺得自己變「老」，則是兩方面的原因造成的。一是我們在鏡子中看到的那個我們逐漸老化的身體，一是社會大眾看待我們的態度。

波娃和她所屬的一派法國哲學家都相信，好些具有形而上意義的溝通，都是透過非語言性的溝通方式來進行的，又特別是透過「目光」來進行：不用說任何話，只要四目相交，一切就盡在不言中。波娃指出，雖然我們的自我是不會隨著身體的變老而變老，然而別人用什麼眼光看我們，卻是由不得我們作主的。而在別人看來，我們只是一個似是而非的個體，只是一堆行為的組合體，裡面並沒有一個自我在支撐著。波娃對這種目光有很奇特的形容：「(那是) 一束意向性 (intentionality) 的射線，它要透過一個類似物 (analagon)，指向一個不見了的對象 (missing object)❶。」也就是說，別人不會再把我們看成一個獨立的個體，而只會把我們看成一個類別——一個「老頭子」或「老太婆」。而因為我們會把別人看待我們的目光當成判斷自己是誰的準繩，因此，別人把我們看成「類似物」的同時，我們也會作如是觀。

因此，「老年」可以說是社會大眾共同策劃的「陰謀」，而老年人則是不由自主被拖進去的。唯一可以對抗別人目光和鏡子裡那個有威脅性的鏡像的方法，就是拒絕從社會退卻，否認自己是個過氣的人，不接受別人對你的看法，不沉湎在回憶裡，不活在過去中。因此西蒙・波娃呼籲，老年人必須繼續去追求一些可以帶來進一步自我實現的計畫。她說，一個人如果失去了人生目的，不啻是失去了自己的存在（being）。只不過，西蒙・波娃並沒有在她的理論架構裡談到不良於行、羸弱體衰的老年人要怎麼辦，也沒有談到靈性生活是不是老年人可以追尋的方向。席薇黛嘉已經不再是個可以追求什麼計畫的人了，那麼，照西蒙・波娃的說法，眞正的席薇黛嘉不是已經不存在了嗎？

現在，我只覺得自己也成了一個尋找「不見了的對象」的共謀者，因爲我一直試圖在席薇黛嘉的聲音、手勢、說話中尋找它們那個隱藏著的源頭——說它是「隱藏著的」，是因爲在從前，我是從不用費力去找它的。過去，席薇黛嘉一直都是她的自我的保存者，但現在，我卻要介入她那些有瑕疵的文法、破碎的語句，試圖修補出一些意義來。

目睹席薇黛嘉從世界一點一滴流走的同時，我感到自己被拉到她留下來的空白空間裡。她那些早年生活的回憶，已經變成了我的了。這些回憶，有有關她兒時在巴爾的摩的生活的，有有關她隨父母回德國探親的（她說有一次，她跟大人一起在陽台上觀看一隊隊列隊經過、要開赴一次大戰戰場的士兵，她的親戚人人歡呼喝彩，但她卻一個人哭著跑回客廳去），也有有關她哥哥和父親的回憶。她哥哥是自殺死的；她父親是一個路德會的牧師——同樣也是選擇以自殺的方式結束自己的生命。我這才知道，席薇黛嘉會有自殺的念頭，不是憑空來的。

一直以來，我都把席薇黛嘉視爲這些記憶的保管者，而我只是個旁觀者。但如今我卻發現自己同時腳踏在兩個位置上：一個是我自己的，一個是她的。我開始有點害怕，害怕席薇黛嘉會把我一起帶入她的癡呆和死亡中。

我將有責任照管好她的故事和她的人生，以填補她逐漸消失的心靈所留下的空白。當席薇黛嘉有朝一日離開這個世界，她的人生歲月將會有一部份繼續與我同在，成爲我記憶的一部份，並存於時間中。我正在變成席薇黛嘉之中，說不定甚至是她的消失的共謀者之一。就像想要把一條救生索擲給她似的，我伸出一隻手握住她的手。我需要感覺到她的形體的存在，想要固定住她，也固定住我自己——最少是在這一刻。我感覺得到她柔軟的皮膚和筋腱。我感覺到我的手被她雙手握住。我們無言地看著彼此。

尋找老化的自我

幾星期後，我到三藩市參加一個以「老化、記憶與自我」爲題的會議。舉行會議的地點是一家大飯店，它的陳設和氣氛——鏡子、大理石、黃銅把手、輕音樂——跟老人活動中心是那樣大異其趣，讓我不禁納悶自己來這裡是幹嘛。但畢竟我已經來了，準備要向一群聽衆說明發源於二〇年代邏輯實證論運動的那個客觀自我概念，是怎樣像涓涓細流一樣，慢慢流入了五〇和六〇年代的社會和心理科學，並在最後流入了老年醫學的教科書中。在這些教科書裡，你會發現原來那個主觀性的自我，被轉化成四個客觀的自我：「自我意象」（你怎樣看自己）、「理想自我」（你認爲怎樣才是你理想中的你）、「評價性的自我」（你認爲你不應該像怎樣）和「自我尊重」（你覺得你的「自我意象」和「理想自我」符合到何種程度）。專家制定出種種的方法去研究、測量和評比這四個客觀自我在一個人身上的表現。

不過，就連客觀自我的概念有時候也會受到低貶。像在一本老年醫學的教科書裡，作者就這樣說：「『自我意象』可以幫助我們組織人格歷一生的轉變的資料，但它只是有同樣用途的衆多工具之一。」然而，儘管作者把自我概念只當成一個方便好用的範疇，但他們仍然在可觀察的自我——身體意象（body image）和身體認同（physical identity）——裡發現了一些額外的面向。作者指稱，人的身體意象和身體認同都是會受到文化態度的影響的，因此，要把自我概念從一個人的文化背景中抽離出來，是很困難的。作者舉了一個例子：一個義裔老婦人向醫生訴說自己胸痛，而當醫生準備爲她照心電圖時，同屬義裔的護士制止說：「醫生，她是因爲丈夫過世而覺得心碎。她需要的是安慰，不是照心電圖。」

這些觀點，其初衷是爲了把老年的研究轉化爲一門經驗科學。我能夠欣賞它們的實用價值，但是，它們對兩千年來有關自我問題的探索、思辨與爭論置若罔聞的態度，卻讓我驚訝與不解。事實上，自我的意義及其哲學地位的問題並沒有因爲受到擱置而變得不重要。畢竟，體認到我們對身體自我（physical selfhood）的意識是受文化傳統的影響這一點，除了顯示這個觀念的相對性以外，不也反映出它具有豐富和動態的內涵嗎？

我走入我那一組的會議室，從聽衆席中間的通道一直走到房間最前面的橫桌子。桌子上鋪著白桌巾，讓我聯想起醫院推送病患用的有輪病床。另外兩個論文發表者先我在桌子後面坐下，此刻正忙著對他們的論文做最後的修改。聽衆陸續入座，而我滿腦子都是想著席薇黛嘉。我從她身上所經驗到的主體性可以分享的事實，是跟大部分我熟悉的哲學和心理學理論相左的。這些理論無一不是以下面這個前提爲依歸：我們每個人都是一個自足的、彼此分離的心理生理實體，各被一層不可穿透的膜所包裹著；我們是可以體會別人的想法或感受，但別人的想法和感受，卻不是我們直接能經驗到的。我們是可以透過他人的身體辨識出他們就像我們一樣，是一個思想的主體，不過我們往往更著意的，還是人我的分離性而不是人我的關係性。即使像米德（George Herbert Mead）這樣偉大的社會心理學家，雖然他極強調「吾」（me）這個發生在人我關係中的概念，但他的分析焦點，主要仍然是個體的心靈。

輪到我發言的時候，我決定不用宣讀論文的方式，改以類似聊天的方式表達我的想法。我首先指出，行動能力的喪失，固然是老年的重要課題，但卻不是老人所獨有的處境，其他年齡的人一樣有可能會碰上，這一點，從凱倫．昆蘭和南絲．庫魯贊❷這兩個著名的個案就可以清楚顯示出來。我繼而指出，我們對於何謂獨立能力、自主、尊嚴和關懷，其實都是跟我們對何謂人（person）和對自我概念的理解分不開的。而老年人的處境，則有如一個放大鏡一樣，可以幫助我們更清楚地觀察到涉及其中的一些複雜問題。

我表示，我能夠欣賞現在在研究自我上居主流地位的行爲主義方法，因爲它可以帶來預測和控制的功能。把焦點集中在可觀察和可測量的行爲上，確實可以幫助我們找到一些實用和具體的方法，造福人類。

不過，這種做法也有其危險存在。例如，那些觀察者較不容易觀察得到的內在經驗，我們要怎麼辦呢？難道就置之不理嗎？如果我們的醫護人員都採取行爲主義的思考方式，那麼會有什麼危險呢？說不定他們的行爲會變得機械化和造作化。我可以在腦海裡想像得到醫生、護士、社工和我自己在面對衰弱病患時所露出的虛假笑容。行爲主義的方法有可能導致造作和距離，讓人否認自我——包括自己和他人的自我——具有更豐富的意義。

那麼，還有什麼其他研究自我的方法，是我們可以加以考慮的呢？而它們又會帶來什麼樣的後果呢？向聽衆提這個問題時，我腦海裡始終想著坐在沙發上的席薇黛嘉。

語言性的自我

英國期刊《老化與社會》(*Ageing and Society*) 登載過一篇不同尋常而且很有啓發性的文章。文章由牛津大學的哲學家哈勒 (Rom Harre) 和喬治城大學的心理學家沙巴特 (Steven Sabat) 合寫，他們試圖透過觀察老年癡呆症患者的言行，搜集經驗性的證據，以斷定這些患者的自我意識是否存在。他們的研究的結論是：患者的自我意識「甚至會持續到疾病的最末期」。

這個結論引起我莫大的興趣。這部份是因爲，哈勒和沙巴特都是受過心理語言學訓練的人——也就是說，他們都曾經受過主張語言可以形塑人對社會眞實 (social reality) 的認知的理論的洗禮。那麼，他們在心智極度混亂的病患身上找出的自我，是怎樣的一個自我呢？

這兩位研究者告訴我們，起初，有一件事頗爲讓他們驚訝，那就是，患者的配偶、其他親屬和醫護人員在提到患者時 (即使患者也在場)，都會使用「前」律師、「前」會計師或「前」商人之類的稱呼。這裡的「前」，並不單指患者已退休的事實，而是也暗示著，患者的現在已經與過去切斷聯繫。顯然，患者的親屬和醫護人員是認爲，既然患者的心智已經混沌、記憶已經迷亂，那麼他們的自我認同，理應已經不復存在。

不過，哈勒和沙巴特在對患者進行訪談的時候卻發現，早期和中期的癡呆症患者很多時候仍然會使用自我指涉的語言，這反映出，他們仍然會認同於自己從前的職業角色以及仍然會自覺擁有某些個人的屬性。而即使在中度與重度癡呆的患者身上，哈勒和沙巴特也同樣找到一個語言性的自我。

由於分析哲學和後來的心理學都傾向於把研究對象規限在語言的範圍內（特別是日常語言和科學語言），因此，哈勒和沙巴特的發見顯得重要而又尖銳。他們的研究清楚表明，雖然家屬和醫護人員常常都會輕易認爲患者已經跟他們過去的社會角色失去聯繫，但患者本人卻仍然保持著某種程度的自我意識，而這一點，是可以透過仔細聆聽和分析他們的言談而得知的。

基於他們的學術背景使然，哈勒和沙巴特都小心翼翼，避免自己會落入一個會被視爲異端的處境：暗示人有一個內核般的內在自我。相反的，他們把人格認同那個最基本的自我——有別於我們從社會角色得來的第二自我——定義爲一種對「處於時空中的事物世界的觀點連續性」的經驗。他們發現，這個持續性的自我，即便是在重度癡呆的患者那些支離破碎的言語中，一樣可以找到——但不是在說話內容本身找到（這些內容很多都極其晦澀難明），而是從患者使用第一人稱代名詞「我」（I）和其他暗示個體性的詞語中反映出來的。

基於這個發現，哈勒和沙巴特向那些接近老年癡呆症患者的人士提出了一個實用性的建議：不要因爲患者看起來只像是他從前的自我的影子，就假定患者從前的自我已經不存在。因爲不管怎樣說，這個影子般的自我，仍然是一個自我，應該受到承認、尊重與恰如其分的對待。使用一種把患者當成已經不存在的語言來談論他們，不啻是一種西蒙・波娃所說的社會的「共謀」。這樣做，只會讓患者賴以跟他們的人格感相連的微弱線索，更形脆弱。

哈勒和沙巴特的發現——即使心智極度混亂的人仍然會呈現出語言性的自我——理應可以爲那些摒棄傳統自我觀的哲學家和社會科學家帶來若干的安慰。而似乎，它也可以帶給我安慰，因爲不管席薇黛嘉說的話有多支離破碎，但從她向我講述她的故事這一點顯示，她仍然是有自我意識的。

然而，哈勒和沙巴特的文章卻有一個我覺得不足的地方，那就是，他們並未反省自己在研究中所扮演的角色。在訪談老年癡呆症患者的過程中，他們會不會在無意中起了維持甚至是恢復病人自我意識的作用呢？他們對患者又會有一些什麼的其他影響呢？他們無疑都是極爲優異的聆聽者，但他們卻把自己的角色侷限在幫助患者印證和保存他們的社會性自我，與此同時透過交談，間接觀察患者的「我」（I）的有無。他們想要提倡的是一個語言性的自我，這個自我，既不是透過綜合別人的觀點而獲得，也非透過當事人回憶的完整性來建立。因爲太過依賴別人的看法，只會讓社會的成見再一次被強化，而太過強調回憶，又會暗示著自我是某種超出時間之外的主體性——一個神祕的、在舞台後面主導的導演。這兩個方法，一個會讓自我太外在化，一個又會讓自我太內在化。哈勒和沙巴特認爲，解決這個兩難的方法，就是把自我定位爲嵌在言語行爲裡的自我指涉。

儘管如此，我仍然不能不好奇，哈勒和沙巴特與他們所研究的病人之間是什麼樣的關係。我想知道，一個研究者是不是一旦涉足到患者的主觀體驗裡去，就一定會失去客觀性，就一定會成爲自己偏見的犧牲品？還是說，這樣反而能夠讓你更能夠鮮活地瞭解對方和你自己多向度的眞實？我們難道眞的不能同時擁抱這兩種角度嗎？

語言性自我的觀念印證了我的直覺：席薇黛嘉儘管心智混亂，但她仍然是有自我感的。我爲此感到寬慰。但我還是覺得不滿足，因爲我還想知道：作爲她的朋友，作爲一個分享她的人生故事的人，扮演的是什麼樣的角色。就是因爲這一點，我才會被另一個理論架構所吸引：自我是內在的故事。

敍事性自我

「敍事性自我」(narrative self) 這個觀念，是從七〇年代和八〇年代的文學和哲學作品中茁壯起來的。我們每個人都一定會察覺到，我們進行思考或感受時，往往像是有一個聲音在我們裡面說話。如果我們會跟自己「說話」，那不就表示，我們的自我會向我們呈現嗎？而如果是這樣，我們在跟別人交談時，不也是透過交談來呈現自我嗎？席薇黛嘉告訴我她的事情，而我則坐一旁聆聽。我的聆聽就是我的「敍事性自我」對她的「敍事性自我」的回應（時至今日，我的回應還在持續中）。

「敍事性自我」的觀念讓我想到，席薇黛嘉的自我也許不只存在於她自己身上，而是也存在於她透過手勢、表情和說話來傳達的個性和價值觀之中，甚至存在於我對她的認識與記憶中。根據這個理解自我的理論架構，我和席薇黛嘉早已把自己的一部份分給了對方。有一件事是無法改變的：我們的自我已經在分享敍事的過程中部份摻合了在一起。因爲如果不是有別人在聆聽，我們把自己的自我敍述出來的意義何在呢？透過語言、故事或其他的表達方式，我們可以把我們自我的一部份分給別人。這個理論使得人與人的關係更形密切，因爲它認定，自我在本質上是聯繫於他人的。

這樣一種認爲自我是可以分出去的理論，不但在理論上說得通，而且還可以解釋我們的一些審美經驗。以梵谷畫他自己房間的那幅著名油畫爲例，畫中的事物——床、桌子、燭台、木頭地板——都很尋常，稱不上是什麼偉大的藝術主題。畫中甚至看不見一個人。然而梵谷就是有能耐透過構成每一件事物（椅子、桌子、窗戶）的用色，讓我們感受到畫面裡隱含著一個人（房間的主人）。畫家把他的活力、情感和藝術鑑賞力轉化到畫布裡，讓每一個願意聆聽他說話的觀賞者都可以聽得見。

敍事性自我的理論認爲自我是可以分出去的這一點，讓我感受到一種我在別的理論裡感受不到的暖意。但這個理論的問題在於它太過倚重文學理論，讓我有時會覺得，席薇黛嘉和我就彷彿是分置在桌子兩頭兩本打開的書。這個理論是可以把我的人生跟席薇黛嘉的人生拉得更近，但只近得像我跟一個我可以契入其中的小說角色的關係。

我望向聽衆，看見有好幾個人搖頭表示不同意。會有人提出質疑或反駁是很自然的。第一排座位上坐著好幾個老婦人。如果席薇黛嘉也在座，她會對我說的話有什麼看法呢？但我又憑什麼認爲她不在這裡呢？難道，我探討各種自我理論的目的，不正是爲了找出一個思想架構，以說明和尊榮我倆的自我已密不可分的事實嗎？

關係性的自我

談過敍事性的自我理論以後，我接著談了馬丁．布伯（Martin Buber）的思想。在二十世紀初期的哲學和神學中，布伯顯得相當獨豎一幟，因爲他認爲，當人與人眞誠地向對方敞開自己時，會感受到一種直觀性的、甚至是神祕性的交融。藉助興起於本世紀前十年的知覺心理學的研究成果，再結合他對東歐哈西德傳統（Hasidism）❸的通透理解，布伯在《我與汝》（*I and Thou*）一書中闡釋了對話（dialogue）的有力角色。

布伯指出，我們在看待他人、自然、動物，甚至自己的時候，可以有兩種不同的方式，一種他稱爲「我—它」（I-It）關係，一種他稱爲「我—汝」（I-Thou）關係。在「我—它」關係中，我們會把對方視爲一個對象似的東西，但在「我—汝」關係中，我們會把對方同時視爲一個獨立的主體和我自己的一部份。作出兩種區分後，他提出了一個很獨特的觀點，那就是，在眞正的「我—汝」關係中，意識交流的本質並不在於交流兩造的任一邊，而是在於他們兩者「之間」。也就是說，「關係」本身會成爲一種獨立的意識，並把交流兩造的意識包容進去。慈悲感就是一個可能的例子。

布伯認爲，慈悲所意味的，是人感受到了一種雙互的歸屬感和歸屬到某種難以言喻的東西之中去，而這種不可言喻的東西正是使得相互歸屬感成為可能的基礎。在其中，人我是不失其個體性被統一在一起的。由於布伯的思想跟二十世紀初的哲學主流是背道而馳的，所以他的觀點受到很多的攻擊，有攻擊他用語晦澀的，有攻擊他的「相互主體性」知識論不科學的，也有攻擊他具有神祕主義傾向的。說他有神祕主義傾向這一點不無道理，因為他一輩子都對猶太教中的哈西德傳統深感興趣，而且主張，世界和生命本身，都是具有神聖性的。

儘管布伯的思想帶有濃厚的神祕主義色彩，但他在談及慈悲的觀念時，卻提出了一個很實際，甚至可說是十分經驗性的觀點。他說，因為我們都是有限的生物，所以我們分享著一個共同的命運——人必有一死。這正是我們的慈悲感的一個基礎。當然，在面對別人的痛苦和絕望時，我們固然是可以採取一種造作的、保持距離的態度，假裝別人的痛苦和絕望跟我們了無相關，但另一方面，我們也可以藉之啓悟到生命的統一性。

布伯的對話觀念和我上述提到的敍事理論有什麼不一樣的地方呢？不同之處是布伯極強調語言的超越性質：言說可以把我們帶入寂靜。在那寂靜中，最重要的經驗就會發生。因此，對布伯來說，敍述只是一種工具，而非目的。要從敍事到達眞理，我們必須作出跳躍（leap）。而有待我們去發現的眞理就是：自我從最根本上來說是關係性的。現代哲學與心理學所揭櫫的那些各自分離的和客觀的自我，都只是一種人為的構作物，一種偽科學用以操控世界和別人的欺騙手段。但它卻是誤導的，會導致我們拒絕承認生活當下每一刻和每一個交會的神聖本質——也許我們會想逃避這些神聖本質，因爲它們太濃烈了，濃烈得超過人所能承受。

我的發言時間快用完了。我的論文並沒有任何結論，它所提出的，只能算是一系列的踏腳石，而這些踏腳石最後會通到哪裡，也不是很清楚。我想說而沒有說的話還有許多，例如，我想說，在人生的開始和結束，人都是同樣的脆弱和依賴的。這兩個幽光期——人生的黎明與黃昏——都各有它的美和困惑。但嬰兒的脆弱所預示的是未來的強壯和獨立，而老人的脆弱所預示的則是依賴和死亡。

席薇黛嘉的情況讓我明白到，一個人是不是有尊嚴，寄託於是不是有另一個人在乎他和關懷他。當一個人開始衰朽，另一個人就有機會去榮耀、去保存他的價値——這樣做，旣是爲了對方，也是爲了自己，更是爲了那共通於彼此的東西。

由是觀之，人的尊嚴並不是維繫於自主性的有無，不是維繫於一個人是不是能夠主導自己的人生。席薇黛嘉已無法繼續支配她的人生了。一定要強辯說她應該受到如同一個有完全自主性的人的對待，只是自欺欺人。但席薇黛嘉卻是我寶貴的朋友。也許就是在這裡，自主性的理想開始變得動搖。

當人對自主性的堅持終於不得不在老病的人生現實前瓦解時，我們要怎樣自處呢？在有些人看來，依賴的存在狀態是不能接受的，所以他們會選擇以自殺的方式結束生命。但是，堅持自主性是人生最起碼的要求，你就會犧牲掉屬於人的本質的關係性，並讓自己陷入一個沒有出路的困境。一旦哲學和心理學把自主的自我制定爲它的起點，它就必須要找出一條可以把這個自我連接於別人的出路。只是，我迄今都沒有看到有誰提出過一條夠說服力的出路。

也許我應該轉向佛教，擁抱它那個認爲自我只是一個假象、只是我們執著於現象世界的產物的主張。沒有錯，很多年之後，我確實是在萊文（Stephen Levine）的《死的人是誰？》（*Who Dies?*）一書中，找到了一個以佛教的慈悲精神照料末期病患的角度。但此時此刻，我只能仍執著於自我的觀念不放，滿足於我所能找到最好的思想架構，也就是「關係性自我」的概念。只不過，與此同時，我又吊詭地感受到，要把我眞正歸屬於他人的那些瞬間持續下去，是多麼的困難。

我才坐下，另一個講者已經開始對著麥克風發言了。

問與答

另一位講者發言過後，還剩下一些時間，會議就開放給聽眾發問。第一個發問的人（他的發言與其說是提問，不如說是自說自話）問的是最後一位講者，而後者則只是聰明地點點頭和表示感謝發問者的意見。跟著，一個長相莊嚴的男士站了起來，清了清喉嚨。

「我有一個問題，」他指著我說，「是想請教曼海姆先生的。」我點點頭，並準備好要把他的問題記在我的黃色記事本上。「你雖然評論了不少有關自我的概念，但卻好像漏了很重要的一個。我指的是複數自我（multiple selves）的概念。不是有些人主張，所謂的個體，只不過是前後相續的多個自我的總和嗎？既然我們的外貌在二十歲、四十歲和八十歲時可以相差那麼多，那爲什麼我們要假定我們自始至終只有一個自我呢？」

這個問題，讓我再一次想起我在老人活動中心第一次看到的那個生氣勃勃的席薇黛嘉和後來在安養中心看到的那個羸弱、思想混亂的席薇黛嘉。我一直都不知道該不該把她們看成同一個人，但如果我假定席薇黛嘉有不只一個自我，那事情不是簡單得多嗎？如果這樣，我又爲什麼不能假定有好幾個朗恩呢？

「複數自我」這個觀念似乎不無道理，因爲它能夠解釋爲什麼很多人根本不會爲退休和年老做準備，也可以解釋爲什麼我們在不同年齡，對同一件事情會有不同的看法。儘管如此，我還是覺得，把自我看成過程要比把自我看成複數更接近事實。「我們所稱的自我，具有一種重新詮釋過去的能力，這種能力讓人可以適應現在和爲未來作準備。」我說，「艾略特有一句著名的詩句：『我們有過那經驗，只是當時錯失其意義。』他的意思時，較年老的自我有能力捕捉到較年輕的自我所無法捕捉的意義。但這一點，我並不是完全同意。我認爲，我們從一開始就是知道一個經驗的意義的，只不過，隨著時間的推移，我們會對這個原先認定的意義有所修正，或是再發現到一些其他的意義罷了。會有這樣的修正或發現，是因爲我們對人生的整幅圖像的看法改變了。我們會根據轉變了的新處境去重新調整過去的意義，有些東西保存下來，有些東西則刪去。這種重新詮釋過去的能力，乃是開啓生活的創造性的鑰匙。」

也許我是應該接受複數自我的理論架構的，因爲那樣一來，我就可以安心地把安養院裡的席薇黛嘉看成另一個人，而不用費盡心思去找尋一些可以建立她與過去的連續性的線索。話雖如此，但我就是捨不得放開那些微弱的線索。

又有兩個聽衆發問過後，一個婦人舉起手說：「我有問題想問曼海姆先生。不過，與其說是個問題，不如說是個關懷。曼海姆先生，在你高度評價『關係性自我』，認爲人與人的自我可以達成某種神祕的融合時，你認不認爲你自己個體性和自我的整合性，會受到威脅呢？」

這是個棘手的問題，我不是很確定應該怎樣回答。但就在我要嘗試回答時，主持人卻突然把視線從他的筆記本上抬起，宣佈說：「我很抱歉，但我們的時間已經用完了，下一場會議的參加者已經在門外等著。」我收拾好自己的東西後環顧四周，想找到剛才發問那個婦人。但她已經走了。

訓斥

稍後，回想起這個未回答的問題時，我思忖：在將來，當席薇黛嘉離開人世以後，我是不是必須要壓抑那些與她共有的記憶，才能夠擁抱我太太、跟朋友談笑和跟小孩玩耍呢？我還能夠繼續從事哲學的閱讀和寫作嗎？就在這一瞬間，我聽到席薇黛嘉的聲音在我裡面說話：「你當然還可以。我會負責照顧好我的死，你則負責照顧好你自己的。」這就是自我的吊詭。

我們的人生也許可以被經驗爲通向一條大河的各條小溪。不過，認爲個體性的界線可以完全打破，人可以互相融爲彼此，則又是另一種幻覺與狂想。雖然我們可以在同一條船上輪流掌舵，但我必須追隨自己的方向，而席薇黛嘉則必須追隨她的。過去，她也廁身於那些在公共圖書館朗誦會上背誦丁尼生詩句的老詩人之間，而現在，她則帶著比我能想像更多的尤利西斯精神，航向一個我無法測度的浩瀚新海域。也許，我們是永遠無法穿過別人的經驗拱門的，唯一能穿過的，只是自己的經驗拱門。

不過，把空間性的比喻用在時間之旅和自我之旅，是無法完全恰如其分地解釋某些人與人的相通感的。在空間裡，兩個靠得再近的人也只能是肩並肩地站著，但時間裡的交會卻不同：在這些難以言詮的時刻裡，這裡與那裡的界線，自我與別人的界線，都是銷融無蹤的。當然，時間的空間隱喻在稍後又會重居上風，因爲交會的經驗會隨著遺忘而點滴消逝。儘管如此，對這些交會時刻的回憶，仍然不時會重臨我，而且常常都是不邀自來，一如席薇黛嘉的記憶之浪。

第五章　撒拉的笑

在遇到逆境時笑，是一種堅強的表示，還是出於自保的衝動使然？儘管席薇黛嘉失去了丈夫，而身體也日漸衰損，但某種笑意，甚至是歡樂的神采，卻仍然在她的眼中閃耀。現在每當我回憶起她的聲音時，我總是會聽到一聲輕柔、逗弄的笑，它就像一隻手一樣，溫暖地搭在我的肩上。我還聽過一種發自痛苦邊緣的笑。一個老年朋友告訴我，有一次，當她跟丈夫聊起上一年的一次森林旅行時，他丈夫竟然完全記不得有這麼一回事。他們倆都深知這是癡呆症的初期徵兆。面對這個恐怖的事實，我的朋友不禁痛哭失聲。哪知道她丈夫卻笑著說：「親愛的，別爲我健忘生氣嘛，雖然我已經記不得，但我肯定當時我們一定是享受了一段美妙時光！」

在最近一系列的「道內斯貝里」連環漫畫裡❶，蓋瑞・杜朶（Gary Trudeau）拿萊絲・戴凡波特（Lacy Davenport）來充當主角。萊絲是年邁的衆議院議員，也是特立獨行的政治家，但卻因為患了老人癡呆症，不得不放棄國會的席位。漫畫拿她的記憶消退來開玩笑，並刻畫出她四周的人的反應和焦慮。漫畫裡的萊絲雖然身處困境之中，卻沒有被打敗，反而會拿自己的處境來開玩笑。雖然是出之以輕鬆幽默的筆觸，但漫畫家卻向公衆道出一個很多老年人正在面對的困境，而隨著平均壽命的愈來愈長，可以預見的是，落入這困境中的人也會愈來愈多。就像我朋友的丈夫，就像席薇黛嘉一樣，杜朶透過了幽默的透鏡，把不幸的鋒芒給軟化，把無尊嚴轉化為尊嚴。

弗洛伊德在他事業的早期和晚期都研究過笑的意義。他發現，深度的幽默不像其他種類的逗笑方式——例如諷刺（satire）或諧擬（parody），是以人類的愚蠢作為挖苦對象。相反的，深度的幽默是承認人類的軟弱和脆弱性的同時，又拒絕向苦難屈服的一種反應。弗洛伊德認為，幽默乃是我們自我最可貴的防衛機能：就像蒸汽機的安全閥門可以把過多的壓力釋放出來一樣，笑也可以把痛苦轉化為歡樂，並讓人從「人生的傷口」裡釋放出來。在弗洛伊德三重式的心理結構觀裡❷，「超我」（superego）對「自我」的態度一般都相當嚴峻，但這時，我們卻彷彿聽到「超我」以溫柔的聲音安慰受了傷的「自我」說：「看到沒，這個表面上看起來危險的世界，能耐就不過這一點點！不過都是兒童遊戲罷了，讓我們來一笑置之吧。」隨著我們年紀愈老，世界對我們就會愈危險，而我們就愈需要幽默的撫慰劑。

與老年人相處的最初期，我就已經注意到，他們表達幽默的方式和對幽默的意義的瞭解，與年輕一代是不一樣的。他們能夠以自己的弱點和缺點爲取笑的對象，甚至會用幽默來表達自己對來日無多的事實的接納。我欣賞這種態度，並希望自己能夠培養出同樣的素質。這種自反式的幽默似乎能夠幫助我的老年朋友以更恰當的方式定位自己的人生，並且愈來愈能容忍別人。然而，如果說老年人自我調侃的幽默都是有正面意義的話，那年輕一輩以老年人作爲調侃對象的幽默，則大多數都是負面性的。

這樣的例子不勝枚舉，像以下這個笑話就是一例。一個老人偶然撿起一隻會說話的青蛙，青蛙告訴他，牠本來是個漂亮的公主，只因爲被人施了法術，才會變成青蛙，而只要有任何人吻牠一吻，魔咒就會解除。牠告訴老人，只要他願意吻她，她會答應他的任何要求，作爲報答。但老人卻沒有吻牠，只是把牠放入口袋裡，並說：「在我這把年紀，我寧願要的可是一隻會說話的青蛙。」幽默總是跟人生最嚴肅的一些主題有關，如遺忘、無能或死亡。大部分以老人爲調侃對象的笑話都不像弗洛伊德所說的，是以減輕逆境的沈重度爲目的，而是以逃避現實爲目的，因爲它們是要透過調侃老年人，製造出一種我們與老年人是不同的人的假象，以圖減輕我們對老、病、死的焦慮。

但不管是別人調侃老年人的笑話還是老年人自我調侃的笑話，都是和時間的議題息息相關的。弗洛伊德所說的「人生的傷口」其實就是「時間的傷口」，因為老年是一個讓人愈來愈意識到自己的脆弱性、死亡的逼近性和肉體的侷限性的階段。我們活得愈久，遭遇失去親人、碰上意外和身體衰損的機會就愈大。我們等於是一個緩慢移動的箭靶。

有鑑於以上的例子，我們應該說幽默是一種防衛機制呢，是一種個性特徵，是一種潛在資源的湧現，還是一種智慧的展現？就與老年相關的幽默來說，以上皆是。我覺得讓我受益最多的，不是那種利用幽默來抗拒時間與轉變的人，而是利用幽默來接納時間與轉變的人。這些人透過幽默，把後悔和自怨自艾轉化為自我寬恕，因此鬆弛了自己情緒的張力。這種豁達的態度，可以用丁尼生筆下的尤利西斯說過的兩句話來表達：「雖然我們被奪走了許多，但留下的仍有許多。」

我想，這些能夠用幽默來透視自己人生的老人，說不定也可以幫助我瞭解，為什麼齊克果會在他有關人生階段的理論裡❸，把「幽默」視為處於「倫理階段」（人應該為社會盡義務的階段）與「宗教階段」（人應該向上帝順服的階段）之間的一種過渡。齊克果所指的幽默，並不是那種純搞笑式的幽默或逃避現實的幽默，而是那種接納自己的不完全性的幽默，一種謙卑和接納。被齊克果奉為幽默家典型的是蘇格拉底，因為在蘇格拉底身上，風趣和智慧是交織在一起的。不過齊克果又認為，人單有啓悟式的幽默還是不夠的，因為它還不足以讓我們抵達人生的終極目標：超越、救贖、對時間免疫。對於齊克果所說的這些終極目標，我內心那個人文主義者感到踟躕猶豫，但我內心那個靈性主義者卻感到如飢似渴。

可以跟齊克果互相呼應的，是我從好些老年朋友的身上，也發現到幽默有時是包含著靈性的洞見的。同樣的情形也見於很多宗教傳統，包括禪宗的高僧、哈西德派的拉比和蘇菲派的聖人[4]。他們所發出的笑聲、所說的俏皮話和所講述的幽默寓言，都是別有深意的。儘管在人們的描述裡，這些聖人的眼睛都是燃燒著神祕火焰的，然而，畫像裡的他們，卻又常常是一幅笑吟吟的樣子。他們爲什麼會笑得這麼開心呢？他們笑，是因爲發現到自己原來是深深的無知（有時候，你會覺得，他們的全部智慧就體現在知道自己無知這一點上）。他們本來並不知道自己無知，而現在卻知道了，所以忍不住要放聲大笑。「嘜，」我彷彿聽得見他們從一則公案或寓言裡向外喊出來，「你們有聽過有關一個遊方僧人、一雙乞丐鞋子、一隻神氣烏鴉的笑話嗎？」

如果幽默眞的可以是一種智慧的表達、是一種啓悟意識的反映、是一種哲學的視野，那我很希望能知道它的祕密力量，希望能掌握它的內在原理，並希望從它那裡學到要怎樣才能自苦難和時間的傷口中解脫。在探索幽默的不同表達方式的路途上，我發現到，智慧的笑聲，有時是會迴響在你預料之外的地點和從你意想不到的人物身上散發出來的。例如，有一次回底特律老家省親，我在一個猶太男子成年禮❺的宴會上聽到智慧的笑聲，就完全是我始料未及的。

喬伊叔叔

論外表，我妹婿的叔叔喬伊叔叔可沒有哪裡像個聖人或靈性導師。他人生的大部分歲月都是個賣猶太淨肉❻的肉販。雖然我也聽說過他為人敬虔，但他給我的最大印象，卻還是他雪茄煙不離口這一點。每次我在某個家庭宴會上看到他，他嘴裡總是叼著根上等的雪茄。而雖然我從來都記不起他有點著過火柴或打火機，但到宴會快結束時，他嘴上那根雪茄，總是已經被抽掉。一整個晚上他都是談笑風生，很少看到他把雪茄從嘴角挪開。一頭向後梳得服貼的黑髮、一雙炯炯有神的黑色小眼睛，加上寬下頷和粗頸項，在在讓人覺得他的可親。

喬伊叔叔跟雪茄的關係有多密不可分，從一個小故事就可以反映出來。他太太蘇絲告訴我，有一次，喬伊叔叔（湊巧沒有叼雪茄）在街上碰到一個麵包師傅鄰居，對方竟然沒有跟他打招呼。事後，麵包師傅對於自己的失禮，這樣解釋說：「喬伊叔叔沒有叼著雪茄，我根本認不出來是他。」

在我沈思著喬伊叔叔的雪茄之謎時，猶太男子成年禮的儀式已經進行到最後階段，也就是說，蛋糕已經切過，接受成年禮的男孩和他們驕傲的父母都已經發過言。喬伊叔叔喝了幾杯濃咖啡，好把飯後甜點的腴膩給沖去。我太太卡洛琳和同桌其他客人都已經離座，不是串門子去就是跳舞去，只剩下我和喬伊叔叔還坐著。喬伊叔叔四根手指掂著唇上的雪茄，眼睛望著一對對在猶太會堂的舞池裡翩翩起舞的年輕男女，臉上露出一個忍俊不禁的表情。

「喬伊叔叔，」雖然他不是我的親叔叔，但你就是會想這樣稱呼他，「喬伊叔叔，你的表情看起來就像是剛剛聽了個會笑破肚皮的笑話。」

他點點頭，看看自己的金袖釦，把多毛的雙手攤在佔滿酒漬、咖啡漬和肉汁的白桌巾上，然後抬起頭看著我。「咳，好，我來告訴你，」他一面說，嘴角上的雪茄一面晃來晃去，「我剛才只是想到幾天前我在一間男性服裝店碰到的一件妙事。」他把目光轉向跳舞的人群，手指在桌面上合著音樂打拍子，然後再把臉轉回到我的方向。

「幾天前，我因爲想要買一對金袖釦，所以就開車到馬庫斯男士服飾店去。我走入店裡，發現所有店員都在忙著招呼客人，只有老裁縫閒閒地站著。我跟他說：『我是想要找……』哪知道我話還沒有說完，那老傢伙就一把抓住我兩邊肩膀，定睛看著我的眼睛，喘著大氣說：『對，朋友，我跟你一樣，也是在找。』」喬伊叔叔笑了起來，「我本來只是要買一雙袖釦，沒想到卻被他當成我想找彌賽亞。哈哈哈。」喬伊叔叔笑得肚皮一起一伏。他又把老裁縫的話重覆了一遍：「『我跟你一樣，我也在找。』

「他是認眞的嗎？」我問，「還是只是開玩笑？」

「開玩笑？」喬伊叔叔瞪著我看，眸子裡綻放著歡樂的光芒，「誰又是不開玩笑的呢？猶太人都是愛開玩笑的——開關於上帝的玩笑，開關於寬恕的玩笑，開關於運氣的玩笑，開關於彼此的玩笑。但那老裁縫最讓人絕倒的是他開玩笑的方式：完全是無預警的。當然，我馬上就明白了他的意思。」

「因爲你也是猶太人的關係嗎？」

他先是點點頭，繼而又搖搖頭。「當你自己開玩笑開得夠多，自然很容易領略別人開的玩笑。」他把身體湊向我，補充了一句：「你應該明白這一點的。你是個哲學家，不是嗎？」

「我只把自己看成是個哲學的學徒。」

喬伊叔叔聳聳肩，彷彿是說：「這是哪門子的回答？」他把雪茄從嘴巴拿開，翹起雙腿，挨在椅背上。「你知道嗎？」他直視著我說，「笑是猶太人發明的。」

「發明？」我吃驚地喊道，「怎樣發明的？」

「那就記載在《托拉》❼，也就是《摩西五經》。就在第一卷的《創世紀》。」

我曾經聽說過，喬伊叔叔年輕時一心想成爲拉比，曾經埋首研究過《托拉》，後來因爲家裡沒錢供他往這個方向發展而作罷。第二次世界大戰從海外解甲回家後，他就跟一個死黨合夥從事販肉的生意。

他看我一臉困惑的樣子，就解釋說：「你知道亞伯拉罕和撒拉的故事吧？」我點點頭。「那是個很古老很古老的故事了。打開《創世紀》，你讀了上帝創造世界的部份，讀了亞當和夏娃的部份，再讀了該隱和亞伯的部份，沒多久以後，就會遇到亞伯拉罕和撒拉的故事。我有說錯嗎？」

我一點都不知道他想要說什麼，但我卻摸摸鬍子，裝得好像明白的樣子。

「好，」喬伊叔叔繼續說，「上帝答應亞伯拉罕，要讓他成爲一個大族的祖先。當然，要做到這一點，亞伯拉罕還少不了太太撒拉的幫忙。可是，這對夫妻試了又試，就是連一個小孩也生不出來。日子一天天過去，亞伯拉罕已經一百歲了，而撒拉也是個九十歲的老婦人。看來，上帝的應許是沒有指望的了。不過有一天，卻有三個人從沙漠來到亞伯拉罕的住處。他們說不定是遊牧民族，但也有可能不是。不管怎樣，亞伯拉罕熱情地接待了他們，給他們吃的喝的。他們告訴他：『亞伯，時候到了，你的太太撒拉將要懷胎，這可不是開玩笑。』你認爲亞伯拉罕聽了這話會怎樣想呢？想想看，如果現在有人告訴我和我那七十歲的太太蘇絲，我們將會生一個小孩，我們會怎樣想？我們一定會說：『咳，少來了！』根據《托拉》

的記載，亞伯拉罕也是這樣想，而且暗笑在心裡。對，他沒有笑出來，只是笑在心裡。不過撒拉卻不同，她是個直腸子。她在自己的帳篷裡聽見天使說的話——對，三個牧羊人其實就是天使僞裝的——噗嗤一聲笑了出來。天使聽到這笑聲，不悅地說：『亞伯，你太太不相信我們的話，她在譏笑我們。』撒拉連忙否認：『不，我不是笑你們。我笑，是因爲想起剛剛從鄰居那裡聽來的笑話。』」

喬伊叔叔把臉從我這裡轉開了一下子，跟一個從他身邊經過的男士握了握手。「你跳舞的樣子帥極了。」喬伊叔叔說。對方是個灰髮的高個子，他用力握了握喬伊叔叔的手，就帶著微笑走開了。這個時間，我的心思卻飛到了另一對同樣是猶太人的老年人那裡，他們也同樣就像亞伯拉罕夫婦一樣，在極晚年經歷了一段難以置信的經歷。男的名叫菲舍爾遜，是個半隱居的哲學博士，住在市場街的一個閣樓裡。女的是他的鄰居，一個清潔婦，也是單身，名叫黑黛比——她會有「黑」這個外號，是因爲她是個情緒相當沈鬱的人的緣故。

「你知道故事接下來是怎麼樣的，對吧？」我的心思被喬伊叔叔的一問拉了回來。

我當然知道。撒拉懷孕了，生了一個叫以撒（Isaac）的男孩。以撒這個名字，在希伯萊文裡的拼法是 Itzak，意指「他在笑」。「男孩會被取名 Itzak，是因爲她媽媽曾經對天使的話發笑的緣故。」我說。這個，是我從前在希伯萊學校接受聖經教育的時候學到的。

「哦，那就是他們在希伯萊文學校裡教你的東西嗎？」喬伊叔叔不以爲然地搖頭，「這是現代拉比的胡說八道。他們會這樣解釋，理由很簡單：因爲那是最容易的解釋。」他把椅子挪近我，我可以聞得到他那根未點燃的雪茄的味道。「如果聖經眞是這樣簡單，」他繼續說，「人們早在幾千年前就應該已經對它失去興趣了。小兄弟，讓我來告訴你那是怎麼回事吧。」

喬伊叔叔一隻手搭在桌上，另一隻手放在膝蓋上。「我們談及的可是《創世紀》，一部關於創造之書。每一年，我們都會把《托拉》打開來重讀一遍。每一年，我們讀到的都是相同的情節，讀到亞伯拉罕和撒拉不管怎樣努力，就是無法實現上帝的應許——到底是亞伯拉罕不能生還是他老婆不能生，只有天知道。我聽過這個故事已經不知道多少遍，對最後的結果一清二楚，但是，每次讀這個故事，我還是會被它的懸疑所攫住。我靜靜坐在那裡讀著，心思完全被故事的發展牽著走，就像我已經忘了它的結局似的。上帝應許了又應許，亞伯拉罕順服了又順服，但就是沒有一個小嬰兒跑出來。然後，終於——」他一拍膝蓋說，「賓果！」

「她懷孕了。」我說。

「不，」他喊道，一雙黑眼睛一動不動看著我，「不。她笑了。撒拉笑了。這是聖經裡最早的一聲笑聲，也許甚至是人類有文字記錄以來最古老的一聲笑聲。但我不敢打包票，因爲說不定中國人的笑聲要更古老。我不是這方面的專家。不過我告訴你，當我聽到那笑聲的時候，它直接穿透了我的 *nishama*〔靈魂〕。你知道爲什麼？」

我搖搖頭。我可從來沒有聽過別人像他這樣解釋聖經的。

「因爲那是創造的神蹟再一次的顯現。」喬伊叔叔用指節把桌面敲得篤篤響，「如果上帝可以在絕對的空無裡創造出萬物的話——你不能不承認這個是巨大的神蹟——那祂當然也有辦法可以讓撒拉和亞伯拉罕有後。當撒拉笑的時候，正是創造的神蹟發生在一個活生生的人的身上的時候。當然，撒拉的笑，最初是一聲懷疑的笑。這是一定的，誰在她那把年紀聽到別人說你會懷孕不會笑？不過那之後——」說到這裡，喬伊叔叔一把攥住我的手臂，「她的笑就變爲了歡樂的笑，一種對創造的驚奇的笑。你知道嗎，一個愈不可能的故事，它會帶來的笑聲就愈大。」我看到他雪茄一明一滅。「還有一件事情是你不知道的，哲學家先生，」他的兩道黑色濃眉豎得高高的，「那就是，每次我聽到這個故事的時候，也一樣會笑。」

我也笑了，搖頭表示我對他的折服。喬伊叔叔點點頭，從西裝口袋裡取出手帕，擦拭額上的汗水。這時，兩個穿白裙的小女孩——可能是他的侄孫女——走到喬伊叔叔面前，告訴他有關她們老師和朋友的事，一面說一面吃吃笑，看來，喬伊叔叔是認識她們所提到的人的。他說了些逗她們笑的話，又問了她們些問題。兩個小女孩喜歡受到喬伊叔叔的注意，就像他是一頭友善的大熊。在喬伊叔叔與兩個女孩談話時，我的心思再一次飄到菲舍爾遜和黑黛比身上。他們是一篇小說裡的人物，故事發生的時空是第一次世界爆發前夕的華沙，作者是另一個 Itzak——以撒・辛格[8]。他的這篇小說，是我多年前讀到的。它是一篇喜劇小說，最少你可以作這樣的解讀。故事的主角菲舍爾遜花了三十年的時間隱居不出，埋首研究史賓諾莎[9]用拉丁文寫成的《倫理學》（*Ethics*）。年輕時代，他曾希望寫一篇爲史賓諾莎哲學辯護和批評康德及其追隨者的論文，不過，一份看來會很有前途的工作卻把他絆住。然而，他最後卻落得一事無成、一無所有，唯一剩下的是一本破破爛爛的《倫理學》和某種胃疾（他懷疑是胃癌）。菲舍爾遜對史賓諾莎的上帝觀——一個「絕對的無限實體」——深信不疑的。他認爲，只要透過智性的沈思冥觀這個上帝，那他自己內裡的無限實體就不會朽壞。然而到最後，他卻病倒了。躺在床上等待死亡天使來敲門時，他只覺得滿腹的疑惑。敲門聲果然響起了，但敲他門的，卻不是什麼死亡天使，而是一個穿得一點都不像信使的信使：他的鄰居黑黛比。她來，是想請菲舍爾遜幫她翻譯一封她親戚從美國寄來的信件。不過，看到菲舍爾遜形容枯槁的樣子，她決定留下來照顧這個孤僻的老頭。她曾經從別人那裡聽說過，他有可能是個背教者。

兩個沒有子女、沒有希望和沒有財富的老人——這樣的故事，理應是很沈重的，但奇怪的是，讀這篇小說的時候，你卻會隱隱感到有某種應許包含在其中。以撒・辛格寫這小說時，心裡想到的是不是生活在沙漠裡的那對男女族長呢⑩？

幽默與老年

「喬伊叔叔，」我問，「我聽你說過，人在變老以後，對幽默就會有另一種體會。你覺得幽默和年老這兩者有關聯嗎？」

「我告訴你，孩子，變老沒有什麼逗趣的。」他輕輕拍了拍胸口，似乎是表示他的心臟曾經開過刀。

「對，」我說，「我想也是。」

「不過另一方面，」他說，「年老卻說不定可以教會你接受人生的一些失望與驚訝，可以教會你對一些你不明白的事情放聲大笑。」

喬伊叔叔說到了一個重點。雖然並不是每個人都會隨著變老而培養出深度的幽默感，但我卻從我的一些老年朋友身上看到，他們會用幽默來減輕喪失親人之痛和肉體上的痛楚。他們變得更能忍受生命的矛盾與吊詭。

「幽默有時是一種智慧的流露。」我說。

「啊哈，哲學家先生，你顯然對這個問題有所思考。你還有些什麼樣別的心得沒有？」

樂隊這時奏起了「馬卡蓮娜」(Macarena)，想跳馬卡蓮娜舞的人紛紛就位。

「我的一個心得是你先前提過的一點：愈不可能的故事，會引起的笑聲就愈大。這跟亞里士多德的說法一致。」

「亞里士多德？」他說，「我喜歡他。邁蒙尼德(Maimonides)曾經受過他相當多的影響。」邁蒙尼德是十二世紀的猶太醫生和宗教學者，曾經使用過很多亞里士多德的方法去研究複雜的問題。「亞里士多德說過，」我繼續說，「喜劇和悲劇既有相同處，也有相異處。它們的相同處在於兩者都涉及某個凡人與諸神的意志抵觸。這個凡人，有時像伊底帕斯(Oedipus)那樣的顯赫領袖，有時是像阿加門農(Agamemnon)那樣的戰士。」

喬伊叔叔用奇怪的眼光看著我。我猜，也許他是納悶我爲什麼要蹚異教徒信仰的渾水，所以我連忙解釋說：「這些古希臘的神祇事實上是社會和宇宙力量的象徵，他們跟氏族的圖騰、戰爭的符碼和政治的爭議都有分不開的關係。」喬伊叔叔喝了一口咖啡。「在悲劇裡，」我繼續說，「主角性格上的瑕疵——如過度的驕傲、虛榮和貪婪——會導致他身敗名裂和死亡。換言之，悲劇要強調的是，人類的命運是受宇宙的法則所主宰的。但喜劇裡的主角卻不一樣，雖然面對各種陰謀詭計，但他們不費吹灰之力，就可以戰勝屈辱和挫敗。他們性格上的瑕疵——如愚蠢、衝動和頑固——反而會成爲扭轉大局的關鍵。」

「亞里士多德說過這樣的話？」喬伊叔叔說，一面放下調羹，「也許他看過不少卓別林的電影，是吧？」

「應該是，」我答道，「還有伍迪・艾倫的。不過，他上述的見解，卻應該是在希臘的圓形露天劇場看了一些喜劇以後思索出來的。」

「也就是說，他認爲最後那些小笨伯反而能夠出人頭地？」

「對，就是這樣。他們不只可以存活下來，而且可以以比從前更高的地位重返社會。」

喬伊叔叔點點頭，說：「就像我的姪孫那樣嗎？」他指著一個正在跟媽媽跳舞、笨手笨腳的男孩說。「他是史蒂芬。跳舞的樣子有夠像個笨瓜。我猜，你在參加猶太男子成年禮那個年紀，手腳應該比他俐落不少吧？」

「啊，對啦，」我喊道，「說到猶太男子成年禮，你倒是提醒了我之前沒有想到過的一點。在很多著名的喜劇裡——像莎士比亞的喜劇——主角都是在一個婚禮或宴會裡脫胎換骨的。看到沒，你的姪孫史蒂芬現在已經是個局內人了，不再只是個小毛頭。你以前會想像得到他會跟他媽媽跳舞嗎？」

「這樣說，你是認爲猶太男子成年禮有如一齣喜劇囉？」他笑著說，「不過你這話倒是沒說錯。看到那個小呆瓜沒有？不過是當衆朗誦了《托拉》裡的幾句話，他現在就變成大人了。」

「他現在可以被算到『舉行禮拜的法定人數』⓫之中去了。」我說。但喬伊叔叔只是聳了聳肩。我繼續說：「另外，亞里士多德又說，喜劇往往會有一些矛盾得讓人發笑的情節：就像才一個晚上，一個小孩就變成了一個大人，並且跟媽媽一起跳舞。喜劇的目的就是要……」

「哲學家先生，」喬伊叔叔打斷我的話，揮了揮手上的雪茄，「猶太成年禮和婚禮都是爲年輕人而設的。但剛才你問我的，不是幽默和老年的關係嗎？」

我竟然把這件事給忘了。「對，對。」我回答說，準備回到原來的話題去。「隨著我們變老，」我說，但卻看到喬伊叔叔狐疑地看了我一眼，似乎是在暗示我還不夠資格被視爲他的同儕，「我們會慢慢明白到，人生裡有很多我們一直想解決的問題——想要找到不包含悲哀的快樂、不包含惡的善之類的——是永遠也不可能解決的。於是，我們開始懂得去接納生命中的矛盾，開始懂得與時間和平共處。很多原先會讓我們困擾和焦慮的事情，我們現在會以一笑處之。我們接受了人之所以爲人的命運。」

「與時間和平共處？」他沈思了一下，「嗯，你這個說法不錯。」他突然彈了個響指說，「我想到一個例子。」

「嗯？」

「幾天前我才剛剛參加完一個會議，是一個我參加了天知道有多久的俱樂部所舉行的。

會議一開始有一個傢伙走到台上去報告。他叫什麼名字來著?對啦,叫柯利.夏皮羅。雖然他名叫柯利,」說著喬伊叔叔指了指自己豐滿的頭髮,「但卻是個禿子。這能不能算是你說的矛盾?⓬他是我們俱樂部的『長程規劃委員會』的主席——順道說一說,我認爲每個組織都應該有這樣一個委員會。柯利走到台前之後說:『諸位,在向大家報告以前,我有一件事情是先得告訴各位的。』他停頓了片刻,表情相當凝重,讓我們心情七上八下,擔心他要說的是不是懷消息。大家議論紛紛:『怎麼回事?他得了什麼病不成?』但接著柯利卻這樣說:『大夥們,長程規劃對我所意味的是,明天早餐該吃些什麼。』」喬伊叔叔大笑了起來,「『明天早餐該吃些什麼?』老天,他的笑話讓我們笑破了肚皮。」

「你說得對,」我說,「這是個好例子。他知道說自己能不能活到明天,還是未定之數,但他仍然會爲明天早餐該吃什麼做『長程規劃』,而且會拿這個當開玩笑的材料。這就是我說的『與時間和平共處』的意思。」

「也許是這樣,」喬伊叔叔擤了一下鼻子說,「但可不要太有把握。」

「爲什麼?」

喬伊叔叔喝了一口開水。「哲學家先生,」他用一根手指指著我說,「你認爲老人家的幽默,全都是爲了表現他們接受生命苦短、會議苦長的事實?」

「大致是那樣。」

「你是認爲，我們這些老頭子接受了人必有一死的事實，並拿它來開玩笑，因爲天知道明天會發生什麼事，對不對？不過讓我來告訴你一件事，小兄弟。幽默的祕密可不是盡在接納時鐘的滴答聲。」他把衣袖拉起一點點，露出他的金錶給我看，然後搖搖頭。「我的朋友，幽默的祕密可不只在時間，」說著把一隻手攏在嘴邊，輕聲說：「還在時間的拿捏。」

「時間的拿捏？」

「對，時間的拿捏。」他說，「笑話的祕密就在於時間的拿捏。如果時間拿捏得不對，再好笑的笑話也不會引人發噱。就拿我朋友柯利的例子來說好了。如果他說了同一個笑話，但說之前沒有長歎一聲和停頓了好一下子，你想效果會完全一樣嗎？不會。如果他不是首先讓我們感覺不自在，預感會聽到什麼壞消息，他的笑話就不會那麼好笑了。不過，一旦他能夠騙得我們憂慮，那他的笑話就能夠讓我們笑得從椅子上彈起來。所以，明白了嗎？這就是你的亞里士多德所漏了說的。要讓笑話發揮最大的效果，先要讓聽衆感覺危險，繼而感到安全。換言之，時間要拿捏得恰到好處。」

「好吧，」我回應說，「就算你說的沒錯，講笑話的方式很重要，但笑話的內容還是總需要一種由兩個對立面所構成的張力吧？」

喬伊叔叔思考著我的話，不斷咬他嘴裡的雪茄。這時，樂隊所奏的音樂，已經從華爾滋轉爲搖滾樂，又再轉爲猶太舞曲，意味著宴會已臨近尾聲。

「你打高爾夫球嗎？」喬伊叔叔突然問。

他是因爲不高興，想轉換話題嗎？「高爾夫？我高中的時候打，大學的時候也打，只是打得比較少。不過現在因爲常常要到處去……」我話還沒說完，喬伊叔叔就一把握住我手腕。

「好，那就可以了。那就表示，你多少懂一點點關於高爾夫球的事。」

「一點點。」我點頭表示附和。

「好，那我告訴你，幽默就像打高爾夫球。」

「怎麼說？」

「別急，我會解釋給你聽的，但先等一下下。」說著，他拿起一根沾著些湯汁的湯匙，在桌布上畫了一條曲線。「當你年輕而強壯而自信的時候，你揮桿動作的幅度都會是很大的弧形，就像這樣——」他指著他畫在桌巾上的曲線，「你會給小白球狠狠的一擊，讓它『沙』一聲飛出去，而球會一直飛一直飛，非等到第二天不會掉下來，是這樣嗎？」我點點頭。「不過，等你變成像我一樣過氣的老人家時，你身上就會這裡酸那裡疼，說不定身上還有好幾個地方縫過針⑬，這時，你揮起桿來，就不會再像年輕時代一樣神勇。你知道嗎，我有兩個一起打球打了很多年的球友，一個叫勞爾，一個叫赫爾曼。而我注意到，他們現在舉起球桿的角度，就像我一樣，只有大約三點鐘的高度。」他用湯匙把桌巾上的曲線對半腰斬，「這就像達爾文所說的，能夠生存下來的生物，九十%都是透過改變自己去適應環境的。沒有錯，我們的擊球姿勢實在不怎麼帥氣。像勞爾，他擊球時身體會扭曲得像一片椒鹽捲餅，而赫爾曼則恰恰相反，擊球時身體僵直得就像個將軍，腰一點都不彎。只不過——」喬伊叔叔把雪茄從嘴裡拿下，夾在指間隨著他的手勢，「這就是祕密的所在：他們對時間的拿捏仍然恰到好處。他們的球桿可以在正正好的時間擊中球，讓它『各噠』一聲漂亮地飛出去。」

「『各噠』？擊球的聲音不應該是『喀噠』嗎？」我問。

「不，我這兩個球友都是猶太人，所以用的當然也是說意第緒語⓮的小白球。」他咧嘴而笑，眼睛裡閃閃有光。我也笑了。

「這就是高爾夫球像幽默的原因嗎？」

「對，你能想像比三個笨手笨腳的老頭把一個小白球從球道上打出去的樣子更滑稽的嗎？」他說。我搖搖頭。「當然，」他補充說，「我們也並不是每一次擊球都這樣滑稽。」

「我不會這樣認爲。」

「不過說正經的，這難道跟亞里士多德所說的『對立面的統一』很類似嗎？我是指我們這高爾夫滑稽三人組。我們打球的時候看來是很痛苦的(有時候也眞的是這樣),而我們打球,也是違反自然和物理的法則的。儘管如此,我們卻想出了辦法去適應我們手腳的小小不靈光。」

「就是靠著那『各噠』?」

「對,就是靠著那『各噠』,也就是時間的拿捏。看來你沒有忘記這一點。你要知道,如果時間沒有拿捏好,那就算你是個壯漢,有時也會跟軟腳蝦無異。」

我能明白他的意思。如果幽默所意味的是你接納你的限制,但卻不放棄,那打高爾夫球就跟幽默沒有兩樣,因爲它也可以表現出你在精神上的不屈不撓。也許眞的就像喬伊叔叔所說的,幽默的關鍵在於時間的拿捏,而不在於——像亞里士多德所說的——內容或結構。但這樣的話,就等於是說,只要你時間拿捏得好,就任何行爲都可以是幽默的。

喬伊叔叔顯然相信,幽默感——尤其是調侃自己的幽默感——是可以讓精神得到自由的。他說的故事讓我記起,庫曾斯(Norman Cousins)⑮就是靠著看喜劇,讓自己從惡疾中痊癒過來的。有些研究者曾經透過在老人院院長期播放喜劇的方式,研究喜劇的治療效果。結果顯示,大部分老人的情緒都因爲看多了喜劇而獲得提振,然而,卻有一些人反而變得更沮喪。也許這些研究者有所忽略的是,喜劇往往都涉及一些沈重的主題,而這些主題,有可能會觸起不快樂的回憶。

當喬伊叔叔望向別處的時候，我注意到，他頭上戴著的是一頂亞莫克便帽⑯，那是一頂小小的無檐針織帽，靠著一枚別針固定在頭上。這反映出，他是個謹守法度的猶太人。也許我應該問問他，他對齊克果這個主張有什麼看法：幽默不只是可以讓人接受生命有限的事實的方法，而且可以指向宗教的向度。

超越幽默

喬伊叔叔的太太蘇絲回來了。她有著一頭短而密的紅髮，戴著一副大大的綠色眼鏡，口唇塗得鮮紅。她要坐下來時候，用手肘輕輕撞了撞喬伊叔叔，好讓他把身體挪開一點點。

「小朗恩，你還在跟這個老頭子聊天？」她問我，眼睛卻望著丈夫。「可別相信他說的任何事情。」

喬伊叔叔向我打了個眼色。「妳不用擔心，他可不會相信我說的任何事情。他是個哲學家，而哲學家對什麼說法都是要存疑的。我說得對嗎，小兄弟？」

「你說得對，喬伊叔叔。」

「那就好，」蘇絲說，「因爲你永遠別想從喬伊這傢伙那裡可以獲得什麼眞知灼見。」說著，她又用手肘輕輕頂了喬伊叔叔一下，逗得他笑了起來。這時，另外一位女士走到桌邊，在蘇絲的旁邊坐下。「這位是我表妹。」蘇絲介紹說，說完，兩個人就嘰哩咕嚕談了起來。我和喬伊叔叔靜靜坐在一旁。

「喬伊叔叔，」我說，「我還有一件好奇的事情想要請教你。」

「還是關於幽默的嗎？」他問。我點了點頭。「是什麼事？問吧。」

「是這樣的。我在大學唸書的時候，曾經讀過丹麥思想家齊克果的書。」

「我聽過他，他是個蠢—載—主—義—者。」他仔細地把「存在主義者」幾個字逐一唸出來，「我有沒有唸對？」

「對，他是個存在主義者，不過不是無神論的存在主義者，而是個有神論的存在主義者。他相信，每個人的生命都是耶穌生命的反映，因爲每個人的身上都包含著有限和無限兩部份，也就是說，都包含著人性和神性這兩部份。他認爲，我們一生都是致力於使這兩個部份達到和諧。」

「這可是很眞的眞理。在我們猶太教的典籍裡，你可以找到同樣的觀點。但我不明白，朗恩，」他嚴厲地看著我，「爲什麼你要把時間浪費在這個齊克果身上？我認爲，你與其把時間浪費在他身上，倒不如好好鑽研《托拉》和讀讀希勒爾（Hillel）、夏邁（Schamai）和其他猶太教聖者的著作，那會讓你更加受益。」

我不知道該怎樣回答。我從我的所學所得到的結論是：每條道路都有它的眞理存在，而所有道路最終都會通到同一個地方。

「這一言難盡，喬伊叔叔。」我說，「我在唸大學的時候對一個問題很有興趣，那就是哲學家是怎樣思考人生的發展的，人生有哪一些可能性。而在這一方面，齊克果有一些很有意思的看法。」

喬伊叔叔若有所思地點點頭。「他說過哪些有意思的話？」

「齊克果相信，幽默是人生中的『倫理階段』和『宗教階段』的過渡階段。」

「他也打高爾夫球？」

一想到齊克果打高爾夫的樣子，就讓我忍俊不禁。「不。他是個體態有點滑稽的人：除了弓腰駝背以外，還有兩根竹竿腿。他那時代的哥本哈根小報常常拿他的外形開玩笑。」

「哼，我搞不懂那些丹麥人。他們現在已經用自動販售機賣色情雜誌了。就公然在大街上販賣！」喬伊叔叔和太太一向酷愛旅行，顯然，他們曾經去過丹麥。「聽你的描述，這個齊克果長得有點像我的球友勞爾。」

「體態是可能像，但齊克果並不是個老年人，最少他在提出上述的意見時還不是。齊克果認爲，當你進入中年以後，你會努力盡自己對社會的責任，希望成爲一個受尊敬的人。這個時候的你，已不再是充滿浪漫憧憬，不再只是爲了獲得某種巔峰體驗而活。相反的，你已經瞭解到，生命中有某種更重要的東西。像婚姻、事業、好朋友，也許還包括兒女。這些東西可以給人的生命一種深度、一種持續性，可以讓人在面對每個人都會遇上的轉變、艱苦和失望時，有所憑依。」我望著喬伊叔叔，要看他是什麼反應。

「這有需要一個齊克果來告訴我們嗎？」他聳聳肩說。

「話是沒有錯，」我說，「他用來呈現這個議題的方式還是很有原創性。」喬伊叔叔又聳了聳肩。我繼續說：「不管怎樣說，接下來就是他的觀點中一個很有意思的部份。他認爲，人生的發展並不是到了倫理階段就告停止的。因爲不管我們對社會盡了再多的責任，我們仍會不由自主地感到若有所失。即使過的是正直的生活，但我們還是感到自己是個不完整的存有。我們會覺得仍然沒有能夠充分掌控自己的人生，仍然不是充分獨立的，仍然有一些無法透過克盡社會義務而滿足的渴望。隨著我們愈來愈老，我們會愈來愈體認到，有某些可以讓我們的生活變得快樂的境界，是我們闕如的。這種境界，你可以稱之爲滿足，可以稱之爲完整性，可以……」

喬伊叔叔揮著他的雪茄說：「我完全明白你在說些什麼。我有過一模一樣的感受。」

「你有過？」

「對，就在小孩都上了大學以後。」喬伊叔叔搖搖頭說，「你知道嗎，當初我巴不得他們愈快離開家裡愈好，好讓我可以重新過以前一樣的安靜生活。不過，等他們都走了以後，唉，怪了，」他嘆了口氣，「我發現房子忽然變大了，變得空蕩蕩的。我和蘇絲整天都是大眼瞪小眼。當然，我知道，小孩以後還是會回來的，而且會結婚和生一大堆小孩，到時，家裡就會重新熱鬧起來。但我又問自己，難道這就是人生的一切嗎？我開始這樣想：『這就是我要的生活嗎？』我一年到頭都是在肉類之間打轉，不是切里脊肉就是搬羊腿之類的。讓我告訴你，跟肉類爲伍可沒有什麼有趣的。」我點點頭，腦海裡出現喬伊叔叔熟練地把一大塊牛肉切片的畫面。「沒有錯，」他繼續說，「我是個好父親，是個好丈夫。但我仍然覺得若有所失。這就是所謂的中年危機嗎？天曉得！而我想到的解決辦法就是回到我年輕時代的追求。現在，我正準備要再次好好研究我們的先知和聖人的教誨。你知道我發現了什麼嗎？」

「什麼？」

「我發現他們有相當多的話告訴我。以前我常常都會想，聖經裡的那些人物，應該只有拉比和學者才會眞正理解。至於我，一個肉販，憑什麼去理解聖經？拉比會告訴我聖經的意義，會告訴我生活應該怎樣過，而我只要按照他們的話去做，就自然而然會成爲一個義人。但這樣的話，我就感覺不到我是聖經的一部份。然而，有一天，就在我讀《托拉》的時候，怪事發生了。我聽到有聲音在我的頭腦裡說話。你知道，我從沒有把自己放入《托拉》過的。但現在，我卻開始用我的心去聆聽《托拉》所說的話。我聽到裡面的笑聲與哭聲，裡面的歡樂與悲哀。我不再想要別人來爲我解釋《托拉》，除非他可以讓我聆聽得更清楚。我說這個，並不表示以前並不快樂。我有過相當多的快樂，而我對此也心存感激。但我始終沒有覺得自己是上帝的創造的一部份。」

「你有一種不完整的感覺？」我問。

「不完整？當然！誰又是完整的呢？」

「我的意思是，你覺得自己有某些未達成的目標、某些未竟的理想？」

「也許吧？」他斜側著頭看我，「你想說些什麼？」

「我在想齊克果。他說過，幽默是先於信仰的。幽默是一種展望。你接納了你生命的瑕疵，但你並沒有放棄讓自己趨於完整，因爲有某種東西仍然啃咬著你。那就是你神性的一面，也就是你潛能的一面。」

喬伊叔叔摩挲自己的下巴。「他是個心理學家嗎？他是不是常常拿著錄音機，到處問別人今天是不是覺得快樂？」

「不，他是個一點都不科學的人。他是有跟別人交談，閱讀和從事觀察。但他有興趣的是主觀的眞理，也就是人們內心的感受。他不認爲感受是沒有意義的，它們是你對於世界的價值和信仰。齊克果特別喜歡提蘇格拉底，你可以說，蘇格拉底是他心目中的幽默家的典型。」

喬伊叔叔做了個鬼臉，搖了搖頭，顯然是對我說的話不以爲然。我把身體湊近他說：「齊克果會這樣欣賞蘇格拉底，是因爲蘇格拉底是個絕頂聰明的人。他的絕頂聰明在於他知道他對很多重大的問題——像什麼是德行的問題——一無所知。他最擅長的是戳破別人那些華而不實的觀念。他會引他們作出自相矛盾的主張。他用這種不斷製造吊詭的方法，逼得別人不得不努力去尋找答案。齊克果認爲，蘇格拉底之所以那麼喜歡邀人們談他們的想法，然後又不斷在他們的想法裡找出漏洞，目的是爲了『強化他們的存在性（existence）』。但蘇格拉也一直暗示，雖然我們是有限的存有，但仍然應該努力嘗試去掌握那超越於時間的不變眞理——這一點，齊克果認爲，正是幽默的起源。」

我往後靠在椅背上，靜觀喬伊叔叔的反應。

他喝了一口水，然後問我：「你是說，齊克果認爲，蘇格拉底的目的是要讓人們正視自己的神性部份？」

「對。」

「他是認眞的嗎？」

「從柏拉圖的描繪來看，蘇格拉底是一個矢志爲他的使命奉獻的人。而從齊克果的觀點，蘇格拉底是個擁有深度幽默感的人，因爲蘇格拉底知道，沒有人是可以回應得了他的知性挑戰的。有些詮釋者認爲蘇格拉底是個反諷的大師，但齊克果卻視他爲一個凡人皆有過錯的見證人，一個就像比爾・寇斯比（Bill Cosby）和藍尼・布魯斯（Lenny Bruce）的說笑高手。」

「拜託，」喬伊叔叔搖搖頭說，「我問的不是蘇格拉底，而是你的齊克果。我是問，他對他的幽默先於信仰的說法是認真的嗎？」

「他是這樣寫的。他的文章很多都是用化名寫的。」

「啊哈，」喬伊叔叔喊道，「這就對了。他是用化名發表這番意見的。我就知道其中一定有詐。那你又怎麼不知道他不是開玩笑，不是想讓你上當？」喬伊叔叔這話讓我皺起眉頭。

「我來解釋給你聽。你知道齊克果有什麼問題嗎？他是中了異教徒[17]那一套的毒。異教徒把人有原罪之說從我們這裡抄襲過去，作了一點點扭曲，然後大肆渲染一番，讓它膨脹成好幾倍大。這之後，他們就整天自怨自艾，說自己是有原罪的，說自己是不完整的。這就是你的齊克果中的毒。他被人有原罪的想法迷了心竅，認爲只有上帝——更精確的說是耶穌[19]——才能治療他的傷口。所以，他認爲自己要不是能獲得拯救，就會不快樂。就因爲這樣，他才會一天到晚都坐在家裡想拯救的事，既不打高爾夫球，也不打保齡球。他有結婚嗎？他最少應該有個女朋友吧？」

「他年輕時有過一個女朋友。他們訂了婚，不過齊克果後來卻主動解除婚約，因爲他覺得他天生就不適合過婚姻生活。」

「他是個同性戀？」

我搖搖頭。「主要是因爲他認爲自己無法過一般人的生活，無法分享婚姻的親密關係。他覺得自己是被選派去過一種特別的孤獨生活的。」

「我明白了，」喬伊叔叔說，一拳搥在桌子上，「他是愛上了上帝，所以讓上帝橫在他與其他人之間。這是個錯誤。」這時蘇絲轉過身來，看看是誰在製造噪音，等看到原來是喬伊叔叔幹的好事，她就笑了笑，擺了擺手，回過頭繼續跟表妹談話去。「而這就是爲什麼，」喬伊叔叔繼續說，「他會把幽默放在信仰的前面。他是想要在通往永恆的高速公路上，再多設置一個休息站。只不過，神學家先生，」他用雪茄的煙蒂指著我，「不幸的是——在齊克果的情況也許應該說是『幸運的是』——他錯了。爲什麼？因爲信仰是要先於幽默的。我怎麼知道？是因爲亞伯拉罕和撒拉的緣故。」說完，他就雙手抱胸，挨在椅背上。

「我不明白你的意思。」我說。

「不明白？」他熱切地望著我。我搖搖頭。喬伊叔叔搔了搔耳朵，摸了摸鼻尖，然後說：

「你也許已經注意到，幽默總是與別人相關的：你開別人玩笑，別人開你玩笑。但信仰卻是一個人的事。這一點，你看看亞伯拉罕就可以知道：上帝在跟他說話，給他應許的時候，有其他人聽到半個字嗎？沒有！亞伯拉罕相信他聽到的話，因爲他是個有信仰的人。要直到後來，當天使告訴他那個難以置信的消息，也就是他快要當爸爸的消息，他才笑了起來，而他太太也笑了。看到沒，是先有信仰，然後才有幽默的。只有眞正嚴肅的人才會懂得欣賞幽默。讓我再來告訴你一件事——」我坐在那裡等著洗耳恭聽。「我敢說，齊克果本人是知道這一點的。」

「你這樣認爲？」我驚訝地問，「你是憑什麼知道的？」

「簡單，」他回答說，「你有沒有曾經想過，這位丹麥紳士是怎樣知道幽默先於信仰的。難道不是因爲他已經進入了信仰的階段，讓他可以把一切拼湊在一起嗎？要不然，他的說法就是純屬臆測，又或者是——」他以促狹的眼神看著我，「抄襲別人的。」

「就我所知，齊克果是唯一一個提出此說的人。」

「嗯，好吧，就算是他自己想出來的好了。」喬伊叔叔說，「但他會把幽默階段擺在信仰階段的後面，是因爲他認爲全然的孤獨才是人應該趨向的終極命運。到最後只剩下你和上帝，或者你和耶穌。異教徒似乎都很喜歡這一套。但我們猶太人卻不是這樣想的。這也許是因爲我們是一個民族的關係。我們有不同的梯子要爬。」

這是說，齊克果的觀點是一種有別於猶太教的基督教生命階段理論？一直以來，我都知道性別差異會帶來對人生的不同看法，但卻從未考慮過民族和宗教上的差異也會有同樣後果。沒有錯，對齊克果而言，單獨站在上帝的面前正是人應該追求的終極目標。反觀猶太人，卻是聚在猶太會堂裡，藉助《托拉》這道拱門，一起禱告，一起尋求救贖的。儘管如此，到底是幽默在信仰前面還是信仰在幽默的前面，眞的有那麼重要嗎？對齊克果而言，答案是肯定的，因爲幽默既是爲了撫平我們與上帝的分離感，那就表示它不是究極的，反映出我們仍然是與上帝分離的。

但喬伊叔叔的觀點卻截然不同。他認爲，撒拉的笑，是出於信仰獲得回報，而亞伯拉罕的笑，則是出於應許的落實。信仰是單獨的行爲，幽默則是團體的行爲。一個人並不是在生命各階段單獨行進的，而是總會有誰一起同行——父母、家人，或者是貓或狗。聽喬伊叔叔這麼一說，我頓時發現到把人生視爲是由一個個單一階段構成的想法，變得有其不足之處，因爲它無法解釋脆弱性與安全性、希望與懷疑、個人與團體的命運的互動關係。也許，你在人生道路上的某階段會表現出某種素質或擁有某些觀照，只是因爲，這些素質或觀照是那個階段裡最突出的、最有影響力的。

奇怪的一對

「小朗恩，」喬伊叔叔把一隻手按在我的臂上，「恕我失陪幾分鐘，我想去和幾個熟人打個招呼。」說完他就走開了。

他提起亞伯拉罕和撒拉，讓我想起以撒·辛格的小說〈市場街的史賓諾莎〉（The Spinoza of Market Street）裡的男女主角。辛格筆下的菲舍爾遜，就像亞伯拉罕一樣，是個戀慕上帝的人，儘管他想賴以接近上帝的，是一種高度知性的方式。這個方法並沒有開花結果。至於小說中的女主角黑黛比，則因爲一生充滿坎坷，以致根本沒有任何信仰的熱忱。他們兩個不管從哪方面來說都是一無所有的。黑黛比看到菲舍爾遜生病和無助，就開始爲他做飯和洗衣服，最後甚至向他求婚，而菲舍爾遜答應了，但動機與其說是愛，不如說是出於實際的考量。這樣的一個配對，無論從哪一方面來看都是難以思議的配對。不過，菲舍爾遜的健康卻在黑黛比的照顧下獲得了改善。有別於亞里士多德所認定的理想喜劇那樣，這篇小說並沒有把婚禮的場面放在結尾，而是放在結尾前一點點。參加婚禮的客人都覺得莞爾：兩個年紀一大把的孤獨老人竟然會結婚！當大家祝新郎 mazel tov（好運）[19]時，他卻回答說：「我可不預期會有什麼好運。」這話讓客人再一次笑了起來。而即使作爲讀者的我們，也不由得不笑了出來（雖然一面笑一面覺得對一對新人有歉意）。不過，驚奇接著就發生了。

新婚當晚，黑黛比穿著一襲黑色的絲睡袍出現在菲舍爾遜面前，頭髮蓬鬆地散落在兩肩上。菲舍爾遜只感到頭暈目眩。他很肯定，自己是一定履行不了丈夫的義務的。他躺在床上簌簌發抖，以至於他最珍貴的那本斯賓諾莎的《倫理學》從他手上掉落床下。就在這一剎那，奇蹟似的，他恢復了他失去的青春活力。他吻了黑黛比，跟她說了一些情話，又背誦了一些他年輕時代讀過卻遺忘已久的詩句。

黑黛比同樣受到了感動。在暈眩與快樂中，她用一些菲舍爾遜聽不太懂的華沙俚語來哭喊與喃喃一些什麼。他們躺在了一起，而接下來的事，雖然以撒・辛格沒有描寫，但我們不難想像。再下來，菲舍爾遜躡足下了床，走到窗前，看著華沙照耀在月色中千家萬戶的屋頂。他做了一個禱告：「神聖的史賓諾莎，原諒我。我變成一個蠢才了。」

也許會有人認爲，這只是一個遐想出來的故事。不過，就像亞伯拉罕與撒拉的故事一樣，你也可以把它當成一則寓言來讀。菲舍爾遜和黑黛比經歷了交融的奇蹟。嚴肅的高牆融解了。他們是奇怪的一對，是南轅北轍的兩個神的結合：一個是史賓諾莎的神，也就是菲舍爾遜朝夕夢想可以透過知性來親近的非人格神；另一個則是未受過教育、迷信、不可知論者的黑黛比的神，一個缺席（absent）的神。

正如喬伊叔叔幫我看見的，在《創世紀》裡，正是亞伯拉罕堅定不移的信仰，讓上帝的應許在歷經挫折以後終於可以實現，並造就了一個雙重的奇蹟：撒拉的懷孕與以撒的誕生。而把信仰與神聖的創造結合再一起的，是一種深度的幽默。而在以撒・辛格的小說裡，兩個不同類型的人物的幽默並置，則製造了另一個奇蹟：生命的重生。兩個故事都會讓我們笑，儘管只是無聲的笑。兩個故事都提到「放下」的重要性：在撒拉，要放下的是懷疑；在菲舍爾遜，要放下的是嚴肅。

幽默與靈性

跟喬伊叔叔在猶太成年禮宴會上同席而坐，也讓我思考到幽默、年老和猶太教傳統的關連性的問題。儘管十八和十九世紀那些哈西德派的聖賢並不是一生下來就是老頭子，但在我的想像裡，他們都是留著把白色大鬍子的人。哈西德派的其中一個特色，是喜歡透過極迂迴的方式去表達教誨。他們所代表的，可說是另一個類別的幽默：透過謎樣的、吊詭的和寓言性的故事去傳達智慧。就像齊克果式的幽默家一樣，哈西德派的聖賢也是試著要在有限與無限、人與聖之間架起橋樑。不過有別於高度個人主義的齊克果式幽默家的是，哈西德派是集體取向的，視個人的救贖與其尋道同伴們的救贖是分不開的。

我還記得一則據稱是聖人多夫・貝爾（Dov Baer of Mezhirech）所說的故事。故事的主角是一個叫賴比（Leib）的拉比，據說，這個拉比曾經沿著河流，行遍全世界，以救贖活人和死人的靈魂。有一次，他向徒衆解釋爲什麼早年他會去造訪一個著名的聖人。「我去馬吉德（Maggid）那裡，不是爲了聽他講解《托拉》的道理，而是爲了看他解開左腳的鞋帶和重新繫上的樣子。」

哈西德派聖人的教誨經常都是以這種迂迴的方式來呈現的，擺盪於神聖（《托拉》裡的字句）和世俗（鞋帶）之間。這些故事的目的，都是拓寬人心靈的空間，讓人可以接受模稜兩可和不一貫，讓人可以在一笑中掌握住一個重點。把世俗加以神聖化，乃是猶太教精神傳統所致力的目標之一。穿衣服和脫衣服成爲了一種生活方式的比喻，與《托拉》的結與解、隱與顯的精神互爲呼應。

最後的舞蹈

喬伊叔叔已經串完門子回來了，正和著樂隊演奏的另一支傳統猶太舞曲哼歌和用腳打拍子。過了一下，他轉身對我說：「小兄弟，我還有一點，說不定你會有興趣。」

「請說。」

「你知道斐洛（Philo）這個人嗎？」

我點點頭。斐洛是公元一世紀著名的猶太歷史學家。

「那你應該也知道他對幽默說過些什麼了？」我搖頭表示沒有聽過。

「看嘛，」他語帶告誡地說，「我不就說過，你應該多花點時間研究我們猶太教聖賢的東西的。」我點點頭。

「斐洛說過，如果你聽到有智慧從你的胃裡對你說話，就代表著你正在從自身學習。到了有一天，你會聽到的笑聲是如此強烈，它會把你的整個人——包括靈魂與肉體——轉化成一聲大笑。」喬伊叔叔看得出來我不明白他的意思，就說：「哲學家，你不是一直想知道，那可以讓老年人擺脫種種煩惱的幽默是什麼嗎？那既不是觀念，也不是事物，而是你怎樣生活。如果你一直都太嚴肅，你是永遠也琢磨不出來的。」說完，他站了起來，向我伸出一隻手。

「哲學家，你懂霍拉吧？」

「你是說跳霍拉舞⑳？」我帶著點吃驚回答說，猶豫了半晌以後說：「我有點累了。」

「累？那正好，」他笑著說，「跳這種舞可以讓你恢復精力。」他抓住我的手，把我從椅子上拉了起來，餐巾自我的大腿滑落地上。他把我拉到房子中央，而那裡已有一圈的霍拉舞者在頓足、小跳躍、轉身。他們手拉著手，隨著音樂聲吆喝和旋轉。舞步愈來愈快。我一隻手牽著喬伊叔叔，另一隻手牽著個黑髮在裸肩上飄逸的年輕女郎。每一雙牽著的手同時舉起，形成一個由一個個拱形連鎖而成的旋轉的圓。

第六章 茄子切片

哲學自古以來都高度推崇知性的沈思(古希臘哲學家稱之爲 *nous*),視之爲人類最崇高的成就。而哲學家試圖透過知性沈思去獲得的,並不是與上帝合一,而是普遍的眞理。不過,在哲學的傳統裡,另有一個與這種觀念時而互補、時而競爭的觀念,那就是亞里士多德在《倫理學》一書中所說的 *phronesis*,亦即「行動中的智慧」。這是一種應用性或「實踐性」的智慧。舉凡在商業、職業、友誼、家庭和公民事務的領域,我們都用得著這種實踐性智慧的指引。

亞里士多德認爲,理論性智慧和實踐性智慧之間的不同,具體表現在以下的事實:「年輕人可以成爲數學家或幾何家,並獲得有關這些領域的理論性智慧」,但他們仍然不會擁有實踐性的智慧,因爲後者是需要透過時間和具體的經驗累積而來的。因此,年輕人應該在實務上聽取老年人的忠告,因爲「經驗給了他們〔老年人〕一雙眼睛,讓他們可以正確地看到事情。」

「正確地看事情」可不是容易的事。時間固然是的必要條件,但只有時間,仍不能保證你可以從具體的事例中抽繹出洞見。深思熟慮（deliberateness）的能力是必須要透過時間來提煉的，沒有這種提煉，我們活得再老，也只是會一再重覆以前曾經犯過的錯誤或者死抱住某些適用於一時的原則不放，就像詩人威廉斯（William Carlos Williams）所說的：「成功的回憶會讓人停止再成功。」然則，我們要怎樣才能培養出深思熟慮的藝術，怎樣才能獲得一雙明辨的慧眼呢？

所謂生活得深思熟慮，其本質意義就是一個人能夠明智地主導自己的生活，對自己該做的事有一種迫切感。而在日常生活的領域，深思熟慮的能力顯然比思辨的能力更爲重要。深思熟慮是不是老年的一項必然屬性呢？我想，深思熟慮固然就像深度的幽默一樣，是成熟的一種象徵，但它並不是每個人在年老以後一定會獲得的。不過，老年確實可以爲某些人帶來幽默的素質，讓他們變得能接納生命中的吊詭，能到達與時間和好的境界。同樣的情形也適用於深思熟慮。這一點，可以從我一些老年朋友面對每個新的一天的態度裡獲得印證。

「對我來說，人生是一件珍貴的商品，我不願去揮霍它。」一個老年朋友這樣對我說過，「所以，我對我做什麼事和什麼時候去做它，都會極爲慎重。我想生活得有韻律，有平衡感。」

另一個老年朋友也這樣說：「我過去常常當各式各樣的志工。但現在，我對我的選擇要慎重得多。哪裡才是我可以得到最大發揮的地方呢？什麼樣的工作，才是我最能爲別人的生活帶來裨益的呢？這些，都是如今我在要作抉擇時非問自己不可的問題。」

這些話，在我看來，反映出他們已愈來愈能掌握自己生活的主導權。每當我看到一些老年朋友是那麼善於分配時間，就連使用一個鐵鍬、一根針或一把刮刀都表現出極大的流暢與效率時，我會視之爲一個人已臻於自我控制境界的表現。不過，後來我才慢慢明白到，深思熟慮這種素質，就像幽默一樣，並不是只有一個面向的，而它的某些面向，甚至是會對一些我一向不自知地執持的預設提出質疑的。第一次打開我的眼睛，讓我體會到這一點的，是一顆被切片的茄子。

燜什錦蔬菜

把孩子交代給一位保姆之後，我們就開車到西雅圖的市郊住宅區，赴亞瑟・法伯和他太太羅絲的午餐邀約。我們和法伯夫婦是大約十年前在丹麥認識的，當時，我是丹麥一家採取革新教育方法的國際學校的老師兼行政人員。而法伯夫婦的丹麥之行，則是他們考察全世界反文化團體行程的其中一站。那是亞瑟的教授休假❶的研究計畫。「我想瞭解人們怎樣把他們對快樂和解放的願景，落實爲社會制度。」亞瑟這樣告訴我他的研究目的。

亞瑟快六十歲，個子高瘦，戴一副眼鏡，聲音明亮，語調輕盈。他任教於華盛頓大學的社工系，是個相當受愛戴的教授。她太太羅絲為人開朗直爽，身材雖然細小，但當她擁抱著你的時候，你就會感受得到她有多強壯。羅絲是個很受敬重的社會工作者，專長於幫助有困難的家庭或老人。夫妻倆都熱衷於參與促進社會正義的運動和社區改善的計畫。在他們那棟漂亮的房子裡，擺滿了丹麥的摩登傢具、抽象畫和木頭雕刻（亞瑟自己雕的），洋溢著室內盆栽的味道和花園裡的花香。

我們在被陽光充滿的廚房裡和亞瑟夫婦閒話家常。亞瑟拿著刀，站在砧板前面切蔬菜：有深紫色的茄子、鮮黃色的南瓜、長而綠的夏南瓜和亮澤的番茄。他的刀法精準俐落得讓我驚異，彷彿每一刀都是經過精確計算，以恰恰好的角度讓一片片蔬果剖開，迎向陽光。午餐將會是燜什錦蔬菜❷。這道菜，對素食主義的法伯夫婦來說是家常便飯，但對我和太太，卻是未曾一嚐的奇怪菜式。

站在廚房裡啜飲葡萄酒和聊天時，我在心裡暗自評估我和亞瑟之間的差異。法伯夫婦所過的，是一種在各方面都取得平衡的生活。他們的生活，就像一支出色的舞一樣，沒有多餘的動作、目的感清晰、線條優美。在他們的生活裡，美與和諧是無間地結合在一起的。

反觀我自己的生活，卻是雜亂無章、缺乏平衡感和鹵莽率性的。我們今天做了一個決定，明天就會反悔。我們的生活是被小孩和經濟壓力推著向前走的，而最近，我的收入狀況更是有走下坡的趨勢。我的事業展望本來就不是坦途而是一片密林，而現在，它簡直變成了一片大森林。除了在老人活動中心當義務老師以外，我還有一堆雜七雜八的兼職：星期二晚上在社區大學裡教一門叫「幫助事業發展的哲學」的課程，星期三則乘坐一艘遊艇在皮尤吉特灣(Puget Sound) 裡乘風破浪。這遊艇，在一九二〇年代它最風光的歲月，曾經是一戶有錢人家的玩具，而現在則屬於政府所有。它可以把我載到麥克尼爾島聯邦監獄——裡面住的是我的學生。

我同輩的朋友都爲我的經濟狀況擔憂，但年老一輩的朋友卻看得很長遠，鼓勵我說：「不必擔心，你還年輕，還有一輩子的時間可以改善生活。」一輩子？我可等不了那麼久。我急切想知道，我要怎樣才能掌控好自己的人生和提供給家人更好的生活，而又用不著放棄自己認爲有價值的工作。這個問題的急迫性讓我自然而然放眼四顧，想找出一些可以在這方面引爲學習對象的人，而法伯夫婦看來正好就是這樣的人，因爲他們生活所展現出的靜謐、深思和意向感，都是我的生活所闕如的。切菜時，亞瑟手部和手腕的動作優雅得就像在拉小提琴，讓人感覺，莫札特那些清澈、旋律優美的音符，與其說是來自起居室裡的音響，不如說是來自那些迎著刀刃而一片片分開的茄子、夏南瓜和番茄。亞瑟是怎樣修煉出這種禪似的自持境界的呢？

我跟他們談到了我的兼職、我最近獲得的一筆研究計畫補助金和我未來的不確定性。我很想蜷曲在沙發上，讓這兩個社會工作者對我施行治療的魔術。但我不但沒有這樣做，反而佯裝自己對未來充滿信心。

羅絲聽了，就說我的話讓她想到亞瑟的父親。「對，」亞瑟說，「我爸爸就像你一樣，是個既務實而又有創造性的心靈。順著自己認爲對的道路往前走——這是義無反顧的。你要知道，那說不定就是你人生的召喚。當然，那是需要不少勇氣和決心的。」亞瑟的目光從長柄鍋轉向我，「你準備好接受這個挑戰了嗎？」

我很想回答說「沒有」，說我永遠都不會準備好。如果有人提供我一個專任的大學教職，我會很樂意跟學生在一起探索各種偉大的觀念和抽象的哲學問題，而不是像現在這樣，靠著提出一些研究計畫和兼一些課，賺取僅足餬口的收入。不過，專任的大學教職現在有如鳳毛麟角，我能夠有兼課的機會，已經算是幸運的了。一個創造性的心靈？我似有若無地點了點頭。與此同時，我聆聽著、觀察著，帶妒意地想琢磨出，爲什麼有些人能夠過得那麼深思熟慮。

選擇

在法伯夫婦家吃過燜什錦蔬菜的一年後，我收到一封訃聞，上面寫著：亞瑟．法伯教授因心臟病發逝世，追思禮拜定某月某日在華盛頓大學舉行。亞瑟是在以色列特拉維夫附近一家博物館病發的，當時羅絲就在他身邊。我早就知道一件不爲許多人所知道的事情：亞瑟多年前就檢查出患有心瓣膜方面的毛病，但他卻決定不接受手術，這部份是因爲，在當時，接受手術而能延長壽命的機率，並不比不接受多太多。換言之，接受手術和賭運氣沒有兩樣。顯然，亞瑟選擇了讓事情順其自然發展。

我並沒有出席追思禮拜。表面上，我不出席，是因爲有太多事情讓我分身不暇，但最終的原因，是我不願意去。我感到憤怒，爲亞瑟不願意對他的疾病採取任何抵禦措施而憤怒——儘管手術不見得可以增加他的生存機會，但我覺得仍然應該一試，而不是什麼都不做。他這個近乎大無畏的決定，讓我既失望，又覺得自己懦弱。雖然明知是非理性的，但我就是覺得，他的死是對我的一種虧欠。我需要他作爲我的人生楷模，所以不願意接受他死亡的事實。我以爲，只要迴避追思禮拜，我就可以假裝他還活著。不過稍後我才明白，我這樣做，是多麼的愚不可及。

在追思禮拜之後的幾個月，我不時都會思想起亞瑟的生活方式和他不接受手術的決定。我發現，就因爲我沒有出席追思禮拜跟他說再見和接受他已逝的事實，我們的關係變得不完整了。我還有那麼多需要從他身上學習的東西，但卻再也沒有機會跟他談話和看到他那優雅的動作舉止了。

猶太教並不鼓勵信徒對死後生命的問題多所揣測，因爲那不是我們可以知道的，因此，倒不如把關心放在此時此地，並努力把已逝者那些最優秀的品質在你身上給活出來，以作爲你對他的尊榮。一方面是想貫徹猶太教的這個傳統，一方面是出於思念，我覺得自己有義務坐下來，和亞瑟舉行一場靜靜的談話。

我翻開相本，找出那張亞瑟和羅絲拍於丹麥的照片。我端詳他細小方正的五官、銀邊眼鏡、彎成一個古怪笑容的薄唇、淡色的眉毛、溫和的凝視和日漸稀疏的頭髮。那是星期六的下午，卡洛琳在公共圖書館裡値班，小孩正在午睡。我坐在廚房一張靠牆角的桌子旁邊，桌面上放著一些書本、紙張、單據和一輛玩具車。我伏到桌子上，閉起眼睛，任由我對亞瑟的回憶淹過我。

自我擁有與禮物

沒多久，我就看到了亞瑟，他穿著短袖的格子襯衫和深藍色西褲，坐在我對面的一張墨綠色的皮沙發裡。看得出來，我們身在之處是個客廳，從幾扇落地窗，看得見外面有一個小平台和一個小花園。我還聽得見鳥兒的嘰啾聲和聞到一種很纖細的花香味。是薰衣草的味道嗎？顯然，我已經離形去體，去到了另一個空間。

「這裡到底是哪裡？你今天怎麼沒有戴眼鏡？」這是句奇怪的問話，但我卻對四周既陌生又熟悉的環境感到不自在。我本來預期，會應我的召喚而來的，只是一張臉孔或一個聲音，而沒想到居然會是一個客廳，一棟房子。

「我再也用不著眼鏡了，而我也很高興你注意到這一點。這表示你有用心觀察。至於這個客廳，你就把它當成是一個被擺滿了記憶的空間好了。事實上，我想你會慢慢認出這裡各種傢具陳設的出處的。我很樂意帶你到處參觀，跟你介紹這裡的每一件傢具。但我不認爲這是你把我召喚來的目的。」他側著頭，向我露出一個他常見的古怪笑容。

「對，不是，」我回答說，「但我只是覺得四周的環境有一點古怪。你知道，我並不常這樣拜訪……」我環顧四周一眼，「這是誰的房子嗎？是你的嗎？」

「我的？」他說，露出莞爾的表情，「對，某個意義上可以這樣說。但如果它是屬於我的話，它同樣是屬於你的。不管怎樣，你放輕鬆就是，這裡沒有什麼是你好害怕的。」但他的安撫卻似乎只帶來反效果。「朗恩，」他繼續說，「雖然你自己沒有意識到，但事實上你常常都會造訪這一類的地方。不要讓這房子分了你的心。你找我來，不是有問題想問我嗎？不是有事情想跟我談談嗎？」他雙手抱胸，挨在沙發上，直直地望著我。

「亞瑟，」我聽到自己這樣問，「遇到困難時，你是怎樣判斷，什麼時候應該努力去加以克服，什麼時候應該放手？」

這不是原先我計畫展開談話的方式，但亞瑟卻似乎知道我心裡的想法，微笑著說：「我相信，我們都是被賜予一個人生、一個自我和一個身體的；我們身上既有有限的一面，也有無限的一面，它們是彼此交織在一起的。隨著逐漸長大，我們學會怎樣去保護自己、尋求快樂和服務別人。我們會發展出自我認同，形塑出自己的生活風格，愛誰和愛什麼，恨誰和恨什麼。年輕時代，我們最看重的是屬於我們的東西。到了中年，我們最看重的會變成是我們所歸屬的東西——像我們的家人之類的。但如果我們活得夠長，就會發現，最值得看重的既不是屬於我們的東西，也不是我們所歸屬的東西，而是純然的存在經驗本身，因為事實上，沒有什麼東西是可以為我們所擁有的。我們都是一些禮物的照管者，而這些禮物儘管是不完美的或是會衰壞的——像我那個有問題的心臟和有瑕疵的人格——但我們還是有責任盡所能去榮耀它們。」

「當我第一次診斷出我有心臟的毛病時，醫生建議我平常要放輕鬆心情，避免心跳變得太快。我考慮了他的忠告，又尋求了其他專家的意見，並讀了我能找到的所有這方面的書籍，然後歸納出一些做法。我改變了生活的習慣：採取低脂飲食，減輕體重，打坐，增加我對社會福利事業的參與，並適量地運動。在那之前，我一直認爲，擁有一個強健的身體就像擁有一部好車。你可以開著它到處去，利用它來思考、讀書和做愛。不過也因此，我慢慢沈溺在它裡面，讓身體變成了我的擁有者。意識到這一點以後，我把著重點從我擁有的東西轉向我所歸屬的東西。而我發現，我的家人就像我的身體一樣，是我的擁有者，因爲他們都依賴於我在經濟和情感上的支撐：如果我不能看顧好自己，不能讓我成爲對自己人生負責的人的話，就是對他們有所虧欠。就是這個時候，我意識到，我的身體其實是我的家人、我的前後世代的一個延伸——就像一條分子的存有大連環（a great molecular chain of being）一樣，從永恆延伸到永恆。」

他的這個形容讓我彷彿看到一些身體、手腳，互相連鎖著，一直延伸到遙遠的過去。如果亞瑟是那麼在意有沒有盡到照顧好自己的責任的話，他爲什麼要放棄手術的機會呢？

「亞瑟，雖然你明知接受修補心瓣膜的手術，有可能延長你的生命好幾年，甚至更長，但你卻選擇不接受。這一點是我不能明白的。我一直以爲你是個深思熟慮的人。」

「朗恩，你是認爲，一個深思熟慮的人，一定不會錯過任何可以延長自己生命的機會？是這樣嗎？」

「對。」我回答說。這時，我突然意識到客廳附近有人在走動。

「朗恩，」亞瑟說，「我會盡我所能把這一點解釋給你聽的。」他停頓了一下，撫摸著下巴，似乎是在琢磨應該怎樣去表達。「我曾經非常仔細考慮過要不要接受手術這件事情。醫生告訴我，接受手術，並不見得比不接受能讓我活更久。當然，我知道現在這種手術已經進步多了，而我也很爲那些能因此受惠的人而高興。但不管怎麼說，我並不喜歡自己的胸脯被切開。而且我想，如果我所分配到的時間已經快要到盡頭，那我理應把心思專注在怎樣把剩下來的時間作最好的利用，而不是拼死拼活爲打敗死亡而戰。」

「你是說，你選擇了生命的質而不是生命的量？」

「我選擇了生命的質和選擇了我可以掌握的量，我以自己認爲最合適的方式所能掌握的量。也因此，我和羅絲抓住每一個可以去旅行的機會。我們去了印度、日本、中國，最後還去了以色列。我把我財產的明細整理得井井有條，讓羅絲知道得一清二楚，又丟棄了我所有沒有用的文件和物件，以省去羅絲日後的麻煩。我對我生命的這最後一段時光滿懷感激，因為那是我有生以來最美好的日子。我也很感激能跟羅絲一起分享它。」說完，他閉起了雙眼。

談話一路下來，我都在椅子裡侷促不安。我以前有在哪裡看到過這張椅子嗎？那是一張很不同於一般的椅子，它是爲安放在牆角而設計的，坐部呈正方形，其中一個角位於正前方，所以坐在它上面的時候，我翹起的兩條腿不是得斜向右邊就是斜向左邊。另外，它的椅墊是套著繡花椅套的，上面的花紋，看起來像是……像是……是攀緣的玫瑰嗎，還是葡萄藤？

「你還在爲傢具的問題而傷腦筋？」

「對不起，我想，是被你說中了。」

「我並不驚訝。畢竟，這個客廳裡的一切，都是由你所擺設的。對，就是你。你不是說過，『記憶就像一座王宮』嗎？那王宮的房間裡會擺有傢具，不是很自然的嗎？」他聳了聳肩，「你得接受這一點。」

「我那句話是引自奧古斯丁的。」我回答說，雖然我已經不記得，我什麼時候在他面前引過這句話的。

「奧古斯丁？我知道這位聖人。」

我點點頭。他說這話的語氣，就像他與奧古斯丁是熟人。他們有見過面嗎？「亞瑟，你說的話，有一部份我能夠接受。但你使用『擁有』和『虧欠』這些字眼時，我卻覺得欠妥。『禮物』這個字也讓我有同樣感覺。因爲如果有人送了我們一份禮物，我們並不欠他什麼。而如果我們欠他什麼，他給我們的就不能算是眞正的禮物。」

亞瑟舉起一隻手打斷我的話。「你是被語言所困住了，不是嗎？這一點，我可以理解。你聽我說話的方式，就像是你對這裡的傢具的感覺一樣：既熟悉，又陌生。」

我明白他的意思。

「你的問題在於你把我所說的每個字都當成比喻，但一個比喻又是會引動另一個比喻的。這樣，在你眼中，一切都變成了一種類似、一種連結。但類似不是要有實物爲基礎的嗎？沒有實物而只有類似的世界，是怎樣的一個世界呢？」他笑了起來，閉上眼睛，頭枕在沙發背上。

我也微笑，但事實上，我並不瞭解他的這個幽默的重點何在。

「請你不要介意，這段日子以來我變得喜歡開玩笑。」我重新坐直身體，雙手抱在胸前。

「我想，」我說，「從你所身在的制高點，我問的問題裡，想必有不少東西是讓你覺得荒謬的？」

「對，但並不代表是讓我不悅的。」

「那請你告訴我，我的問題裡面是不是有什麼矛盾之處是需要理清的？」

亞瑟似乎對我提及的「矛盾」兩個字感到高興。他眨了幾下眼睛，然後一揚眉毛，就像是示意我繼續說下去。

「是不是說，一方面相信生命是一件的禮物，另一方面又相信如果我們不好好活下去就是虧欠了別人，是一種自相矛盾的想法？現在，假設我們得了重病或嚴重的殘障，以致於不再想活下去了。我們有沒有權力奪去自己的生命？如果生命是禮物的話，我們顯然有權愛怎樣處置它就怎樣處置它，我們甚至有權在它變壞變舊的時候把它丟棄。但你卻說，我們並不擁有自己的生命，所以沒有支配它的全權。這是我不解的地方。因爲倘若我們應該過的是深思熟慮的生活，那我們不是應該作出我們認爲是對我們最好的選擇嗎？而那不正是你所做的嗎，也就是拒絕接受手術，向人生必有一死的事實屈服。」

「屈服？不對，應該說是和好才對。我並不是要奪走自己的生命。我只是用嚴肅的態度、用深情的態度去對待它罷了。我不想去縮短它，也不想去迴避依賴性。我選擇了我的有限性，接納了我的限制，順服於不可避免的人生事實。朗恩，你知道嗎，即使是深思熟慮也是有它的限度的。而如果你忽略了這個限度，麻煩就會跟著來。你會變得有權力欲，變得渴望完全的獨立，渴望成爲自己的主人。你會把深思熟慮等同於掌握自己的支配權，我是可以理解的。

在你看來，沒有什麼比徹底掌控自己生命更重要的事。你不想被你控制之外的力量拖著走。你渴望有更多的權力。但如果一個人不能瞭解依賴的眞義，他就會被權力所迷惑，變得與權力同一。」

「等一下，」我說，「別說太快。你說的『變得與權力同一』是什麼意思？」

「依賴可以分成爲很多種的形式，」他答非所問地說，「被媽媽抱在懷裡，也是依賴的一種形式。想想看你在她臂彎裡的重量，你嬰兒身軀的曲線，你佔據著的空間。這時，你不也是抱著你那雙手的力量來源，會帶給你媽媽的身體以溫暖嗎？但你卻不以此爲滿足，而想同時成爲被抱者和抱者。爲什麼？因爲你有憂慮：憂慮媽媽會突然走開，丟下你不顧。不信任會引發懷疑、引發不確定感。爲了補償，你找出各種保護自己的方法：食物、尼古丁、酒精、財富、地位。但它們都只能塡補你的空虛於一時。然後你又發現權力是個保護自己的好方法。於是你會透過鍛鍊身體，透過累積金錢，透過知識，甚至透過表現出仁慈和同情心，去建立你的權力。」

我似乎是不小心觸動了一個記憶按鈕，讓亞瑟的話一說就停不下來。我只感到腦袋一片混亂。我舉起手想打斷亞瑟的獨白，但他不理我。

「依賴或倚靠還有其他很多種形式。」他說，眼中放射出充滿熱忱的光芒，「想想各種表面與表面相觸的情況吧：唇貼著唇，胸貼著胸，船貼著水，眼瞼貼著眼球，路貼著你的腳底，大樹則有風環繞。一切都是依賴一切的。」他微笑著看著我，問道：「我可以繼續說下去嗎？」我搖了搖頭。他皺起眉說：「好吧，我不說就是。」可是，他繼而又以先知般的口吻說起話來：「我切切實實告訴你，記憶之人啊，正如你倚賴我作為你的內在之聲，可不要忘了，那臨到你的，來自一個不屬於你的本源。因此，不可忘了，禮物就是禮物。倘你忽視或否認那隻向你伸出來的手，記憶的紐帶就會斷裂開。你是可以把碎片重新嵌在一起，但再怎麼樣，它都已經不是完整的了。」然後，突然地，他的頭低垂了下來，下巴靠在胸脯上，一動也不動。

這時，我聽到背後響起一聲咳嗽，一陣微風拂過我的頸背。然後，一張臉從我視野的邊緣朦朦朧朧出現。

「是你讓他靜止不動的嗎？」

一雙小珠子般的眼睛出現在我眼前，離我的鼻尖不到幾英寸。「維吉爾，」我驚呼起來，「是你？真想不到！」

「那看來你期待會出現的是別人而不是我吶？」他說，一雙白眉揚得高高的。我這個老人活動中心的前學生，穿著就跟我回憶中的一模一樣：一件雙排釦的褐色老舊西裝和一件淡褐色的襯衫，而結在他領口上那條顏色像塔巴斯科辣醬汁❸的花哨領帶，就像他以前打過的領帶一樣，跟身上的其他衣著極不協調。但他爲麼會突然闖入我和亞瑟的會面呢？

「你怎麼會……」我問。

「我知道我知道，」他打斷我的話，「我不是你們猶太民族的一員，所以基本上是沒有資格參加這個降靈會的，對不對？你得先問過你拉比的意見，是不是這樣？只不過，不管我是不是塊猶太淨肉❹，都是你把我召喚來的。而看樣子，你也需要我的幫忙，因爲由於你的不專心，你這位朋友——」他指指沙發上像昏過去的亞瑟，「才會陷入一種假死狀態❺。」

「我不過是想暫停下來一下，好整理整理他說過的話罷了。」他說由於生命是禮物，所以我們沒有全權決定自己的生死，但另一方面，他又說，我們是擁有生活得深思熟慮的能力的。生活得深思熟慮——這正是他一直令我景仰的地方。」我有必要在維吉爾面前爲自己辯解嗎？

「你沒有必要解釋，孩子。剛才我從前廳那邊已經聽到你們的全部談話。誠如你知道的，我並不是一個喜歡責怪別人的人，所以，如果是論到你的記憶能力，你可是佼佼者，我絕無異議。」他一面說，一面坐到一張突然出現的椅子上。起初我看不清那是什麼椅子，直到他扳椅子下方一根把手，讓椅背向後傾斜，我才意識到那是一張活動靠背扶手椅。他正對著我半躺著，一張月亮似的圓臉只僅僅高出鞋底少許。

「我就在這裡，你愛把我怎樣都可以，」他說，「只要不把我當雜碎就行。」他月亮臉上的兩個藍色的火山口張得大大的。

把他怎樣都可以？雜碎？看來，他愛搞笑的個性並沒有改變。甚至應該說，他比從前更像他自己。

「對，我是覺得自己比以前更棒了。」他說，顯然是讀得出我的心思。他拿起領帶頭在臉前面晃動。「很優雅的領帶，對不對？」

「啊，當然。」我回答說，被回報以一個慈祥的微笑。

「維吉爾，」我開始了，「剛才我跟亞瑟討論何謂深思熟慮的問題。」

「我曉得，」他說，「你想知道怎樣才能過上理性的生活。而法伯教授則給了你一條同用線❻，讓你聽到了一大堆莫名其妙的話，像什麼自我控制啦、什麼中庸啦、什麼節制啦，什麼回到本源啦。聽起來很棒，*n'est-ce pas*〔不是嗎〕？」

維吉爾是什麼時候學會法文的？而他所說的「同用線」又是什麼東西？

「所謂的『同用線』，」我還沒開口，讀心人維吉爾就知道我想問什麼，「就是幾部電話同用的一條電話線，就像老式的電話那樣。你拿起電話，就可以聽到別人講電話，知道鍾斯先生在跟太太吵架，或小莎莉準備去探望外婆之類的。大部分都是八卦而不是福音。儘管如此，仍然可以很有娛樂性。法伯博士剛才就是讓你聽同用線裡的講話。你聽到了各式各樣的東西，聽到了一些稀奇古怪的聲音。」說到這裡，維吉爾搖了搖頭，「但我不認爲你能從中有多少收穫。」

「眞的嗎？」我說，「我還以爲他是要告訴我一些永恆的知識、一些宇宙的法則，好讓我知所遵循。你曉得嗎，當亞瑟在切茄子的時候……」

「我曉得我曉得，」維吉爾打斷我的話，「當法伯教授在切 *les aubergines*〔茄子〕的時候，有一隊天使在合唱。不，應該說是有無限多的禪師在鞠躬或一百萬個哈西德派的聖賢在桌上跳舞。投射，孩子，那都是你自己的投射罷了。你的心靈是間電影院，而你自己則是投影師。你想知道什麼叫深思熟慮？簡單，關掉你的投影機，來問 *moi*〔我〕就行。」他舉起大拇指指著自己的光頭說。

我不是很想請教他。他不是我心目中的聖哲典型。他給我的印象，更像是隻愛收藏東西的老鼠，因爲以前在他家裡，我看到的盡是一疊疊堆得高及天花板的舊報紙和舊雜誌。他一直都是個愛惡作劇的人，而現在則是一個穿西裝打領帶的弄臣。

「你想的沒錯，*mon frère*〔兄弟〕，我的深思熟慮是一種扭曲了的深思熟慮。」他說，「我從來不會丟棄任何看過的印刷品，而會把它們堆成整整齊齊、漂漂亮亮的一疊疊。我就是捨不得丟棄它們，任令自己的人生被井井有條的垃圾所掩埋。那是很久以前的事了。我說的很久，可眞的是很久很久，久得就像萬古，就像紀元，就像史詩，就像光年。啊，我離題了，請你見諒。我們可以正式開始談深思熟慮的問題了嗎？把它的細部一一拆解開來，我們自可以直達其核心。在我深思熟慮地分析這問題的時候，你可務必要全神傾聽。」

「Deliberateness〔深思熟慮〕這個字可以拆開爲四個部份，」他開始數手指，「首先是De，意指『關於』，其次是Libra，意指『星座』或『平衡』或『正義』，再來是Ate，意指『充實』，第四是Ness，意指『湖』，就像有水怪[7]出沒的那個湖。這四者加在一起，就是深思熟慮。*Voilà*〔看出來了沒有〕！」

「看出來了沒有？」我說，「我什麼都沒有看出來！」

「少來了。可別告訴我，像你這樣一個酷愛文字和探索文字幽微的人，會不明白我的意思。差只差你有沒有用心去想。」

他覺得他那種奇怪的拆字方法根本是不知所云。「不，我不懂。我的大腦一片空白。」我回答說。

「哦，你相信心靈是塊白板[8]這種老套？好吧，那是你的自由。但誠如那個來自暹邏的人[9]所說的：『我是個給予者』，所以，就讓我來解釋給你聽好了。深思熟慮所意味的是，你再也不害怕會挨餓，再也不害怕那頭潛伏在你心靈深處的怪物。這時，你的天平是平衡的，你的星群是閃閃發光的。這就是法伯教授要告訴你的。他已不再害怕死亡，因爲他是充實的；他已經去到過湖邊，看到過水怪；他亮得就像星星；他是自由的，他已經準備就緒。他不用再穿著那件『自我控制』的緊身夾克，不用再死抓住什麼靈魂的守護者不放。難道你還看不出來，法伯教授的藝術，就是無懼於死亡的藝術。對於家人和自己，他已經關心過；對於生命的搏動，他已經享受過。他放得下生死的，這就是原因。」

「但我還不是完全瞭解。『克服了死亡的恐懼』固然是一句漂亮話，但卻有點像口號，有點抽象。」

「你想我不要那麼抽象？可以。但你認爲你承受得了嗎？」他問，語氣中帶點不懷好意。

「我想應該可以。」我回答說，但其實沒有太大把握。

「好，那我來問問題，你來回答。」

「好。」

「當你第一次到法伯教授家去的時候，他讓你想到的另一個猶太人是誰？」

我想了片刻。亞瑟和我爸爸有一點點相似的地方。也許是他性情的溫和，讓我有時候會聯想起我爸爸的消極個性。

「對，就是你爸爸，完全正確！」維吉爾歡聲說。

「再下來一個問題：除了你自己那無舵似的人生以外，誰的人生最讓你覺得焦慮？」

再一次，我想起了我父親。他對帕金森氏症來襲的反應，就像頭待宰的羊。他是我們到法伯夫婦家作客的幾年前過世的。

「沒錯，是你爸爸。所以你看出來了沒有，在你的內心深處，你是把自己的命運跟你爸爸連鎖在一起的。你就像是一個無力的、被動的、逐漸消失中的幽靈。當你認識法伯教授之後，你把他當成你的反面，視之爲一個過著深思熟慮生活的楷模。不幸的是，他也消失了，在應許之地[10]的博物館升了天。這讓你的恐懼倍增。深思熟慮博士變成泡泡了。你發誓要成爲一個不像你父親的人。所以你就採取逃避的方式。現在你明白了嗎？」

我明白了。維吉爾的話在很多方面都是正確的。我之所以會對深思熟慮這樣著迷，是因爲害怕會成爲跟父親同樣的人，害怕自己的的消極稟性，害怕自己的漫無目的和害怕自己有朝一日死亡的必然性。我用反面的方式界定我自己，是因爲我以爲否定軟弱就等於堅強。當我和太太到法伯家作客時，我兒子才兩歲大，我父親過世兩年，而我事業和家庭的未來都處於不確定狀態。這些處境，讓我不得不面對何謂一個男人的議題。而我認定，一個男人是不容許害怕死亡的。

這時候，我突然認出了客廳裡傢具的出處。像那張綠色的皮沙發，就原來是我朋友傑利紐約家裡的傢具。他是個精神醫師，在自己家裡看診，任教於哥倫比亞大學的醫學院，寫過有關心理治療、毒品與健康的著作。不過，他卻得了克羅恩氏症，英年早逝。他是另一個從我生命中消失的人。這樣說來，這個房間的一切，原來是我用恐懼、死亡和消失所陳設起來的，我想在它裡面尋找有關深思熟慮的智慧。而它包含的信息，要遠多於我的預期。

「朋友，我說的話，是不是具體得太沉重了？」維吉爾竊笑著說。

「對。」我很想大哭一場，卻不願暴露自己的情緒。稍微恢復自持後，我問道：「維吉爾，我要怎樣才能夠從恐懼脫身？怎樣才能夠過上一種深思熟慮的生活？有什麼會擋在路上？」

「哦，你想知道道路的祕密？說起來再簡單也不過。你會願意請教一個 gnome（土地公）⓫嗎？」

維吉爾的樣子確實有點像一個慈祥的土地公。「你是個土地公嗎？」我問。

維吉爾笑了起來。「我是我所沒有擁有的。」

「那是什麼？」我問。

「寬恕。」

「你沒有獲得寬恕？誰的寬恕？我的嗎？」

「你的寬恕，他們的寬恕，所有屬於人的寬恕。」他摸摸下巴，頭斜側到一邊。「在亞里士多德的那裡，你會找到一個很崇高的詞語。它是打開每一扇門的鑰匙。這個字眼是『體諒』，也就是你所要尋覓的東西。」

「體諒？」

「不是體諒還是什麼？」

我是知道，亞里士多德建議我們應該聽取老年人的忠告，因爲老年人從漫長的人生裡累積了相當可觀的實踐智慧。但如果亞里士多德有碰到過像維吉爾這樣沒有說過一句正經話的老人家，他還會如是想嗎？

「你啊你，」維吉爾突然唱起歌來，那調子聽起來就像是韓德爾的〈彌賽亞〉，他一面唱，一面比出指揮樂隊的手勢。「你啊你，已經獲授一個眞理。你啊你，已經聽了一個故事。而啓—啓—啓悟將要落在你的肩—肩—肩—肩膀上。」

「你還是一個音樂天才？維吉爾，你是什麼時候變得這麼多才多藝的？」

「當然是在永恆裡獲得的。」他的藍眼睛再次張得大大的。他伸手抓住躺椅的把手。「下一次，如果你還有需要一個古魯⑫，記得告訴我。不過現在，我要消失了。」他一拉把手，人就消失了，而亞瑟和客廳也隨之消失，唯一剩下的，只有鳥兒的嘰啾聲和薰衣草的香氣。

體諒

瓦斯爐上的燒水壺在嗚嗚尖叫。難道剛才我跟亞瑟和維吉爾的談話，爲時只有幾分鐘嗎？我從桌面抬起頭，揉了揉眼睛。我拿起放在桌上的馬克杯，看著裡面小小片的茶葉。那是「格雷伯爵牌」花茶，散發著薰衣草的香氣。我站起來，拿起燒水壺，把沸水注入杯子裡。茶葉在熱水中慢慢舒張開，它們的顏色漸次在水裡擴散開來。

小孩沒多久之後就會醒來。我躡足走入客廳，把亞里士多德的《倫理學》從書架上抽了出來。我把書一頁頁翻開，上面很多段落都被我畫了底線，但就是不見跟維吉爾所說的信息有關的文字。難道這又是一次勞而無功的追尋嗎？不過，終於，我找到了「體諒」這個字，也就是希臘文的 gnome ——我的土地公維吉爾沒有騙我！我對它的上下文一點印象也沒有，看來當初我讀到這部份時，並不認爲有什麼重要的。書中，亞里士多德說把「體諒」解釋爲「是一種善於原諒別人的品質」，又把它的意義跟 syngnome 關連在一起（看來他跟維吉爾一樣喜歡自由聯想），而後者的意思是「從別人的立場作判斷」。然則，維吉爾所要暗示於我的，是我應該體諒亞瑟所做的決定，應該體諒我父親在疾病前面的消極態度嗎？難道我對他們兩個的評斷是不公平，是缺乏同情的瞭解的嗎？看來，只要我一天拒絕跟他們和好，拒絕承認我只是拿他們來充當我的軟弱的替身，我就一天不會變成深思熟慮的人。不過，原諒並不是一種可以瞬間完成、一蹴而就的事情。它是一個過程，一種方向，需要時間來體現。

我聽到小孩的起床聲了。我有我自己的人生使命，有我自己的拱門之旅要穿越。

第七章 自傳裡的哲學

在老人活動中心執教了幾年後，我受華盛頓州一家圖書館所聘，主持一個大型的自傳寫作計畫。這個計畫是要請一些本地的公民，透過自傳的方式，去回顧他們的生平與公共歷史的關係。有一個團隊的作家和歷史學家會幫助這些人回憶過去和把回憶轉化爲文字。參與這個計畫的一共有幾百人，年齡大部分都超過五十歲。我可以預期得到，這些老人家的故事，就像老人活動中心裡我那些學生的故事一樣，將會爲我們理解宏觀格局的歷史，提供有用的材料。但我是不是也應該預期，可以從他們個別的人生與人格裡，獲得一些普遍的眞理呢？

有關哲學與自傳的關係的爭論，可說是歷史悠久。基本上，哲學家所致力追尋的，都是德國哲學家康德所說的具有「必然性和普遍性」的眞理——也就是不受時空限制、放諸四海皆準的眞理。因此，某個哲學家在某一天碰到過什麼事，充其量只會讓傳記家感興趣，而不會讓追求永恆眞理的人感興趣。哲學家的活水源頭是可以構成邏輯命題的觀念，而不是具體的時空環境。

不過，正如大多數的哲學主張都會遇到相反意見一樣，有關哲學與自傳的關係的問題也不例外。這一點，只要看一看那個發源於四世紀的北非，並一直延續到今天的哲學傳記（philosophical autobiographies）傳統就可以明白。這個傳統的首創者是奧古斯丁。在他的自傳《懺悔錄》（*Confessions*）裡，奧古斯丁追憶了許多平凡不過的往事，諸如吃母奶、學說話、偷鄰居的梨子、對功成名就的生活感到失望等等，不過與此同時，他卻發現這些瑣事跟他當日的一些重大的宗教和哲學議題是有關聯的。在奧古斯丁歿後的一千四百年，法國人盧梭也寫了一本同樣名叫《懺悔錄》的自傳。書中，盧梭追溯了他那些大有影響力的觀念（有關教育的、有關自由的和有關現代國家的），是怎樣源自他兒時的不幸、他的施虐受虐狂傾向、他的放逐生活和他對貴族婦女未獲回應的熱烈追求。

這場永恆眞理與存在眞理（existential truths）的爭論，被一位當代美國哲學家卡維爾（Stanley Cavell）濃縮到他自己所寫的一本不同尋常的自傳裡。他以第一人稱的敍事方式，反駁了那種認爲自傳只能包含主觀性東西的主張。他指出，雖然每個人都是獨特的，但「每個人生都是全部人生的一個例示，都是全部人生的一個寓言」。他更進一步主張，哲學與自傳其實「彼此是對方的一個向度」，並引用愛默生的一段話，作爲註腳：「一個學者往他最私人、最隱密的內裡挖得愈深，他就會驚奇地發現，他所找到的，是最能被接受的、最公衆和最普遍的眞理。」

當我在自傳寫作計畫近尾聲時翻閱那幾千頁以第一人稱所寫的敍述時，自傳和哲學間關係的問題，很自然會浮上心頭。我們的工作小組同仁會給計畫參與者閱讀和討論一些短篇小說、詩、文章、已出版的日記和書信的片段，來幫助他們回憶經歷過的重大事件：經濟大蕭條，第二次世界大戰時的前線和大後方，從農村移居到工業城市再移居到市郊，民權運動和女權運動的興起。

很多計畫的參與者所寫出來的自傳，都是按照時間的先後順序敍述他們的人生，內容通常都會涵蓋他們出生時家裡的環境，雙親和兄弟姊妹的個性，成長環境，他們求學、結婚、生兒育女、工作和喪失親人（父母或子女）的經歷。很多時候，這些傳記的資料性雖然很豐富，但作者的態度卻是抽離的，沒有顯示出他們所提到的事情對他們的意義何在。但另一方面，卻又會有一些作者幾乎完全淹沒在波濤洶湧的情感海洋裡的。他們在字裡行間流露出的情感非常澎湃，問題是他們對很多細節都語焉不詳，讓人不明白作者爲什麼會有這樣的情感。儘管如此，在所有的自傳中，仍然是有一小部份是成功地把事實與情感連接起來的，讓讀者可以瞭解到，作者的人生是受到哪一些議題和理想的形塑；而作者尋找一個可以理解自己過去的架構的努力，也昭然可見。

我很好奇，爲什麼愛默生會認爲，個人生活的主觀線索，是怎樣可以通到「最公衆和最普遍的」眞理的。在自傳計畫完成時，我是對這個問題得出過若干結論，但我眞正明白哲學與自傳何以會「彼此是對方的一個向度」，卻是要再過十年之後。當時，我已經搬到北卡羅萊納州的阿什維爾，在一家大學裡主持一個老人教育計畫。而讓我重新思索自傳的哲學向度的機緣，則是我和大女兒艾絲特的一席談。她當時是個高三學生，馬上就要上大學。她向我抱怨，她申請的大學要求她寫一份簡短的自傳。

螢火蟲

艾絲特大步走到前門廊來，紗門在她身後砰一聲闔上。我正坐在木頭搖椅上，觀察螢火蟲閃爍牠們求愛的螢光訊號。一個科學家朋友告訴過我，螢火蟲每隔八秒鐘就會閃光一次，告訴異性：「嘜，我在這裡。」

「眞是荒謬！」艾絲特說，一屁股坐在我旁邊的另一張搖椅上。她穿著一條截短了的牛仔褲，一件印有歌星加西亞頭像的白色T恤和一雙拖鞋。如果順利，她秋天就要上大學了。她前些時已經把「志向說明書」寫好寄出，但最近她申請的大學又寄來了一張額外的申請書，要她再補充一些個人資料，還要求她寫一篇短篇的自傳。

「我搞不懂，我已經寄給他們『志向說明書』了，他們還想知道我些什麼呢？」她轉過臉看我，顏色被太陽曬淡了的瀏海在眼前晃了一晃。「爹地，你不得不承認，這整件事情根本就是一個大笑話。」

先前塡寫「志向說明書」的時候，她就曾求過我教她怎樣寫。但我既然一向都是個好老師，自然是拒絕了，反而問了她幾個我認爲會對她有幫助的問題。但她還是糾纏不休，最後我惱了，就說：「妳實話實說不就得了。告訴他們，妳想當律師，是因爲想出人頭地。」至於「志向說明書」中問到她有過什麼創意和冒險的地方，我則建議她寫她以前從二樓爬窗而出，沿著水管爬到地面，跑去跟男朋友卡爾頓跳了一整晚舞的事情。

她聽了以後一臉陰沈，但過了片刻又露出了笑容。她可不是要接受我的建議。她說她打算寫寫公民自由的重要性，寫她參加反種族隔離的抗議示威（她參加這個，基本上是把它當成跟朋友的交誼活動），寫她參觀華盛頓的最高法院時有多感動（但我唯一記得的，只是她在高等法院附近一家攤販前面死求活求，要我買一件T恤給她，而我沒買這件事）。

「他們想要我告訴他們我的人生故事，」艾絲特嘀咕著說，「但我又能說些什麼呢？我不過才十八歲，哪來什麼人生故事。我一直都只是在過生活罷了。爹地，你可以給我出一些點子嗎？你在我寫『志向說明書』時出的點子不就很棒嗎？拜託拜託嘛。」

艾絲特求起人來一向很有一套。「寶貝，」我回答說，「你應該學習怎樣去寫自己的故事。妳做過很多有趣的事情，有一個很好的腦袋，有一籮筐的回憶，對文字又有兩把刷子。這些寫自傳的基本元素，妳一樣都不缺。我想，大學裡的人會要求妳寫一篇自傳，是希望藉這個機會讓妳去反省妳的人生目標，好讓你在上大學以後，會得到最大的收穫。要知道，妳的人生故事就如同妳的人生哲學。」

「爹地！」她尖聲說道，「求你饒饒我吧，我不過是個小孩子，哪來哲學什麼的。你唸的才是哲學。再說，你不是說過，大部分人都是沒有哲學的，有的只是意見嗎？」接著，她壓低聲音，模仿我的口吻說：「『只有那些能夠透過理性思考爲他們的意見找到基礎的人，才是擁有哲學的，至於其他的人，則都是完全身陷無知而不自知的。』引用完畢。」她笑了出來。

「我說話眞是這個調調嗎？」我問。艾絲特很肯定地點了一點頭，然後雙手抱胸，翹起下巴，看著前院裡的山茱萸。

「艾絲特，妳知道嗎，聽到妳說妳還是個小孩子的時候，我感到很意外，因爲妳不是常常強調，妳是個——」我把聲音裝得尖細，「『完全成熟、完全有獨立思考能力的女性成年人。』引用完畢。」我也雙手抱胸，望著山茱萸，「我不明白，怎麼只是因爲區區幾頁自傳，就會讓妳從完全成熟、完全有獨立思考能力的女性成年人，變回一個小孩子。」

艾絲特瞇著眼睛，用眼角瞅我，沒有說話。「另外，我也不認為妳沒有自己的人生故事，不認為妳看待自己經歷的方式，不是受各式各樣的哲學影響的。」我舉起五根手指，一根根地數，「首先，妳會認為某些行為是對的，某些行為是錯的，這就代表妳有一套倫理學。第二，妳在音樂與藝術方面有明顯的偏愛，這就是妳的美學。第三，妳知道怎樣去判別真人和假人，一部小說或電影是不是顯然不可信，還知道愛情與情慾的分別，這就表示妳有一套認知的判準，表示妳有一套知識論。所以看到沒，」我對她舉著三根手指，「妳對哲學一點都不陌生，哲學家艾絲特．曼海姆小姐。」

艾絲特把眼睛瞇成一條細縫。「唉，老天爺，饒了我吧，」她咕噥著說，「也許我應該寫寫，有個哲學家老爸讓我受了多少罪。」

她這一招已經不新鮮了。每次她想買衣服或去哪裡渡假而被我以家裡沒有這個預算拒絕時，她就會怪我為什麼選擇哲學這個賺不了錢的行當。這可是個很有殺傷力的論證。她會用父母責難子女的口氣對我說：「你當初怎會唸那麼不切實際的科系？」

突然間，艾絲特的眼睛亮了起來。「對了，」她歡呼著說，「你不是主持過一個自傳寫作計畫嗎？那些故事都是很哲學性的還是只是一堆意見的大雜燴？告訴我一點內容嘛，說不定我可得到靈感。」

她是認眞的嗎，還只是她的一個新策略？「好吧，」我慢慢說，但並不確定應該告訴她些什麼，「我想我可以把其中幾個故事拿來談談。這些故事幫助我看清楚哲學在日常生活中的位置。我先進去把它們找出來，幫助我記憶。妳看怎麼樣？」

「好啊，」她說，「但只希望它們不會太長或太無聊。」

我走到屋裡，掃視客廳裡一個書架上一整排書背窄長、已經有點褪色發白的小冊子。它們都是當初我主持的自傳寫作計畫的成果。我把我最欣賞的其中幾本抽了出來。

以前，聽著它們的作者閱讀這些手稿的內容，我會覺得自己是看到一群觀念在跳舞。有時，在跳舞的會是一個充滿夢想的女柏拉圖主義者，她就像是手裡捧著一個水晶球似的，要仔細搜尋出童年經驗裡隱藏著的深祕意義。但有時，在跳舞的也會是個像休姆❶一樣毫無妥協餘地的經驗主義者，你會看到他彷彿彎著腰，忙著收集事實，把它們分成一堆一堆，再找出它們之間的關聯性。即使是他們在講述他們故事時的一個手勢，也可以顯示出他們對世界的態度，彷彿一個人的身體語言，是會跟他的形而上觀點相呼應的。有些舞者回憶到的即使只是一些表面的光影（像一片波光瀲灩的湖水或鏡子裡的一張臉），也會渾然忘我；但另一些卻會舉起他們回憶的每一件事情，反覆端詳，務求要找出它隱藏著的一面。

我在搖椅上坐下，把那疊小書放在大腿上，然後拿起其中一本，給艾絲特看它的封面。封面上有一張照片，照的是一對穿著結婚禮服的年輕黑人男女。

「好漂亮，」艾絲特說，「她是誰？」

「蓮娜，查理・希爾的筆友。查理・希爾在韓國服役時，他們一直通信不輟。等他回國以後，他們就結婚了。」

「書名是《渴求接納》，聽起來不像是個愛情故事。」

「是不像，但確實是個愛情故事。」

渴求接納

我告訴艾絲特，這本叫《渴求接納》的自傳，是一個叫查理・希爾的退役陸軍中士寫的。希爾的自傳是以回憶他父親的死開始的——他父親因爲呼吸系統方面的疾病，死於密西西比州勞雷爾（Laurel）一家實施種族隔離的醫院的地下室病房。「我爹地死了，」希爾這樣寫道，「一輩子都沒有機會喝過只准白人使用的飲水機。」終其一生，不管白人說什麼，他父親都只能回答「Yes, Sir.（是的，先生。）」，「從沒有機會選擇回答『是』或『不』」。

希爾父親的死，標誌著希爾一家走向赤貧的開始。他在自傳裡記述了他對種族暴力的恐懼和被同儕排擠的挫折感。他愈來愈渴望可以逃離孤獨和孤立的狀態，而這種渴望，最後導致了他選擇從軍，前往韓戰的戰場。有關他內在與外在掙扎的描述，有關他少年階段和青年階段屢屢觸法的描述，充滿希爾自傳的書頁。除了貧窮、失怙和叛逆以外，他還必須忍受私刑、警察的騷擾，以至來自白人和黑人的人身攻擊。

十五歲那一年，他離開勞雷爾，前往伊利諾州，在一家貨倉裡找到一份工作。十七歲，他投身軍旅，開赴韓戰的戰場。在韓國，他開始跟一個素未謀面的筆友展開了十四個月的通信。對方是個年輕女性，家住密西西比州的圖姆蘇巴（Toomsuba）。解甲回國後，他唯一的所有就是軍方發給他的「一條麵包和一張巴士票」。他徒步走了二十英里的路前往圖姆蘇巴，去找他的筆友蓮娜。見面後沒多久，希爾就向蓮娜求婚，而幾星期後，他們就結婚了。

用文學上的術語來說，希爾的自傳屬於「懺悔錄式」的文類——一種由聖奧古斯丁所首開風氣的文類。希爾覺得需要「懺悔」的是他少年和青年時代的誤入歧途和種種缺點。他對事件和情境的敍述，是在一個宗教探尋之旅的架構內進行的。這個探尋，是一種對愛的探尋，企圖透過愛讓他受苦和混亂的一生獲得救贖。自傳中，他一方面記述了他與蓮娜的相遇和兩人超過三十年的婚姻，另一方面也記述了他對上帝的追尋、他爲自我接納所作的掙扎，還有他對無條件的愛的激烈嚮往。

雖然希爾不是神學家，但他對自己與蓮娜首次見面時的感受的刻劃，卻流露出一種深具神學意味的時間觀：時間並不只是一條由一個個瞬間前後相連而成的連續線，而且也是一個過去、現在與未來的心理統一體。「當我的今天伸向明天的同時，我的明天也會塡滿我的昨天。」希爾這樣寫道。在人類命運的大圓圈裡，一個我們所不能知的未來會向我們發出召喚。如果我們聽從召喚，那在到達終點時，我們的過去就會獲得新的光照，使痛苦和不毛的回憶，被轉化爲歡欣和肥美。本來看似雜亂和破碎的人生，會在一瞬間變成一個光明的整體。這是因爲，這時我們的過去已被注入了新的意義。希爾自傳最後一章的標題是「最終接納了」，而讀到它的時候，你會意識到，希爾在寫這本自傳的一開始，心裡早就在想著這個終章。他的全部敍述，都可以說是朝著這個救贖的時刻而展開的。

希爾的敍述環繞著「種族歧視與社會正義」、「罪與寬恕」、「孤立與友誼」、「愛與憤怒」這些成對的主題而展開。但他並不是以抽象的方式來處理這些主題，而是把它們具現在他與他人的互動關係中。這些「他人」，包括了他的父母、手足，兒時的朋友與敵人，軍中的上級與下屬，還有他一生的最愛——蓮娜。有時，他也會把這些主題透過一些公共事件（如民權運動中的靜坐抗議和遊行活動）來呈現。

而爲所有這些主題提供一個大架構的，則是「分與合」這個更廣大的主題。「分」的主題體現在希爾的喪父、自我疏離、離家和遠赴異域作戰；「合」的主題則體現在希爾的回國、徒步去找蓮娜、結婚、成為人父和最後的自我接納上。

《渴求接納》這個書名包含著幾重意義：指在愛中被另一個人（蓮娜）所接納，指希爾最後對自己和過去的接納，指社會正義對種族主義的勝利，指希爾感受到來自上帝的接納和寬恕。希爾的故事讓讀者看到他的人生是怎樣從孤單與無助轉化為獲得歸屬與關懷，是怎樣從空洞的、沒有未來的時間中被釋放，進入到作為救贖過程的時間之中。

「看到了嗎？」我對艾絲特說，我們家的貓咪不知道什麼時候已被她抱到了大腿上。「查理・希爾要說的眞的是個愛情故事。」

「好故事，」她說，「而且有個快樂的結尾。他有關時間的觀點也很有見地。我對卡爾頓也有過這樣的感覺。有時候，跟他在一起的時候，我覺得時間就像是停頓了下來。」

我想我明白她的意思。有些情感經驗是那麼的強烈，以致於身在其中的時候，你會覺得沒有所謂的從前，也沒有所謂的以後，有的只是當下。我想告訴艾絲特，她和希爾的體驗其實是不一樣的，因為希爾的時間並沒有停頓下來，而是結出了果實，獲得了完成。但我沒有把話說出口。

「爹地，」艾絲特問，「查理・希爾的自傳是不是模仿那個寫過懺悔錄的北非主教？」

「我不認爲查理・希爾有讀過聖奧古斯丁的書。不過，奧古斯丁書寫自傳的方式，卻引起過數以千計的宗教求道者的效尤，蔚爲一個傳統。《懺悔錄》的獨特處在於它包含著很多生活的細節，從極塵俗的到極超凡入聖的一應俱全。這也是爲什麼希爾的自傳會讓我聯想起奧古斯丁：兩本自傳都有相當多生活細節的描述。」

「你告訴過我，奧古斯丁是住在北非的。他就像希爾那樣，也是黑皮膚的嗎？」

「奧古斯丁土生土長於非洲，從種族上來說應該跟今日的柏柏人（Berbers）有關連。但他是不是黑皮膚，我就不知道了。」

「他的《懺悔錄》裡有愛情故事嗎？」

我猶豫了一下。「這個問題有點複雜。」

「沒關係，」她說，「我還要等一通電話才會動筆寫自傳，所以還有時間，你儘管說吧。」

奧古斯丁的戀愛

我告訴艾絲特，奧古斯丁生長於北非（當時是羅馬帝國的屬土）的一個小鎮，母親是基督徒，父親是異教徒。奧古斯丁自小就聰穎過人，而他父母爲了把他培養成材，湊了一筆錢，送他到迦太基進修古典文學。迦太基是一個港口城市，在當時是個大都會。奧古斯丁並沒有辜負父母的期望，因爲他最後學有所成，成爲了一個地位顯赫的修辭學教師。後來，他又在米蘭獲得一個要職，並似乎擁有了一切：金錢、地位、一個漂亮的情婦、一個漂亮的兒子，還有一棟大別墅（他媽媽和他兒時一些朋友常會到別墅來住）。他過著的，可說是古典人文學者所能嚮往的最好生活。

但儘管在現實上功成名就，奧古斯丁卻在《懺悔錄》裡表示，他感覺自己是「一個被割傷和流血的靈魂」。雖然他可以幫助他人獲得力量，但他卻感覺自己空虛和無力。他渴望一些什麼能塡滿他的空虛。他嚮往一種沈思性的內在平靜，一種就像柏拉圖和亞里士多德所描述的，人在沈思宇宙的目的時會獲得的平靜。他希望可以體驗到對超越時間性的眞理的觀照，可以透過直觀打開宇宙的祕密，並揭露出，時間——不管是表現在植物生長還是天體運行上的時間——並不只是變遷（change）的推論和物理事物會經過的距離，而是「永恆動的意象」（the moving image of eternity）。❷不過，奧古斯丁這裡卻碰到了一個哲學的吊詭：要透過什麼方法，一個住在會變化的身體裡的有限心靈，才能經驗到不變和不朽的眞理呢？

奧古斯丁知道古代的大師對這個問題的回答：學習和精通數學、音樂、幾何學、天文學、文法學、修辭學和邏輯；埋首於知性的沈思，壓抑感官的慾望；遵守中庸之道。但奧古斯丁卻無法捨得下他的情婦、美酒美食，還有都市生活的種種舒適便利。他考慮了一下一條由柏拉圖所首倡、後經新柏拉圖主義者所復興的道路。他聽到他們這樣建議說：「往你的記憶裡看去吧，在這個包含著事實、概念、意象和文字的宏偉宮殿裡，所有時間都是並存的，所以，你的記憶可以提供一面無時間性（timelessness）的鏡子。所有你經驗過的過去，以至你預期過的未來，全都被儲存了在裡面。你可以在這座記憶的宮殿裡漫步，追溯觀念至它們最早的起源。你甚至可以回憶起你兒時以前的事，回憶起你出生以前的事。諸如正義、公平這些觀念以至數學的公理，全都可以在那裡面找到，它們早在你出生時，就已被放置在你的記憶裡面❸。」

但奧古斯丁卻發現他無法像柏拉圖那樣，滿足於沈思那個冷冰冰的、非人格的宇宙秩序的美。他一度也考慮過她母親的基督教信仰，這除了因爲她是他世上最愛的人，也是因爲她的虔敬和寧靜在在讓奧古斯丁動容。但奧古斯丁卻感到自己無法做出必要的犧牲。儘管如此，他仍然希望可以接近那個創造的本源。他檢視了所有擋在他尋求之路上的障礙：他對財物、美食和性的執戀，他對優越感的著迷，還有對財富和社會地位的愛戀。他想，這些都是會讓他被固著在有限的時間裡的原因。但奧古斯丁之所以始終無法構想一個有大愛的上帝，事實上還有一個原因，那就是他一直把上帝視爲某種物理性的東西，以爲上帝會展現在看得見的時空秩序裡。基於這個前提，他猜測，他要不是可以在那讓天體保持運行的宇宙力量那裡找到上帝，就是可以在連結觀念世界的那張看不見的網那裡找到，再不然就是可以在記憶宮殿裡那無時間性和完美的理型那裡找到。總之，他認定，上帝一定是在「某個地方」。

在《懺悔錄》一個幾乎會引人發笑的段落裡，奧古斯丁用像自然主義哲學家的口吻，假裝一一問植物、動物和人這個問題：「你們是上帝嗎？」但他得到的回答卻一律都是：「不，我不是上帝。」他問了又問，得到的都是同樣的回答。到最後，他問他們說：「那到底誰是上帝呢？」他們回答說：「我們的創造者。」聽了這個回答，奧古斯丁就思忖：如果這個上帝是萬物的創造者，那祂自然也是我的創造者。接著，他忽然頓悟到，他之所以具有發問、尋覓時間和永恆的奧祕的能力，其實就是這位創造主的恩賜。霎時間，他明白了，他本身就是創造神蹟的一種顯現，是永恆的一片碎片。讓他可以窺見『善』的內在之眼，其實就是上帝的眼睛。換言之，他一直尋尋覓覓的上帝，就內在於他裡面，等著他去發現。他相信，這就是使徒們試圖要傳達的信息，而他之所以一直對此茫然無知，乃是被功名利祿分了心的緣故。他知道，除非自己願意改變生活，否則是不會找得到上帝的。不過這時候的他，已經準備好了。

遠處隱隱的雷聲打斷了我對奧古斯丁的靈性之旅的敍述。「看來有暴風雨要來了。」我對艾絲特說。

她一面撫摸貓咪一面凝視遠方。她有在聽我說的嗎？不過，她隨即就把臉轉向我，問道：

「奧古斯丁是個對媽媽唯命是從的人嗎？因爲聽起來他媽媽像是個會把兒子推向一種他不想走的方向的人。卡爾頓的媽媽就是這個樣子。他想當個球賽旁述員，可他媽媽一直要他當工程師。」

「奧古斯丁的媽媽對他確實有很大的影響力。」

「另外，」艾絲特繼續說，「查理・希爾和奧古斯丁之間有什麼關聯呢？沒有錯，我知道他們都是宗教性格很強的人，而且各有過一段信仰上的掙扎。可是，希爾最後找到的是蓮娜，但奧古斯丁找到的卻是……」

「我知道妳想說什麼。妳是想說奧古斯丁找到的是他媽媽，對嗎？」

艾絲特笑了。「爹地，我不知道他找到了誰。但聽起來他像是愛上了自己，雖然他稱之爲上帝。對啦，他和他的情婦後來怎樣了？他有娶她嗎？」

「對，我說過，他是有一個情婦。在那個時代，年輕人有情婦是很稀鬆平常的。不過奧古斯丁到了二十多歲的時候，又跟一個富貴人家的千金小姐訂了婚。由於對方還沒有到達適婚年齡，所以奧古斯丁還得先等兩年。這期間，他被迫拋棄他的情婦，因爲在當時，一個訂了婚的人還跟情婦住在一起是不得體的。」

「就這樣？把人家利用到自己找到有錢老婆就一腳踢開，這像話嗎？」艾絲特義憤塡膺地說。

「奧古斯丁在《懺悔錄》裡聲稱，她是被別人從他身邊拉走的。而失去她以後，他感覺自己就像是心裡被捅出一個傷口。」

「哼，他當然這樣說，」艾絲特說，「男人全都是這樣說的。他們都說他們受的傷比妳還要重。不過，奧古斯丁的故事到底跟我有什麼相干的呢？我可不想成爲一個聖徒。畢竟，我是個猶太人。」

「問得好，」我說，「我把奧古斯丁拿出來談，是因爲他對我們怎樣思考自傳的寫作，一直具有著極大的影響力。他揭櫫的靈性自傳這個傳統，從中世紀一直流傳到現在，受其影響寫成的自傳數以千計。雖然查理・希爾沒有讀過奧古斯丁的《懺悔錄》，但他的自傳，仍然是間接受到這個傳統所影響的。不過到了後來，一個世俗性的自傳傳統慢慢興起了。人們開始寫一些內容跟神祕體驗或宗教皈依無關的自傳，這些自傳，談的主要是它們的作者是怎樣靠著自己的力量或別人的幫助，轉化自己的人生。這些幫助他們脫胎換骨的別人，有時候是朋友，有時是老師，有時是家人。」

「老師？眞的？」這激起了艾絲特的興趣，「你有沒有一本這樣的自傳。最好是女性寫的，好讓我可以有認同感。」

「眞巧，這裡就有一本。」我把放在大腿上的另一本小冊子遞到她面前。封面上有一張一家人站在一間草皮屋前面的合照。這種草皮屋，跟早期拓荒者在美國中西部大草原上蓋的有點類似。在房子的後面，是一片綿延到天際、空無一物的廣袤草原。

從瓦爾勒斯到穆斯喬：一個家族的旅程

我告訴艾絲特，這本自傳是一位名叫安妮・西伯奇的挪威裔移民所寫的。而雖然這本自傳完全無涉於宗教，但卻自有它的靈性面向。

西伯奇女士出生於挪威一個偏遠的小村莊瓦爾勒斯（Valdres）。她父親在她八歲那一年，也就是一九一〇年，隻身離鄉背井，遠渡重洋，前往加拿大開拓新生活——加拿大政府以提供土地為誘因，吸引移民到薩斯喀切溫（Saskatchewan）的大草原去開墾。西伯奇女士這樣回憶父親出發時的情境：「他肅穆而面有憂色地站在門邊，打量我們每一個，盡量裝出勇敢和對此行深有把握的樣子。」她父親花了兩年時間，才存夠錢，把她和母親還有兩個弟妹接到加拿大。他們所住的那間草皮屋，離最接近的一個城鎮穆斯喬（Moose Jaw）有七十英里遠。

西伯奇女士是挪威出生的手足中唯一存活下來的，而她在自傳中表示，她會寫這部自傳，主要是為了讓六個出生於美國的弟妹知道，一家人的早年生存掙扎，有多麼艱苦。她給自傳取名《從瓦爾勒斯到穆斯喬：一個家庭的旅程》，其涵蓋的時間只有七年。西伯奇女士知道，她述說的故事，和數以千計定居在加拿大大草原的移民沒有兩樣。但她仍然覺得有從自己的角度把這個故事述說一遍的必要。雖然自傳的涵蓋範圍只有短短七年，但那正是她人生的主要洞察與理想成形的七年。這七年，她經歷了貧窮的屈辱，生存下來的自豪，還有自命定論的壓迫解放出來的快感。

在父親還未存夠錢把一家人接到加拿大去的兩年間，她的日常生活包括了烹製挪威的傳統食物、縫製衣服和照顧牲口——特別是照顧家裡唯一的一頭乳牛。她憶述了哈雷彗星出現在天空的時候，極度迷信的村民齊聚在一起祈求上帝寬恕的情形。他們都深信那是世界末日即將來到的徵兆。有關她家人在挪威的生存處境，西伯奇女士說：「我父親大部分的人生都是在幹活。他就像他的父母親一樣，非常貧窮，沒有自己的土地，一家人住在一個地主所租給他們的小房子裡。房租是以為地主幹活的方式支付。至於什麼時間要為地主幹活和要幹多少活才算夠，全由地主決定。」

他們沒有絲毫可以改善生活處境的機會。「沒有一個窮人有能力旅行或上學，所以他們對於這個世界的所知，大多不超出自己小小的村子和國家的範圍。對那些比較有雄心壯志的人來說，這是完全不能接受的。」貧窮村民看到哈雷彗星時的反應，反映出挪威鄉下人封閉幽暗的人生態度和歷史觀——一種社會壓迫和宿命論信仰的產物。不過，他們的生活後來卻出現了轉機：一些移民到美國去的村民在回來探親時談及了自己在「新國家」裡的生活。這些故事雖然簡略，卻為有心改善生活的人帶來了夢想和指出了一條可能的道路。

然而，夢想跟著就被艱難的現實所取代。西伯奇女士一家在加拿大團聚後，就開始面對著種種嚴苛的挑戰：傷寒的流行、務農時的各種意外、割草的艱辛、冬天的冰天雪地，還有不會說英語的尷尬處境。薩斯喀切溫那些乾旱的草原地嚴厲地考驗著移民實現他們夢想的決心。

在自傳接下來的部份，西伯奇女士談到了她三年的學校生活。上課的第一天，當她看女老師（一個從挪威移民過來的年輕婦人）的穿著時，頓時覺得透不過氣來。

我找出我畫了底線的一段，唸給艾絲特聽：

在她穿著一件紅褐色的洋裝，領口上有一道綠色的閃電❹，右下襬的地方有分叉！沒看到她以前，我還不知道自己對顏色、美和藝術有多麼如飢似渴。這老師成為了我的理想。我希望可以變得像她一樣，並成為一個老師。我有了對未來的夢。為了實現這個夢，我開始拼命學習英語和背誦每一個單字，把它們視爲我矢志要征服的敵人。

從自己這個同胞身上，西伯奇女士找到了一個楷模、一個遠景、一個光與色彩的燈塔。雖然已經事隔數十載，但她對女老師的衣著舉止仍然記憶猶新，這反映出，與這位女老師的相遇，正是西伯奇女士一生轉化的契機。從此，她擺脫了貧窮佃農那種對命運低頭的態度，一心嚮往著解放和一個更美好的未來。在灰暗和無望的生存環境中，「領口上有一道綠色的閃電」成爲了突破命運桎梏的象徵，並宣示著一個女孩毅然要創造自己人生的決心。

儘管西伯奇女士說「我有了對未來的夢」，但當她十四歲準備要升五年級時，父母卻告訴她，她必須輟學，到五英里外一戶人家家裡當幫傭，照顧四個小孩。她父母要她出外工作，不是貪圖她的一份薪水，而是因爲她繼續留在家裡的話，他們根本養不起她。

雖然那不在她自傳所設定的七年時間範圍內，但西伯奇女士還是告訴了我們，她在歷經萬難以後，最終實現了當老師的心願。而她的這部自傳，可以說是爲了安頓過去的痛苦與屈辱而寫的。西伯奇女士根本不承認人有任何既定的命運可言，在她的字裡行間閃耀著的，不是對上帝的信仰，而是對意志力量的信仰。

艾絲特轉臉看著我說：「她的自傳就這樣結束了嗎？」

「事實上不是，」我翻到書的最後，「有趣的是，西伯奇女士在自傳的最後又附加了短短的一章，就像是一篇跋一樣。」

「太棒了，」艾絲特歡呼了一聲，一臉滿懷期待的表情，「她說了些什麼？」

在最後一章，西伯奇女士記述了多年後回到薩斯喀切溫探訪年邁父親的情形（她母親已經不在人世）。她父親在回憶往事的過程中，滿懷懊悔，爲自己未能帶給子女更好的生活而自責。但西伯奇女士卻安慰父親不必自責，因爲他已經做了一件「最偉大和最勇敢的事」，那就是把一家人從挪威死水般的生活帶到一片希望的土地。儘管吃盡了苦頭，但他的子女，現在都終於能過上更好的生活了。西伯奇女士原諒了她父親，因爲他只是個被困在各種他無法控制的力量織就的羅網中的人。這個原諒，是西伯奇女士在自傳裡的第二個轉化時刻。

西伯奇女士展示出一個家庭的決心和堅忍，這兩種素質，正是她的力量感和尊嚴感的來源。對挪威的食物、傳統和語言的描寫，結合了對父母和大草原生活早年歲月的刻劃，西伯奇女士展現了一幅一個家庭的旅程的象徵地圖。這本自傳的名稱雖然是從瓦爾勒斯到穆斯喬，但事實上，它要述說的並不只是一趟地理上的旅程，也是要敍述一個女孩與父親從分離到重聚的旅程。在重逢中，過去的遺憾獲得了修補：她的遺憾在於因爲貧窮而被迫離開家庭和學校，她父親的遺憾則在於不能提供家人溫飽的生活。

就像自傳寫作計畫裡很多其他作者的自傳那樣，分與合也是貫穿西伯奇女士自傳的基調。它顯示出作者是怎樣邁向一個完整的個人，並在經歷了歲月的磨練後，終於成功地把不堪回首的過去安頓到現在之中。雖然西伯奇女士表示，她的自傳是爲弟妹而寫的，但事實上，她寫自傳，也是出於想瞭解自己人生歷程的需要。

我闔上小冊子，望向艾絲特。「爹地，」她問，「你挑這個故事告訴我，是因爲我即將要離家去唸大學的緣故嗎？」

我搖搖頭。「我沒有這樣想過，最少沒有自覺地這樣想過。離開家庭和熟悉的環境對人不是沒有好處的，因爲有朝一日當你再回過頭來的時候，你就能夠評估出有哪些過去是你一直帶在身邊的。」

「嗯，」她說，「不管怎樣，這故事有這樣一個結尾，總是讓人愉快的。誰想去寫他的人生故事，就是應該先構想好一個快樂的結尾。」

「哦，爲什麼？妳是認爲，如果一個人沒有快樂的人生，或他的人生最後變得很糟，那他的故事就不值得寫出來？」

「寫那樣的故事又有什麼意義呢？」她回答說，「我的意思是，如果你要說的事情是會讓人沮喪的話，何苦要寫它呢？那又會對誰有好處呢？」

「妳認爲寫自傳的目的應該是什麼呢？是盡可能忠實呈現你的人生，還是美化自己，好滿足你自己和別人所一向相信的，一切到最後都會變得美好？」

「就我有限的經驗來看，我會說是後者。也就是我們應該以最好的一面示人，說些別人喜歡聽的事情。我的自傳也打算是這個寫法。」

說完，艾絲特就站了起來，往紗門走去。「謝啦，爹地，」她回頭說了一句，「我知道該怎樣寫這東西了。」紗門砰一聲關了起來。

又是一陣隆隆的雷聲。風雨正在接近中。刮起了一陣小風，把山茱萸的葉子吹得一翻一覆。螢火蟲現在都躲到了枝頭上，但仍然閃爍著螢光。我看著柏油路面被雨水打濕，反映著剛剛亮起的街燈。

我知道我不應該問艾絲特打算怎樣寫她的自傳的。但她有權這樣犬儒嗎？

自傳行爲

當雨水噼噼啪啪打在樹葉上的時候，我正凝神思考艾絲特的問題。如果自傳沒有一個快樂的結局，寫它有什麼意義呢？我不時都會讀些思想家的自傳，有些是出自像聖奧古斯丁那樣的宗教性心靈，有些是出自盧梭、穆勒和波娃那樣的世俗性心靈。我希望從自傳裡面找到的是什麼呢？

我是希望可以知道，那些獻身於觀念探索的人，是怎樣把他們的觀念落實在生活裡的。我是一個有點生活在大腦裡的人，所以希望可以找到一些熱衷於跟眞實生活、別人和世界打交道的思想家，作爲我的人生榜樣。我並未天眞到以爲自傳裡無一不是眞話。人或多或少都有自欺和自我辯解的傾向，更可況，一件事情發生當時的情形跟我們多年以後的回顧，總難免會有落差。儘管如此，我仍然認爲自傳是深具價值的讀物。尤其吸引我的是那些能夠把讀者帶入齊克果所謂的「能動的辯證」（enabling dialectic）的作者，也就是說那些能夠有想像力地運用文字，把自己所受過的感動感染給讀者的作者。相反的，那種報導式的、冷眼旁觀的自傳，我一向都興趣缺缺。我相信，從好的自傳裡，我將可以找到目的感、思想上的優雅和精練，還有意義上的整全。而事實上，我也眞的有這些收穫——但除此以外還有別的。

我發現，在一些自傳裡，作者會拋棄得來不易和一向珍愛的信念，不惜冒被孤立和不確定性的危險，投入新的探索中，而結果就是得到對自己人生意義的嶄新觀照。道德哲學家麥金太爾（Alasdair MacIntyre）稱這種努力爲「對敍事性眞理的追尋」（quest for the narrative truth）。這種追尋，往往都包含著冒險、艱難、錯誤和混亂——一部自傳是不是具備這些特質，已經成了我判斷它是否信實的準繩。

我欣賞奧古斯丁的自傳：欣賞他坦言自己跟母親既溫情又困難的關係，欣賞他對世俗成就的失望，欣賞他爲擁抱一個無形體的上帝和爲上帝擁抱所作的掙扎，欣賞他那一而再、再而三把人類經驗與靈魂、時間、創造與恩寵的奧祕聯繫在一起的努力。我欣賞盧梭的自傳：欣賞他不諱言他的性偏差、他的流浪與放逐、他的各種自欺與偏執，欣賞他敍述他是怎樣發現「自然人」、「正義社會」和「理想教育」的觀念（它們都是法國大革命的種子）的。這些作者的激情書寫，在把作者坦露給讀者的同時，也把願意接受他們的讀者坦露了給作者。當然，這樣的自傳，很容易會成爲自傳作者的敵人的靶子，有時也會爲他們的親友或盟友帶來尷尬。有時，一些作者會因爲力有未逮，而跟自己的敍事的意義失之交臂，然而，這樣的情形也會爲讀者帶來警惕，成爲打開新思維方式的一個契機，讓讀者會想到用不一樣的方式，來看待和重寫自己人生故事。

在《哲學的一個高音》（*A Pitch of Philosophy*）這部哲學性的自傳裡，卡維爾告訴我們，他之所以能夠爲他的自傳找到一個正確的調子或「完美的高音」，是拜他具有音樂天賦的母親和善於用意地緒語說故事的父親所賜。在述說自己的人生故事時，卡維爾也證明了，寫作（authorship）這種公共行爲，也是一種權威（authority）行爲：因爲正基於作者自我宣示的權威，不具輪廓的經驗和事件才能被組織爲一個故事。然而說故事也意味著冒險，因爲正如卡維爾自傳書名中的 pitch 這個字所暗示的（它既可以解作「高音」也可以解作「投球」），球一旦投出，就不再是在我們自己的手裡了。

有人可能會認爲，知名的哲學家能夠透過自傳的書寫，在某些哲學取向中找到自己人生故事的解答，固然是一件美事。但其他的普通人，例如我主持的自傳寫作計畫的參加者，也有必要達到這種解決嗎？對這個問題的一個回答來自麥吉爾大學（McGill University）的哲學系教授泰勒（Charles Taylor）。在他那本深具影響力的著作《自我的本源》（*Sources of the Self*）中，泰勒分析了現代人自我認同觀念的哲學根源。泰勒認爲，如果一個人沒有一個可供他思考、感受、判斷和作選擇的架構，他的生活就會陷於「靈性上的無意義感」（spiritually senseless）。而這種無意義感正是我們時代的疾病。相反的，如果一個人擁有了這樣的架構——泰勒稱之爲一套「道德存有論」（moral ontology）——那他就會有一個全力以赴的目標，不會陷於無意義感之中。這個目標，可以是追求人類尊嚴，可以是追求上帝的愛，可以是追求自由，可以是追求社會正義，也可以是追求個人的救贖。

很多人之所以會寫自傳或閱讀自傳，爲的就是尋找這樣一套道德存有論，這樣一套可以解釋自己過去的架構。但誠如艾絲特所間接點出的，這些框架都是眞的嗎？還是說它們只是作者設計出來，好美化自己的人生，好讓自己雜亂無章的一生看似首尾一貫，好製造出一個快樂的結尾，好讓自己在歷史事件中擁有一個角色？有鑑於此，在閱讀自傳時，我們必須找出一組我們認爲可以判別作者眞誠或虛僞的準繩。

但我們應該在乎一部自傳內容的眞假嗎？泰勒認爲應該，因爲我們每個人，都是被困在我們時代的兩難式裡的。沒有任何一種道德存有論或意義架構，是完全沒有不確定性，是我們可以輕易擁抱的。泰勒認爲，找出人生的意義，是每個人都應該放在日程表裡的工作。換成是活在更早的時代，我們可能不必去做這樣的工作，因爲道德權威的重壓，早已讓我們透不過氣來，根本沒有給自由心靈發揮的餘地。但現代人面對的存在挑戰（existential challenge）卻恰恰相反：我們最大的負擔是無重量感（weightlessness）。與從前的時代相比，現在加諸我們身上的道德權威微不足道。因此，我們變得只有兩種選擇：要不是靠自己建立道德自主性，就是甘於隨著主流的政治或宗教意識形態起舞。就此觀之，自傳的重要價值是在於可以提供我們一個釐清自己的道德存有論的機會，讓我們透過形塑和再形塑自己的人生故事，建立道德自主性。

個性化的自傳

雷聲變沈變遠了，傾盆大雨也衰減爲極細薄的雨霧，只在街燈燈泡的四周看得見。我聽見了紗門彈簧被拉開的嘎嘎聲。紗門闔上的聲音很輕細。艾絲特走到我的背後。

「老天，你還坐在這裡！爹地，你整天無所事事坐在這裡，不會覺得煩嗎？」她俯視著我，年輕的側臉被起居室照出來的燈光鑲上一道金邊。我看到她手上拿著一張紙。

「那就是你寫的自傳嗎？」

「對，剛從電腦新鮮出爐的。還不是全部，只是第一頁，不過我已經給後面的部份寫好大綱。」

「妳寫的是一些別人會喜歡聽的事情嗎？」

她搖搖頭。「大概不是。這可眞怪。你知道我寫了什麼嗎？」

我搖頭。

「我寫了那次老媽硬要我把我偷來那件針織毛衣還回去的事。你還記得嗎？是柯拉告訴媽媽的，把我氣壞了。媽媽打了電話給店家，而對方說如果我把衣服送回去，就不會報警。老媽要我這樣做的時候，我還眞不敢相信。」

這事我還記得。那發生在艾絲特大約十四歲的時候。她的失策在於把事情向妹妹柯拉炫耀。當我知道了以後，一時還不知道該怎麼做。我當然不希望看到她被留案底，但也不希望她認爲這沒有什麼大不了的，以爲這只是一種少年人追求刺激的冒險。聖奧古斯丁在差不多的年齡也偷過梨子。他說那是一個道德墮落的象徵。他為此感到苦惱，但又不知道該怎樣去彌補。他的內疚讓梨子吃起來味道也變糟了。我是不知道該怎樣處理這件事，但卡洛琳卻知道。她打了電話給商店，然後推艾絲特去歸還毛衣和道歉。卡洛琳有一個意義的架構，一套道德的存有論。

「妳怎會想到寫這個的？」我伸長脖子望著她。她似乎不願意坐下來。

她聳了聳肩。「我不知道，但那是我要動筆時第一件跳入我腦子的事情。當時我正在想著查理・希爾和那個西什麼來的女士。」

「西伯奇女士。」

「對，西伯奇女士。」

「妳喜歡他們說的故事？」

她搖搖頭。「不全然在於他們說了些什麼，更多是他們的聲音。儘管他們的聲音是不同的，但他們都有各自的聲音。所以我就想，我的聲音是什麼呢？而跟著，它就來了。我是指我的聲音。難道我不應該當我寫的東西的主人嗎？你想大學裡的人會不會因為看了這個而不錄取我？」

「我不認為會如此。而如果是這樣，那就不會是一個妳值得去的地方。」

她沒有再說話。她讓感我到極大的驕傲，但我不能讓她知道，免得她得意自滿。眞是奇怪，每次我刻意教她什麼，總是徒勞無功，但如果我不刻意教她，她反而會自己揣摩出來。她很快就要離家上大學去了。剩下的時間是如此之少，但需要學習的東西卻還那樣多——她要向我學習的，我要向她學習的。

第八章　白虹

叔本華聲稱，老年讓我們有機會可以看到我們人生的全程和明白它的自然軌跡，因爲這時，我們已經可以把人生的開始（它的「入口」）和人生的終點（它的「出口」）連在一起來看。另一方面，儘管我們在老年可以看到人生的全程，但這個全程，又會因爲我們時間意識的改變而有所彎折。叔本華也指出，在年輕人看來人生是向著無限遙遠的未來延伸的，但站在老年的立足點往回看，「過去卻只是離現在一點點遠」。從年輕人的眼中，人生圖畫中的事物都極其渺遠，就像是用倒過來的望遠鏡看到的一樣，但在老年人眼中，「每一件事物都像放大了很多倍，顯得無比的近。」

儘管老年人的時間受到了壓縮，但叔本華相信，老年是唯一可以讓人看到人生眞理的階段，而這個眞理就是：追求希望和渴望是徒勞的，因爲它們永遠不會帶給人恆久的快樂。老年固然會爲人帶來幻滅感，但也會讓人收割到另一些碩果：謙卑、靜謐和明智。

無疑，現在老年人的處境，已經跟叔本華的時代大不相同。不說別的，現在老年人的平均壽命，就要比叔本華的時代長上三十年，所以可以有一個更健康和更活躍的「第二春」。儘管如此，一個人生全程的概念和人生不同階段是互相關連的概念，仍然是我們需要的。因為有了這種概念，個人才會知道如何為他的晚年階段預作籌劃，而社會也才會知道如何以最公平的方式去照顧它為數愈來愈多的老年公民的健康與福祉。

但我們眞的像叔本華所暗示那樣，可以靠著回憶往昔而對人生的全程有所掌握嗎？還是說我們觀照到的全程，已不是它的原樣？叔本華自己就說過，以為我們可以像回到一個地方那樣回到過去是愚蠢的。他說，「時間戴著空間的假面具嘲笑我們。」逝去時間的難以捕捉和每一代人所表現出來的差異性，在在印證了赫拉克利圖的一句名言：「你不可能踏足在同一條河兩次。」而這也許就是發展心理學家埃里克松（Erik Erikson）為什麼會說：想要明瞭人生的全程，你得有某種天啓似的經驗。

天啓

亞瑟・弗萊明似乎就是有過這種天啓經驗的人。他是尼克森政府時期的民權委員會主席，過去二十年來一直活躍於改善美國老年人的生活處境。當我認識他時，他正要卸去「全美老人福利協進會」董事會主席的職位。

在華盛頓州的老人活動中心做了幾年教學相長的工作和主持過那家圖書館的自傳寫作計畫以後，我獲得了另一份工作：到華府去主持一項稱爲「透過人文學科去發現」的老人教育計畫。這是一個由全美老人福利協進會所主辦的計畫。因爲我也算是協進會的職員，所以當協進會有什麼活動時，我也會幫忙跑跑腿。像有一次，我就受命去張羅一份適當的禮物，在一個表彰弗萊明博士貢獻的全國性會議上送給他。

我知道弗萊明博士是自由派的共和黨員，對林肯極爲景仰，便設法買來桑德堡（Carl Sandburg）兩卷本的《林肯：草原歲月》的第一版❶，作爲禮物。表揚大會當天，一等協進會的主席奧索夫斯基致完賀詞，我就一個箭步把用包裝紙包著的禮物送到台上去，然後走回台下，站在一邊，看著頎長、大耳、相貌莊嚴的弗萊明博士小心翼翼把包裝紙拆開。他欣賞了裝幀一下，把書翻了翻，然後對在座的人說：「這將是我家人日後會珍而藏之的一件東西。」

他家人？日後？我這才意識到，弗萊明博士雖然身強體健，但已經是個八十歲的人了。他的注意力不再是放在自己身上，而是放在一些他認爲值得促進的社會事業上，放在未來世代的福祉上。回顧一生並沒有讓弗萊明博士產生幻滅感和快樂是不可得的叔本華式結論，相反的，他只覺得他可以從回顧中找出更多的理由，讓他繼續爲鼓吹社會改善而奮鬥，爲把更多的福祉帶給不同的年齡層而努力。他強力主張，兒童福利的遊說團體和老人福利的遊說團體應該攜手合作，在政治上結盟。當我看著他向鼓掌的聽衆鞠躬和轉身跟奧索夫斯基握手時，彷彿看得見那個由一代傳給另一代的火炬。

生物倫理學家❷丹尼爾斯（Norman Daniels）認爲，我們每個人都應該像弗萊明的樣子。他呼籲，當我們在面對諸如社會資源應該如果配置才算是公平和恰當的問題時，應該抱持一種生命全程的意識，也就是說把自己視爲一個同時活在不同人生階段的人。只可惜，我們會採取這種全貌觀看事情的時候並不多。像在《少與老的對決：二十一世紀的世代戰爭》（*Young v. Old: Generational Combat in the 21st Century*）一書中，政治學者蘇珊·麥克馬納斯（Susan MacManus）就指出，現在老年人與年輕人的政治立場愈來愈壁壘分明，每次投票，都形同一場「世代間的戰爭」。因爲老年人都會爲自己有限的收入擔心，而且不相信政客的遠程承諾，所以樂於投票給一些向他們開出即時支票的候選人，反觀年輕一輩偏好的則是削減老人福利的候選人，因爲他們擔心把太多社會資源用在補助老人生活和維持衰老病人的生命上，會犧牲掉他們兒女的教育品質和福利。每個人在不同的人生階段都有不同的個人與家庭需要，這一點，讓我們無法冷靜地用全貌來觀看人生。我們看來都不是喜歡全面看人生的人。

在全美老人福利協進會待了四年以後，我接受了一份新的工作。那就是在阿什維爾一個以北卡羅萊納大學爲基地的機構，領導一個爲年齡超過五十五歲的人提供教育的計畫。此後有長達十年時間，我都是北卡羅萊納州創意退休生活中心（North Carolina Center for Creative Retirement）的主任，而這個職位讓我特別意識到，對人生全程缺乏全面性的觀照，會帶來些什麼樣的問題。例如，我不時都會被大學裡的同事問到：本來是爲教育和訓練年輕人而設的大學，爲什麼要對老年人敞開大門？固然，到大學來唸書的老年學生是要付費的，但他們畢竟還是瓜分了諸如教室、停車位、圖書館和健身中心這些稀有資源。既然老年人已經來日無多，而且基本上已不再有生產力，那大學爲什麼還要把資源浪費在他們身上？

我理解這些同事的憂慮和敬佩他們對年輕人福祉的關懷。碰到這些問題時，我的回答一律都很「實際」：有些老年學生會捐款給大學，成爲獎學金的來源；有些老年學生會志願在大學的課堂上提供他們的專業知識；他們在大學出現，可以讓大學實現它爲社區提供服務的使命；老年學生終身學習的態度，可以作爲大學生的榜樣。另外，我也會引用一些研究報告指出，繼續學習可以爲老年人帶來身心靈的健康，從而減少國家用在社福與醫療上的支出。通常，我這個實用主義的策略都會奏效，讓問我問題的同事感到釋懷。不過事實上，我的這些回答，都並未觸及一個更深層的議題。那就是，在二十年之內，當現在的所有大學生都邁入中年以後，美國每五個人之中，就會有一個超過六十五歲（我大部分的同事都會包括在內）。

到時，我們的學生要怎樣適應這個人口學上翻天覆地的變化呢？所以，我們現在是不是就應該去問：老年人對自我實現的追求，跟社會全體的福祉是不是無關的呢？

我就是帶著這些困惑的問題登上一部飛往里賈納（Regina）❸的飛機的。此行，我是要去參加一個以終身學習爲主題的國際會議，跟來自其他國家的學者專家，分享我對美國老年教育的研究心得。

晨霧

到達里賈納以後的第一個早上，我維持一貫的習慣，黎明即起，進行慢跑。我們的住宿處就位於里賈納大學的校園裡。當我跑出宿舍的大門時，一片薄霧仍然繚繞著灌木叢和大樹。跑過停車場後方的草坪時，我看見一位中國的老先生正在打太極。他是與會代表之一。我向他揮手打招呼，他點頭回禮，但並沒有把動作停頓下來。然後，我就一直跑到瓦斯卡納湖，沿著環湖小徑慢跑。瓦斯卡納湖與里賈納大學毗鄰，離省政府的辦公大樓並不遠。

湖面和湖邊小徑都籠罩在一層厚厚的霧氣裡，能見度很低，時而會有一隻被拴住的狗、一個腳踏車車輪或一個跑步者的腿和鞋，在我旁邊突然出現，又瞬間消失。慢慢地，位於湖對岸的白松樹和鐵杉的樹頂開始看得見了。而就在這個時候，我看到了一個不可思議的景象：

一片像拱門形狀的霧氣在湖面上慢慢移動——就像是一個一直讓我困擾的隱喻，突然間變成了具體可觸的事物。我眨了幾下眼睛。那是眞的嗎？它是什麼？就是丁尼生詩中的拱門嗎？

我想那一定是個海市蜃樓之類的幻象。然而當我跑到湖的最南端，準備要折而向西的時候，從我背後升起的太陽卻再一次讓我可以透過樹叢間的空隙清清楚楚看到，眞是有一個巨大的拱形物在湖面上移動。它的拱頂被太陽光染成了青銅色。這時，我感覺有一個理性的聲音冷靜地對我說：「你看到的，不過是個罕見的氣象現象罷了。」但是，我隨即聽到另一個聲音在我心裡興奮地說道：「不，不只是這樣。這可能是個徵兆，可能是個信息。」

這聽起來有點蠢。這樣的景象，說不定天天早上都會在瓦斯卡納湖這裡上演，而我只是個新來乍到的人，憑什麼認爲它是專爲我一個人而出現的呢？這不是跟以前的人以爲自己是住在宇宙的中心一樣幼稚嗎？

我當時的位置就位於湖邊的其中一個觀景點附近，所以我決定找個好位置，把那拱形物好好看個淸楚。我拾級走上一個小小的觀景台，一隻腳踩在欄杆上，觀察那個由霧氣形成的大拱形。它落在湖中的倒影，跟拱形本身形成一個完美的圓形。感覺上，拱形和它的倒影正一起慢慢向著我的方向移動。我凝視這座虛無飄渺的「建築物」的同時，水波在我腳下像催眠一樣輕輕拍打著。我一定是一站就站了好幾分鐘，因爲當我感到臉頰沾上水氣而回過神來時，那拱形物已經不見了。

那個理性的聲音又向我說話了：「看嘛，那不過是道白色的彩虹罷了。」但另一個聲音卻反駁說：「愚蠢的推理，彩虹又怎會是白色的？」

我轉過身，繼續跑步，沿著一條窄窄的小徑，跑到一個小山崗上。現在，那道白色彩虹再次出現在我下方的田野間。我看得見，它近地面的兩端是透明的。之後，我就轉過身，採之字形路線穿過一些高高的蘆葦，跑下小山崗，然後順著一條小徑，跑回到大學校園去。

當我大汗淋漓地回到宿舍，站在走道上微微喘氣時，一個臉色紅潤、穿格子襯衫的男人迎著我走過來。他叫米隆．塞貝爾，是大會的義工，昨天到飛機場接我的人就是他。他開車載我入城的路上，我得知他是一個退休的高中生物老師，一輩子都住在里賈納這一帶。因此我想，說不定他能告訴我我剛才看到的是怎麼回事。

「你去晨跑了嗎，朗恩？」米隆就像我認識其他本地加拿大人一樣，愛問修辭性的問題❹。

「對，剛剛才回來。」我回答說，雖然明知沒什麼比這更顯然的了。「對了，米隆，我剛才看到了一個生平第一次看到的現象。我想說不定你會知道那是什麼。」

「你看到了什麼？」

我把剛才看到事情告訴他。

「嗯，」他摸摸剃得乾乾淨淨的下巴，又捻捻他那把顏色像鹽巴加胡椒粉的八字鬍。「我可從來沒看過這樣的東西，儘管我曾經有幸看到過小虹和冰霧，那都可以算得上是奇觀。想看到這些氣象奇觀，你得要在冬天的月份到這裡來才有機會。至於你看到的那條白色彩虹……可說是相當有趣的東西，你說是不是？」

我點點頭。這樣說，我看到的眞的是一條白色的彩虹了？米隆用指甲叩了叩門牙。「你知道，以前我當高中老師時，三不五時要教一教氣象學的課，所以知道一點點。我想你看到的是一道擴散了開來的彩虹，因爲晨霧的關係，讓它的七色混雜了在一起，變成灰濛濛的白色。」米隆微笑著說，顯然對自己擁有豐富的科學知識感到自豪。我感覺我內在那個理性的聲音正在點頭。然而，另一個聲音卻並不覺得滿意。我的臉上一定是流露出了古怪的狐疑表情，不然米隆不會再解釋下去。

「你知道，平常彩虹的七色，是彩虹裡的水粒子把太陽光折射而成的。水粒子會把太陽的白光析碎，將其中包含著的各種顏色分解開來。但你今天早上碰到的晨霧卻造成了不同的效果。它的水粒子要細上許多。它們折射陽光的方式會把光波中的顏色攪混或部份重疊。而如果顏色重疊得夠徹底的話，就會互相抵消。正因爲這樣，你看到的才會是一條白色的彩虹而非多色的彩虹。」

「我明白了，」我說，「所以那是一條白色的彩虹。」

「完全正確。你也可以稱之為雲虹或霧虹，有不同的名稱。不過，我除了在教科書上面看到以外，倒是從來都沒看過這樣的東西。你是個幸運兒。」說到這裡，米隆瞄了手錶一眼，看來他有事情要去忙。「朗恩，」他說，「恕我失陪，我還得去幫忙布置會場。」他轉過身，匆匆離開，留下我那兩個兀自爭吵不休的聲音。

我想到了榮格所創的「同步性」(synchronicity)這個詞語。他指的是一些湊巧與物理事件同時發生的心理狀態，兩者之間雖然沒有因果關係，卻會讓人覺得它們之間具有重要的關連性。沒有因果關係卻有其他的關連性？我只感到滿腹困惑。但我沒有時間東想西想了，因為如果不趕緊去淋浴、換衣服和吃早飯，我就會在今天第一場的演講遲到。

當我要走上樓梯時，看到放會議資料的桌子上有一本標題作《瓦斯卡納湖漫步》的小冊子，便一把抓了過來。我想，也許它會告訴我一些有關白色彩虹的事情。半小時後，我坐在大學的小餐廳裡，一面吃麥片，一面翻這本小冊子。讀了它，你就可以知道走什麼樣的路線，可以通到湖附近的不同觀光點：如政府辦公大樓、藝術與文化博物館、野生動物保留地和花園等。不過對於彩虹——不管是白色或其他顏色的——它卻隻字未提。然而，這本小冊子卻讓我知道了一件先前想都沒想過的事情：瓦斯卡納湖不是純天然的產物。

1 0 5

台北市南京東路四段25號11樓

大塊文化出版股份有限公司　收

廣　告　回　信
台灣北區郵政管理局登記證
北台字第10227號

地址：　市　鄉／鎮　路　段　巷　弄　號　樓
縣　市／區　街

姓名：

（請寫郵遞區號）

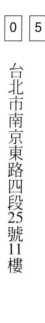

里賈納當初被選爲薩斯喀切溫省的未來省會時，可以吸引人來此定居的條件寥寥無幾。除了一片平坦的大草原以外，這裡的唯一變化就是一條蜿蜒的小河，兩旁密佈著草叢和美洲野牛群。當時的里賈納，基本上是一些印第安部落的獵場，他們會把獵得的野牛肉掛在河邊曬乾。由於印第安人相信所有生物都是神聖的，所以當他們把野牛剝皮去肉以後，會把剩下來的骨頭堆成一堆堆，舉行儀式，予以火化。克里人（Cree）❺把這條小溪稱作奧斯坎納（Oscana），意謂「焚燒骨頭堆之處」。早期的白人移民簡稱之爲「骨頭堆」（Pile O'Bones），多年以後，再改稱爲瓦斯卡納河——「瓦斯卡納」是「奧斯坎納」的英語化。三〇年代經濟大蕭條期間，政府以工代賑，雇用大量失業者把小河拓寬爲一個壯觀的大湖。但諷刺的是（這是米隆稍後告訴我的），瓦斯卡納湖最後又縮回到原來大小，水淺得連獨木舟也無法航行。說不定，我看到的那道白虹，就是由現在仍悶燒著的，當年印第安人點燃的火所形成的吧——我走向舉行會議的大禮堂時這樣想。

鏡子

第一場演講的講者湊巧就是我慢跑時遇見的那位打太極拳的老人家，他姓劉。我從大會分發的資料得知，劉先生是湖北省一個大型老人研究中心的主持人。他住在武漢，一個位於漢水與長江交匯處的重要工業城市。劉先生過去是湖北省政府的官員。湖北的重要性，可以從一句諺語中表現出來：「湖北熟，天下足。」

坐在台上等待演講的時候，劉先生凝視著聽衆席上的老師和行政人員——他們來自世界的不同地方，聚集在這裡，是要分享彼此對老人教育的心得。我注意到，劉先生的穿著跟他的同事們大不相同。後者都是穿西裝打領帶，人人的西裝口袋都微微鼓起，看得出來裡面放著一包香煙，但劉先生的穿著要隨便得多：褪色的藍色風衣、黃褐色的斜紋布褲、深藍色的膠底帆布鞋。他的頸項和雙肩孔武有力，頭大而近乎禿，臉因爲飽歷風霜而順滑得像年深日久的石灰岩。他的這副樣子，讓我聯想起大學裡的美式足球教練。

會議參加者之間流傳著一個謠言，說是中國大學這一次派來的代表，都曾是政府的重要幹部，各有特殊的頭銜和優遇，作爲他們退休酬庸的一部份。有些人說，中國政府之所以願意資助老人教育計畫，是爲了穩定迅速增加中的退休人口的忠誠度。這些人爲共產革命和中國的現代化犧牲了自己的青年和壯年歲月，在國共內戰和多次政治運動中吃盡了苦頭。

現在，這些退休的幹部已經邁入老年，開始要負起一個新的責任：爲他們同輩的老年人作榜樣。他們其中很多都飽受慢性病、寂寞和憂鬱所苦。他們的子女都已經結婚，建立了自己獨立的小家庭。這種建立獨立家戶的新趨勢，動搖了中國過去幾代同堂的家庭風貌。在過去的中國大家庭裡，老人都是受到高度尊敬和享有特權的。猶有進者，這些老年人年輕時代爲了掙一口飯吃、掙一件棉夾克穿，失去了接受教育和培養興趣與嗜好的機會，於是進入老年以後，過日子就變成了他們的一個沈重負擔。

在會議主席爲他作介紹時，劉先生兩個腳跟並靠在一起，身體站得畢直。然後，他就走到講台前面，我們則報以禮貌性的掌聲。他發言用的是漢語，也就是他的母語。劉先生一面講話，一面舉著根食指，手勢就像個先知。看著他講話，我時而覺得他像個共產黨的政治委員，時而覺得他像個古中國的聖人。而在等待翻譯員上場的空檔，我又把他想像成爲一個在大學裡訓練美式足球隊員的道教大師。

我彷佛看到自己身在球員休息室裡。現在是中場的休息時間，我們的足球隊正處於落後，劉教練溫和地斥責我們說：「想在比賽中達到和諧的表現，你們需要拋棄自己。也就是說，必須把得失心擱到一邊。你們要成爲『道』的化身。勝利只是一種虛而不實的東西。會勝利的隊伍是沒有敵人的，它的敵人只是自己。所以不要把對手視爲敵人。他們只是你們的影子，而影子是你們無法抓得著或逃得開的。該全力以赴的是把你的影子帶入光之中，那樣，你的對手就會自然消失。」

爲劉先生翻譯的是一個衣著講究的年輕人，穿著雙排釦黑西裝、白襯衫、條紋領帶和漆皮皮鞋。他頭上的黑髮一邊剪得比另一邊短，有點像個龐克頭。他的骨格細小，但臉上的肉卻有點微微發福，就像個因爲喝多了啤酒和吃多了披薩而發胖的大一新生。感覺上，他和劉先生是天南地北的兩個人，就像是在兩個不同的世界裡長大的。年輕的翻譯員向劉先生和聽衆各鞠過躬以後，就開始翻譯起來。

「劉先生祝各位健康、富足和長命百歲。他告訴各位，今天中國老人家的數目超過一億一千萬。他定義中的老人，是年齡超過五十五歲或六十歲的人，而按中國政府的規定，到達這個年紀的人都必須退休。但儘管被歸類爲老人，這些人中間的大部分，都是還有能力工作和爲社會作出多方面貢獻的。有見於此，明智的中國政府建立了專爲老人而設的教育機構，現在，這樣的教育機構已經超過五千家。中國共產黨的深切關懷和人民政府的愛護照顧，都讓老年人深深感念。」

一個強制的退休年齡加一個全國性的老年人教育政策？這跟美國眞是大異其趣。美國的老年人口約爲中國的三分之一，但從一九七〇年代起，強制性的退休年齡就已被裁定爲違憲，是年齡歧視的一種表現。在美國，那些想繼續學習的老年人有各式各樣的計畫方案可供選擇，有免費的，有收取少量費用的，也有收取高昂學費的。一九七〇年代的時候，各州紛紛立法保障老年人免費進入公立大專院校就讀的權利。不過，學校方面因爲缺乏經濟上的誘因，所以不會對這種老人福利廣為宣傳。至於老年人本身，有興趣接受這種福利的人也不多，因為他們不願意被長時間的課程所困住。他們更有興趣的是參加一些可以發表自己觀點和不用記筆記的講座。中國的老人大學所提供的東西，會是不同的嗎？

翻譯完上述的話，翻譯員就轉過身，向劉先生微一鞠躬。劉先生隨即走到麥克風的前面，在講壇上攤開幾頁紙，開始唸一篇預先準備好的講稿。幾分鐘之後，翻譯員再次上場。

「在這些教育機構裡，老人可以學習到很多實用性、美學性和理論性的知識。例如，他們會學到如何照顧病人、如何正確飲食、如何確保衛生、如何做運動和使用草藥。他們也可以學到繪畫書法、蒔草種花和其他傳統的手工藝。另外，他們也可以透過學習世界歷史、心理學、哲學和經濟科學，來鍛鍊腦力。」譯者停頓下來，喝了一口水，然後用宣佈事情的口吻說：「保持健康、刺激心靈和照顧他人，乃是中國年老公民的神聖責任。」他看了劉先生一眼，然後繼續說：「我們從孔子那裡學到很重要的一課：『己欲達而達人，己欲立而立人。』」

劉先生對中國老人教育的描述讓我感到驚異，因為它跟美國的老人教育計畫既表現出驚人的相似，也表現出驚人的相異。例如，我們也會像中國的老人教育一樣，鼓勵老年人終身學習和鼓勵他們從事社區服務（像在公立學校裡當學童的補習老師）。另外，我們的課程除了有歷史、文學、藝術、音樂、哲學和科學可供選擇以外，也一樣有書法、草藥、體能鍛鍊，甚至太極拳的課程提供。

但我可無法想像自己站在一群老年學生前面，告訴他們，保持身體健康或爲別人（同儕或年輕一代）服務，是他們對社會的神聖責任。相反的，我們的教育計畫是以自願參與爲前提的。沒有任何的道德訴求、政府政令或集體的命運感是我可以訴諸的。我們的學員會參加我們的課程，是出於他們自己喜歡，是出於他們可以從中找到滿足感。如果說劉先生秉持的是集體主義的意識形態，則你可以說我們秉持的是放任的個人主義。我坐在椅子的邊邊上，繼續聆聽。

「大約六十歲年紀的人，正值人生的成熟階段，因爲他們已累積了可觀的知識與經驗。如果拋棄或孤立他們，那將是文明的巨大損失。我們不應該把退休視爲一個人不能對群體再有貢獻的開始，或是認爲一個人退休後除了休息什麼都不用做。」翻譯員一路翻譯下來，劉先生都是雙手抄在背後，眼睛直視著前方。

「老年人不只擁有豐富的知識與經驗，懂得怎樣去駕馭困難，而且可以促進我們對文化、社會和哲學的瞭解。孔子是五十歲才開始研究《易經》這本中國古代智慧寶典的，終其餘生，他都很勤勉地讀易。毛澤東到了七十歲還去學英文，而在八十二歲彌留之際，手上還拿著一本書。老年人是能夠吸收知識的，而且具有求知慾。中國人的傳統美德是『研究不倦』——」

譯員頓了一下，露出一個靦腆的微笑，「抱歉，應該是『學而不倦』。」

中國老人教育哲學強調的是，爲自己所做的，就是同時爲別人做。老年人有責任照顧好自己，以便減輕國家龐大的醫療開支。中國鼓勵老人家學習書畫，是因爲書畫可以陶冶性情，可以防止心情的憂鬱——憂鬱無論對個人健康和社會安定都是一種威脅。中國老人教育致力讓老年人在保持生產力的同時，也能充當年輕一輩的楷模，讓他們的集體精神——一種支撐革命的精神——可以感染下一代，鼓勵年輕人不要因爲自覺不如電影裡那些有錢的西方人，而產生忌妒或自怨自艾的情緒。西方人雖然物質上很富裕，但道德上卻很衰頹。

與中國的老人不同的是，我在美國所認識的退休老人，很多都是過著頗爲優裕的生活。他們其中一些因爲年輕時曾經歷過徹骨的貧窮、打過杖和做了一輩子粗重的工作，所以退休後反而因爲可以卸下社會責任的擔子而感到輕鬆。他們在退休後所面對的難題，反而是怎樣在目不暇給的衆多選擇中作出取捨。不過，很多參與我們教育計畫的老人，就像中國老人大學裡的老人一樣，願意服務人群，像當小孩家教老師、幫助大學生做研究或給大學畢業生求職建議之類的。就這一點來看，在結合終身學習與社群服務上，中美兩國的老人教育並無二致，而這一點，也爲年輕人與老年人之間架起了橋樑。

不過在這種相同的後面，還是有不盡一樣的地方。因爲即使美國的老年人會認爲他們幫助弱勢小孩或大學生之舉，可以為整個社會帶來裨益，但他們仍然不會接受劉先生所說的，人生的目的就是為了加強社會的團結，不會接受老年可以讓人我的分別變模糊之說。對他們來說，他們的所作所為是不是出於個人的自由選擇，是攸關重要的。否則，他們就會感受到被強迫感，不覺得自己的工作是出於自願。然而，自動自發是不是一種比責任感更為強大的動力呢？對於那些不覺得自己有義務幫助別人或覺得自己累了只想休息的人，我們又要怎樣看待呢？

聽到劉先生的講稿裡提到孔子，我不禁有點詫異，因為一直以來，我都以為孔子思想在共產黨員眼中是舊秩序與舊官僚體制的支柱，所以他是個不受歡迎的人物。顯然，中國已有了排山倒海的改變。

一聲咳嗽聲打斷了我的遐思。隨之，我聽到翻譯員以極為熱情的口氣在說話。「劉先生提到了一個山西省退休工人的例子。這位老工人聯合一團隊的其他老人家，把一座鋼鐵工廠裡堆積如山的污染性廢棄物清除乾淨，讓工廠可以重新運作。政府本來是想發給他一千兩百萬人民幣作為獎金的，但他卻堅拒了。他的行為，既創造了有形的財富，也創造了無形的財富——無私的美德。」劉先生還舉了另一個例子：一位名叫孫毅的老將軍在九十歲的時候為一些少年人上課，教導他們道德的標準，並鼓勵他們去為貧窮的小孩送書本和雜誌。

翻譯員停了下來，又喝了一口水，看了劉先生一眼，然後繼續說道：「孫毅將軍透過幫助年輕人明白人類正義的價值，驅走他們的空洞，讓他們有足夠的清晰思維，去爲追求一個理想的社會而努力。」

翻譯員看來有點緊張，他拿出一條手帕擦拭額上的汗水。像他這樣一個穿著現代西方服裝的年輕人，會怎樣看待劉先生的話呢？他有爲追求一個理想的社會而努力嗎？他有覺得過自己「空虛」、有覺得過自己缺乏「清晰思維」嗎？他有爲追求一個理想的社會而努力嗎？我知道，儘管中國的老年人口爲數龐大，但它的年輕人口，仍然遠超過中年和老年人口的總和。意識形態與經濟上的巨大轉變已經在中國發生了，說不定，中國政府這麼著意發展老人教育，正是爲了對失去的確定感作出補救。

「老年人雖然是內心平靜的一群，但這並不表示他們是沒有關懷的，而只是表明他們已經明白到歷史是一條充滿衝突的長河，並安然處之。」

「歷史是充滿衝突的長河」一語在我的腦子裡引起了迴響，讓我想起了中國是個擁有巨大河谷的地方，也讓我想起，過去幾千年來有過無數的王朝在中國的大地上起起落落。劉先生顯然是認爲，中國的老人家在經歷過衆多的歷史動盪不安以後，已經培養出一種斯多葛式的智慧❻。也許「歷史長河」這個意象，是他從馬克思主義的辯證法裡借取出來的，因爲馬克思主張，歷史無可避免是一些對立的經濟力量相衝突的結果。不過又也許「歷史長河」的意象是源出於道家，因爲道家認爲，一切的對立或二元性，都是虛幻不實的。

在中國的社會裡——最少劉先生是這樣認爲的——代溝是不存在的。文化的規範加上政府的權威，讓不同生命階段的人能和衷共濟，並賦予了每個人對自己和別人的責任。但在我們這個對老年乃至童年的意義都缺乏共識的社會裡，代與代的鴻溝又要憑什麼來消弭呢？

我也很好奇，劉先生對於自己站在加拿大一家大學一群衣冠楚楚的聽衆面前發表演說，內心有什麼感受。這裡有豐富的食物，每個人都是笑容可掬，沒有遠處的隆隆砲聲，沒有叫囂、沒有煙硝火焰。我很相信，劉先生的大半生都是在動盪不安中渡過的。軍閥割據、八年抗戰、國共內戰、土改、文革——這些深重的痛苦，最後把中國轉化成爲一個工業化、政府高度極權和人權不時會受到打壓的國家。

燈籠宴

當天晚上，所有與會者都應邀到大學校長的宅子參加一個室外的晚宴。一條掛滿彩色紙燈籠的電線從宅子後方的露天平台一直延伸到一個巨型帳棚。由學生權充的侍者正在帳棚裡忙著佈置餐桌。

我手裡拿著一杯啤酒，和米隆聊瓦斯卡納湖的歷史。我心裡七上八下，拿不定主意是不是要告訴他，我認爲我看到的白虹，有可能就是那些被火化的野牛骨頭的精魂，回來此地作魅。

「那是一段令人遺憾的歷史，」米隆說，他指的是克里族印第安人在白人來到後的遭遇，「但你們國家裡的印第安人，遭遇又何嘗不是這樣？」他咕嚕嚕喝了一大口啤酒，拭了一拭八字鬍，然後繼續說：「我們加拿大人並不認爲這是一段光彩的過去，但進步的步伐又有誰可以阻擋呢？不管怎樣，我們都已盡力在彌補過去的錯誤，還給印第安人更多的土地。現在甚至有不少人牧養美洲野牛吶。」他愈說神情愈愉快。

正當我要反駁他的進步說時，有人拍了拍我肩膀。我回頭時詫異地發現，對方竟是劉先生的翻譯員。他滿身都是煙味和古龍水味。他臉上咧著個大笑容，向我伸出一隻手。「恕我冒昧，你就是曼海姆先生嗎？」

「是的，」我回答說，握了握他的手。「我就是朗恩・曼海姆。你不是劉先生的翻譯嗎？」

「對，我負責爲劉先生和其他幾個中國的與會代表翻譯。另外，我也是個部門主管。」他把名片遞給我。名片的一邊印著些中國字，另一邊印著「湖北省外事局」幾個英文字。「我因爲經貿方面的任務，到過貴國很多次。我知道你在美國相當活躍，特別是在俄亥俄州和奧克拉荷馬州。那是洋基人與叛軍激戰的地點，對嗎？」

我微笑點了點頭。不知道爲什麼，從他口中聽到南北戰爭的歷史，讓我感到陌生。我問了他一些在美國的經歷，並試著把他印在名片上的名字給唸出來。

他清了清喉嚨之後說：「在美國，我用的名字是班尼。」

「班尼？」

「對，班尼。很不錯的名字，對吧？」

「哦，當然。」我回答說。接著我就介紹米隆給他認識。班尼把一張名片遞給米隆，寒暄了一下之後，回頭看著我。

「對了，曼海姆先生……」他說，聲音裡帶著猶豫。

「喊我朗恩就好，」我說，「不必太拘禮。」

「好的，謝謝。我來打擾你是有原因的。劉先生聽過一些關於你的事情。怎麼說呢？」我看到他的腳在移來移去，「是關於彩虹的事情。雖然我覺得有點不可思議。」他一臉侷促的樣子，就像是犯了什麼過錯似的。

「我是看到過一道很不尋常的彩虹。我是說對我來說很不尋常。」我回答說，「但他是怎樣知道的呢？」我瞧了米隆一眼，只見他露出一個尷尬的笑容。他一定是把我說過的話傳開去了。一個會議就像一個小鎮，什麼事情都傳播得很快。

「哦，那就好。」班尼說，顯然感到鬆了一口氣。「你知道，這次我們派來參加會議的這些先生們，在中國之外旅行過的次數並不多，所以難免會對很多事情感到好奇。所以劉先生才會請我邀你跟他談談有關彩虹的事。你不會見怪吧？」

「對，我想這在別人看起來是很古怪的。」我本來就想跟劉先生談一談，這正好給了我一個機會。「班尼，我很樂於跟劉先生聊聊彩虹的事。」

「太好了，」他笑著說，大笑容讓他的幾顆金牙露了出來，「我敢保證，你會發現上校是個很有意思的人。」

「上校？」我驚嘆說。但班尼沒有聽到我的問話，因爲他已經往前走出了幾步。

我跟在班尼後面，走過涼廊和一段草坪，去到位於一棵巨大櫟樹下的一張野餐桌前。劉先生就在那裡，正在研究一個裝在地上的烤肉設備。幾個中國人圍坐在桌子周圍聊天和吸煙。一大團煙霧冉冉飄向天空的方向。班尼從他們旁邊經過，走到劉先生前面說了些什麼，後者則點頭和微笑。

劉先生向我鞠了個優雅的躬，而我也儘可能模仿他的樣子回禮。他打量了我的臉片刻，然後對班尼說了些什麼。「他說很高興認識你，他想知道方不方便和你談幾分鐘的話。」

我表示那是我的榮幸，並表示聽過他有關中國的老人教育的演講後，也有些問題想請教他。他一面聽班尼的翻譯，一面點頭。現在我有機會在近距離端詳他的臉了。他的右眉末端有一顆黑痣，左頰上有一道小小的疤痕。以一個八十歲的老人來說，他的皮膚柔滑得異乎尋常，就彷彿是他的頭骨曾經膨脹過，把皮膚拉緊似的。他很少笑，但卻有一張很寬大的臉，就像是曾經碰過什麼驚奇或恐懼，讓他的臉突然變大，並且永遠固定下來。

劉先生比手畫腳地說了些什麼，用手勢比出一個拱形，然後指指自己的頭，再指指肚子。班尼點了點頭，但從他那不自然的笑容和不時斜睨我的眼神，顯示出他有點忐忑。然後他轉過身面向我。

「劉先生說他今天早上沒有看到你說的白虹，不過他在中國的好幾個地方都看過這樣的東西。他說，你最好是先知道中國人對彩虹有什麼樣的看法。他說他曉得，在西方國家，彩虹意味著好運，意味著看到彩虹的人，將會發財。但在中國，不同的彩虹有不同的意義，有些代表好運，有些代表惡運。另外，中國人對彩虹也有很多種不同的分類：紅的、綠的、灰的或白的；弧形的或直的……」說到這裡，班尼揚起雙眉，「還有雄性與雌性之分。」

班尼的話一停下來，劉先生就接著說下去。班尼面無表情地聽著，然後翻譯出來。「劉先生還希望你知道，彩虹可以預言政治氣候和……你們是怎樣說的……婚姻的信仰度？」

「你要說的是婚姻的忠誠度？」

「啊，是婚姻的忠誠度。」

我打量班尼的臉，想看出他對劉先生的這番話是何感想，但他依然是目無表情。之後他繼續說：「你有聽過重虹吧？」

「你是說同時出現，重疊在一起的兩道彩虹？」

班尼把這問題問劉先生，劉先生的反應是使勁地點頭。

「對，沒有錯。劉先生說，在重虹中，較亮澤的一條是雄性，較不亮澤的一條是雌性，就像鳥兒雌雄性的分別一樣。這個，中國的古詩裡就已經有談到。」

中國傳統文化對彩虹的分類和意義的瞭解確實很眩人，但我卻不明白，像劉先生這樣當了一輩子共產黨員的人，怎麼會對這個感興趣。我可以從班尼臉上的表情看出，他對這一點同樣感到不解。難道劉先生因爲年紀老邁，變得有一點怪里怪氣？

接著，他又說了一番話。

「劉先生說，他是從七十歲起研讀中國古代的哲學和詩歌的。他是莊子和孔子的學生，也服膺於太極拳的哲理。」班尼比了幾個太極拳的動作，我點頭表示明白。「他想知道，你是在哪裡獲得你的白虹的？」

獲得我的白虹？聽起來就像是問我在哪裡獲得我的童子軍徽章或駕駛執照。「就在那邊的湖。」我指著瓦斯卡納湖的方向說，它與校長的宅子分別位於大學校園的兩邊。劉先生用不著翻譯就明白我的意思。他望著我所指的方向，然後望著那上面的天空，舉起雙手比了比，就像是在爲一幅畫鑲框。

我忍不住要秀一秀我從米隆那裡學來的氣象學知識。「我也知道一些有關彩虹的事情，」我說，「例如，白虹通常都是出現在有霧的環境。它的形成，跟水氣粒子的大小和太陽的照射角度有關。」我望著班尼，看看他是不是明白。看到他一臉聽得懂的樣子，我繼續說：「水氣的粒子很小的時候，彩虹常見的各種顏色就會互相重疊、抵消，變成灰濛濛的白色。我覺得白虹是一種非常漂亮的景象。這還是我第一次看見。」

班尼把我的話翻譯給劉先生聽，而雖然他眨了幾下眼睛，卻沒有說什麼。接下來，我們三個人就這樣不發一語地站在那裡一陣子。最後，劉先生終於打破沈默，轉身看著我，開口說話，一說就是幾分鐘，一面說，一面如聖人般地比著食指。我瞧瞧班尼，看到他時而咬上唇，時而噘起嘴。

「劉先生說白虹是雌性的，屬於陰。你知道中國人的陰陽概念嗎？」

「知道一點點，」我說，「它們是雄性和雌性原理，任何的人或物都會有的屬性。是這樣嗎？」

班尼看來並不在乎我是不是明白這兩個概念，他只是繼續說：「白虹是非常罕見的，看到過的人並不多。」這一點我知道是事實。「另外，它對看到它的人來說，也代表了特殊的意義。」劉先生看來跟米隆是南轅北轍的兩個人：一個是詩人，鍾情於象徵主義，一個是散文家，鍾情於科學解釋。「白虹所意味的是……」班尼停頓了下來，努力搜索貼切的字眼，「意味的是對分裂的克服，追求一心一意。就像在打仗的時候，每個人都必須行動一致，否則就會打敗仗。」

說到這裡，班尼從翻譯者的角色跳出來一下子，向我解釋說：「劉先生是個經歷過大時代的戰士，曾經參加過反日本帝國主義侵略的戰爭，也跟隨已故的毛主席進行過長征。」

「我知道長征，」我說，「我在書本上讀到過。」

「那就好，」他說，「劉先生還說了以下的話。要怎樣做到團結一致，這是個大問題。劉先生說這是一個你要面對的問題，因爲那白虹是……呃……」他咬了咬下唇，「是屬於你的。」

屬於我的？這雖然是句奇怪的話，卻頓時讓我想起米隆的另一番話。「幾乎有多少個見到彩虹的人，就有多少道的彩虹。」米隆這樣說。因爲一條彩虹的形成，與太陽光線入射的角度和觀察者所站的位置都是有關的。米隆的這個科學解釋並沒有讓我留下多大的印象，但劉先生的說法卻幫助了我明白米隆的意思。某個意義下，你眞是「獲得」一條彩虹的，因爲要能看得到一條彩虹，時間和地點都是關鍵。我並不認爲我有必要在這兩種解釋之間作出選擇，因爲它們可以是互補的。但要怎樣把它們整合在一起呢？

「大多數中國人對彩虹的看法，都跟劉先生一樣的嗎？」我問班尼。

他打量了我一下子以後說：「我無法回答這個問題。」

無法？是不能夠還是不願意的意思？我看到劉先生正凝視著湖的方向。他是個歷經大風大浪而倖存下來的人，而進入老年的他，現在顯得很平靜。這種靜謐，是他讀中國哲學的獲益，還是老年所帶給他的？

接著，劉先生把視線轉向我，開始說話。班尼在旁邊木然地聽著，好幾次都朝我瞄一眼，但臉上表情卻沒有透露任何信息。等劉先生說完，他就開口了。

「劉先生剛剛說的話是要把白虹隱藏的深意告訴你。」

隱藏的深意？劉先生是因爲年紀大了，所以變得有點小孩子氣嗎？還是說他是個中國的梅林❼，是紅軍的魔法師？

「劉先生說，」班尼開始轉述，「年輕就像是彩色的彩虹，太陽會帶來很多的顏色。這會讓你感到快樂。你可以看到很多的可能性，很多變化。再下來是綠色和紅色的彩虹，它們象徵的是強烈的感情。不，不只是強烈的感情，應該說是……」他思考了一下，「激情，對，是激情。它會同時帶來快樂與痛苦。最後就是白色的彩虹，也就是年老。白彩虹就像白頭髮一樣，會帶給某些人哀傷，帶給另一些人快樂，會帶給某些人憤怒，帶給另一些人靜謐。顏色會讓人產生多、分的幻覺。但白彩虹則意味著單純，意味著可能性有很多個，但必然性只有一個。」

接著劉先生又說了一段話。

「他說白彩虹還意味著人與人之間的團結，意味著很多不同類型的人攜手一道工作。」我玩味劉先生對我那白彩虹的寓意那神諭般的宣示。根據他的意思，我應該試著去掌握一種寓多於一的社會哲學，試著去從白虹的現象中同時看出自然律和社會律。

「班尼，我想請教劉先生一個問題。」我扼要地說明了我在美國所主持的老人教育計畫，並指出，我們更重視老人的主觀意願而不是他們對群體的責任。而儘管這樣，有些老年人仍然很善於利用他們的餘暇時間，從事學習、造福社會的活動，有些人也眞是年輕人的榜樣。我想問劉先生的就是，一個老年人會做這些事情，是出於自發的還是出於集體責任感，有那麼要緊嗎？

我問問題的時候，班尼從西裝口袋裡掏出一根香煙燃點，放到嘴裡，吐出一口煙霧。他很專心聽我說話，一面從鼻孔噴出煙。這時，劉先生一個同事走過來，問了他些什麼，他隨即伸手到口袋裡摸索。

班尼挨近我，輕聲說：「群體性，這是一個我跟朋友常常會談起的大問題。我已婚，有一個小孩。我和太太很想再生一個小孩，但你知道的，政府爲了降低生育率，推行了一胎化政策，一對夫妻只能生一個小孩。我們別無選擇。」

我有點想知道他生的是男孩還是女孩，但因爲不好意思啓齒而作罷。「你再生一個小孩的話會有什麼後果？」

「那我就要跟我的工作說拜拜，再也別想有機會穿好衣服和到處旅行。你瞭解嗎？」

我瞭解。劉先生這時已從口袋裡找到房間鑰匙，交給了他的同事。班尼於是轉身向他轉述我的問題。在班尼翻譯的過程中，劉先生幾度瞇起眼睛，就像是他對我的意見存疑或不苟同似的。

「劉先生承認西方人眞的具有很大的天分，特別是在科技的成就上。在資本主義社會，沒有什麼事情是做不到的，不管是建築穿過山脈的高速公路、巨型水力發電站還是製造各種機器。另外，在資本主義社會裡，也把能支配自己的人生視爲最高的美德，而把服從於命運視爲最要不得的事。你們對意志的力量相當樂觀和有信心。如果你發燒或頭痛，醫生會開給你退燒和止頭痛的藥物。但在傳統的中國醫學看來，發燒和頭痛都只是病徵，而不是病因。

必須觀察得更深入，才能找到導致生理失調的病灶所在。同樣的道理也適用於老年人的問題。他們並不是社會問題的原因，而只是病徵。在西方，你們因爲對自由的觀念存有幻想而迴避了道德命令。這是一種錯誤的樂觀。」

我搖了搖頭。劉先生對我們美國人對老年人地位問題的爭論的看法可說是切中要害。我們的社會確實面臨著要怎樣把資源公平分配給不同的年齡層的難題，而且我們還要面對更長的壽命有何好處和目的的問題。但老人和老年本身並不是問題的所在。問題的關鍵在於我們沒有一幅一貫的人生圖像：我們不是在年輕時不願把自己想像成爲一個未來的老年人，就是在老邁之後不願意重新回想我們的童年、少年和成年階段。但劉先生是不是認爲，只要美國推行像中國一樣的集體主義式的解決方案，問題就可以迎刃而解呢？

正當我想問他他所謂的「道德命令」是什麼意思的時候，一個奇怪的聲音從背後傳來。我們轉過身，看到一位女士（應該就是校長夫人）迎著我們的方向走過來，一面走一面搖著個牛頸鈴，並用像吟唱的方式喊道：「晚餐時間到了，請各位到帳棚去享用食物和音樂吧。」

劉先生向我一鞠躬，而我也用同樣方式回禮。我跟班尼握了握手，感謝他爲我所做的翻譯。「那是我的榮幸。」他回答說。在旁邊的其他中國人把抽到一半的香煙丟到地上，用腳踩熄。我們沿著亮燦燦的紙燈籠，一起向大帳棚的方向走去。

回到湖邊

第二天早上，輕微的宿醉讓我多睡了一會兒（昨晚同席的中國人不斷向我敬酒）。走出宿舍的時候，雖然我明知道不馬上趕去會場，就會錯失瞭解愛爾蘭老人教育狀況的機會，但我還是決定先花點時間去思考。因爲我需要釐清一些問題。直到昨天早上爲止，我從未聽過或看過白虹這東西。而現在，我不但遇見過了，而且還得到了兩個解釋：一個是科學的解釋，一個是帶點神祕主義的解釋。我不見得不能把它們兼蓄並收，因爲它們不必然是相互排斥的。但我仍然有一種不踏實的感覺，而且禁不住好奇，爲什麼米隆在里賈納住了一輩子都沒有看過白虹，而我在這裡只住了一個晚上就看到。這個偶遇，是不是就像一句話、一個夢或一股香氣一樣，包含著某種特殊的信息呢？

到我走過宿舍草坪的時候，太陽已高掛在樹頂之上。沒有霧，也沒有太極拳師傅。因爲天氣有點熱，我決定暫停慢跑一次。我沿著瓦斯卡納湖的湖邊小徑信步而行，試著想像印第安人忙著曬乾野牛肉和火化野牛骨的情景。湖面非常平坦，讓四分之一英里外那條漂亮的石橋的倒影顯得清晰無比。走著走著，我內心那兩個聲音又吵了起來。

一個聲音在我腦子裡說：現代人的人生歷程不就像這個湖一樣，是人爲的產物嗎？它就像這個湖一樣，是由科技的發展、政府政策、經濟力量和歷史的偶然加在一起所形成的。那麼，我們何必要求助於對人生全程的觀照，去證明老人在大學裡是應該有一席之地的呢？在中國，國家的建設被視爲當務之急。那個認爲每個人都有責任爲國家盡一己之力的道德命令，乃是集體主義意識形態的產物，而「神聖責任」這個古老的符咒，現在被推陳出新，當成推動社會政策的口號。你所訴諸的對人生全程的觀照，也不過是一種修辭上的虛構罷了，這跟古代的人訴諸自然律並沒有兩樣——而正如我們每個生活在後現代的人現在都知道的，所謂的「自然律」雖然擺出一副永恆眞理的樣子，實則只是特殊歷史和文化環境下產生的教條。另外，諸如地震、旱災、水災、好天氣，乃至於老年這些自然現象，本身都是沒有任何道德寓意的。我們會從它們讀出寓意，只是我們自己的投射罷了。

不過，另一個聲音卻反駁說：儘管這個湖是鶴嘴鋤和鏟子的產物，但白虹卻是眞實的。數學家和物理學家固然已經能夠解釋白虹的物質構成，但白虹這種自然奇觀能喚起人們內心一種深度的反應，仍是不爭的事實。它讓你動容，甚至讓你有蒙福的感覺。生與死，長大與變老，工作、愛、遊戲和休息，固然都是可以以很多的形式來表現的，但它們並不全然是可以任人模塑的，儘管有時候我們可以透過心靈和記憶把它們加以再創造。生命的全程就像一道白虹一樣，可以是一件神聖之物。

當兩個聲音繼續在我耳中喋喋不休時，我想到了弗萊明博士。對於這件事情，他會怎樣看呢？我從全美老人福利協進會的同事那裡聽說過不少他的行事爲人，所以並不難想像他的回答。我在腦海裡想像，假如那天表揚大會結束後，我和他在一張甜點桌旁邊聊了幾分鐘的話，會是什麼樣的光景。我看到他小心翼翼把《林肯傳》放在桌上一個乾淨的位置，聽我陳述我的困惑。聽完以後，他若有所思地點點頭，回答說：

「如果彩虹能爲你帶來啓發，那是一件美事。我們每個人都在尋求啓發，有些人透過大自然來尋找，有些人透過宗教來尋找。至於我，啓發則是來自家人和住在我生長的河谷四周的那些人。」

「你的河谷？」

「對，哈得森河谷（Hudson Valley）。你知道嗎，我和家人以前常常會到羅斯福海灘去野餐，而在那裡，我認識了各式各樣的人。他們有一些對政治人物的評價相當低。這是可以理解的。但是，我也碰到過和在書上讀到過一些眞正有奉獻熱忱的政治領袖。他們都是我的楷模。林肯就是其中之一。就是從他們那裡，我獲得我在老年的勇氣。這就是我的信念：只要精力和健康許可，人就應該永不停止地學習，並把自己的能力貢獻於社會。而我認爲那是一個很好的信念。」

「對，」我回答說，「一個讓人景仰的觀點。」

「現在，有關你的那些中國朋友對世界、對歷史的態度的問題，是個牽涉非常複雜的問題。不知道你是否知道，中國現在已有了巨大的改變。從毛澤東寫出了他的著名文章〈爲人民服務〉到現在，已經是一段很漫長的歲月。就我所聽到的，資本主義在中國的影響力愈來愈強，年輕的一代都以自己的福祉爲著眼點，以賺錢、賺大錢爲宗旨。儘管這樣，最少對年老的一輩來說，『神聖責任』這樣的觀念還是有其特殊意義的。我認爲，美國人也應該有一種責任意識，而這種責任意識雖然和中國人的不同，但它的根源卻一樣古老——可以遠溯至雅典和斯巴達的時代。那就是『公民責任』。我並不是指愛國，雖然愛國也是公民責任的一部份。我指的是每一個人，不管是年輕人、中年人，還是老年人，都對他們的人類同胞負有責任。你愛用『黃金律』或什麼其他名稱稱呼它都可以。單單常識就可以告訴你，如果你有幫過別人的話，那在有需要的時候，別人會幫助你的可能性就會更大。『鄰里情誼』是可以用來稱呼這種態度的另一個字眼。我不認爲人只因爲邁入老年就可以免除掉這種責任。然則還有什麼地方比我們的大學更能讓老年人有機會獲得滋養、成長，習得額外的知識和找到勇氣的呢？他們仍然有他們的角色，而你，則負有幫助他們在社會裡繼續扮演一個角色的任務。你要讓他們覺得自己沒有跟社會脫節。這是最最重要的一點。因爲一旦一個人覺得被社會孤立，他就會失去興趣，就會變得惱恨。他會想：『爲什麼大家都對我不理不睬呢？』老年人仍然有可以貢獻自己的地方，而且他們其中一些人能做的貢獻甚至比年輕時代還會更大，這是因爲，他們現在已經有了餘暇，而且有了動機。這就是教育爲什麼對他們會如此重要。老人教育可以作爲社會改進的一部引擎。想想看老年人看事情的特殊觀點會讓多少人受益。我固然知道有些老人家希望享受餘暇。那當然可以，他們當然可以花時間在娛樂上，好恢復心身兩方面的精力。只不過，這不應該被視爲生活的目的本身，雖然我知道有些人就是這樣想的。但正確的觀念是，娛樂是爲了恢復精力和吸入新的能量，好讓自己可以重新投入有創造性的活動。」

弗萊明頓了一下，舔了舔唇。他是一個極擅於長篇演說的人。「我要給你的忠告就是，」他繼續說，「做你認爲值得做的事情，不要太在乎其他人怎樣想。當你思考的是人生全程的問題，不會有輕易得來的答案。有些人會告訴你，每個人獲分配的社會資源，都有一定的量，而當你用完你的量，就有責任靠邊站，把位置讓給別人。但也有人會告訴你，照顧好老年人是年輕一代的責任，因爲年輕人今天享受到的一切，是老年人流血流汗締造出來的。這兩種立場多少都有點道理。至於我自己的觀點，則是這樣——」說著，他伸手到桌上一個麵包籃子，拿起僅剩的一個麵包，然後把它掰成兩半，給了我一半。「這就是你必須做的。」

他是建議我要爲餵飽大衆而努力，還是建議我要爲我的敵人掰麵包？

「如果你想滋養自己，」他解釋說，「你就得同時滋養別人。按照這個原則去釐訂你的計畫。別流連在抽象的思維裡，要把想法透過實際行動來加以測試。去想出實際的方法來驗證你所相信的主張。不要放棄夢想，但也不要放棄存疑的心。」

他說得一點都沒錯。我一直希望找到的，是一個可以證明大學應該向老年人敞開大門的理論。但弗萊明博士卻似乎向我指出了另一個方向。他告訴我：「應該透過小而實際的步伐，去把老年人和年輕人拉在一起。你會用得著科學幫助你瞭解什麼是變老，也會用得著神話來幫助你瞭解恆久的問題和期望。你可以從中國的聖哲那裡學到不協調其實是通向一體性的道路。藉助你的困惑混亂去尋找和諧吧。最重要的是不要放棄，沿著這條路一直向前走。太多人都放棄得太容易了。想想看，如果白色的彩虹是可能的話，那又有什麼是不可能的呢？如果我們全都是同一個創造的一部份——我個人相信這一點——那我們就有能力去創造自己的彩虹。」

第九章 尋找同時代人

怎樣才算是同時代人（contemporary）?幾年前，我曾在一間歷史學會的博物館領導一個討論小組，探討二次大戰時美國國內的生活情境。有一次，我引用了一些記載一九四四年發生在城市的種族暴動和一些記載珍珠港事變後日裔美國人被幽禁在西岸的文章。我注意到，討論小組的一些成員流露出不自在的表情。討論進行到一半的時候，一位先生突然站起來說：「我不記得發生過這一類的事情。我根本不相信這些是事實。」好幾個人都點頭表示附和，他們有些說：「我們沒聽過有這樣的事。」有些則說：「這些會不會都是誇大不實的報導?」

「但那是歷史的一部份，」我正色說，「它們都是事實。」但我斬釘截鐵的語氣卻未能說服他們。他們都是一些和氣和善意的人。這到底是怎麼一回事呢?

討論小組成員對歷史記載的否定讓我有些困惑。討論結束後，我在博物館裡隨意瀏覽。館裡的展品包括這個城市的一些領袖人物的肖像、刻畫這城市過去街道與建築的蝕刻畫、一般歷史博物館常見的立體模型、幾百年前的軍服與長袍。看了這些東西以後，我只感到驚訝。因爲儘管三十年來的社會史研究已經顯示出，白人以外的其他族群對這個城市的發展一樣大有貢獻，他們的生活史一樣是社區歷史的一部份，但博物館裡的展品，卻一點都沒有反映這一點。這個歷史學會的成員根本抗拒包容性的觀念，就像我討論小組的成員不接受其他人不同於他們的歷史經驗一樣。

所謂的同時代性（contemporaneity），是指人與人之間奠基於共同的過去而產生出來一種身處於同一時間流程的意識。光有生活環境上的密切性（例如出入相同的街道和觀看相同的新聞報導），而沒有包容、接納和互相承認，同時代性依然是不可得的。但要承認我們與一些在價值觀、背景和人生經驗跟我們大不相同的人分享著一個相同的過去，是一件困難的事，因爲這將會威脅到我們的自我認同，威脅到一些賦予我們生活以意義的假設，或是會逼我們不得不面對祖先所犯過的過錯或行過的不義。由於排他是群體認同（group identity）一個很重要的要素，因此，在一個異質性很高的民主社會裡，眞正的同代感是很難達成的。

一位對同時代性的議題提出過深刻而富想像力意見的思想家是羅伊斯（Josiah Royce）。他是柏克萊第一批畢業生之一（一八八五年），先後在哈佛和約翰霍普金斯大學當過教授。羅伊斯認爲，我們每個人都是實在（reality）的一個詮釋者，都致力於找出生活經驗中的意義。

但我們在從事詮釋的時候，並不是身在一個眞空的環境，而是處於其他詮釋者的脈絡裡。不管我們是站在一面籬笆前面與鄰人交談，在閱讀科學刊物或寫作文學評論，我們都是在忙著對自己詮釋自我，對我們的鄰居或同事詮釋彼此。而所有的這些詮釋的媒介，靠的都是一種象徵性的論述——也就是所謂的語言。而由於我們所有的知識都是透過某種語言方式（謠言、影射、公理或隱喩等）傳遞給別人的，所以所有知識都是社會性的，會形成一個互相連結的龐大基體、「一個單一的詮釋社群」（a single Community of Interpretation）。

羅伊斯認爲，在一個個互相連結的，詮釋的三角形中，我們每個人都是一個中介點。不管我們對「實在」的感知有多麼的歧異，我們都是參予在自我詮釋社群的秩序中的。羅伊斯在他的結論中這樣說：「宇宙的歷史、時間的整個秩序，都是普遍社群（Universal Community）的歷史和秩序和表達。」普遍社群就像一首偉大的交響樂，而因爲我們都是有限的存有，所以我們每個人都只能聽到這交響樂的一個小片段，並只能憑我們聽到的那一小部份，去推測整首交響樂的構造。我們必須假定有這樣一個交響樂的整體，否則我們自己所經驗到的片段，將失去意義的憑依。據此，羅伊斯推論說，一定有一個無限的心靈存在，他就像一個超級指揮家一樣，是可以一次聽得到整首交響樂的所有片段的。說不定，羅伊斯的這個理論，可以說服我的討論小組的成員，聽聽其他的樂器，聽聽自己以外的其他人的聲音，是有必要的。

羅伊斯認爲有一個普遍詮釋者社群存在的想法，在今日看來，未免流於空洞和天眞。不同的學者都已經對普遍歷史（universal history）的觀念和那種認爲有一個統一的世界社群存在的想法，提出過批判，指出那不過是知識帝國主義的一種僞裝。因爲這種觀點外表上雖然是善意的，但它卻深藏著一個假設：有某個形而上或宗教的立場是高出其他所有立場一等的，是終將可以把其他所有立場涵攝在自己之中的。像羅伊斯對基督教的看法，就很有這種味道。那麼，我們還需要什麼普遍人性（universal humanity）理論嗎？

不過，我們的社會對於分歧和異質的容受力，似乎也是有一定限度的，超過這個限度，社會的穩定就會受到威脅。正是有鑑於此，像拉希（Christopher Lasch）一類的社會分析家，才會提出「道德自律」和「良知」這些觀念，作爲踰度的個人主義的一種矯治。然而也有人認爲，這一類主張是不可取的，因爲它們本身就是預設著一種我們應該拋棄的觀點：有一種普遍的人性，而它的最高發展就是良知和理性。啓蒙運動主要發言人之一的康德曾經揚言，理性是我們賴以抽繹出普遍的思想範疇（如空間、時間、數等）和普遍的道德範疇（如責任、義務、正義等）的基礎。不過，二十世紀的人類學家葛爾茲（Clifford Geertz）卻不做如是觀。他從研究不同的部落社會發現，各文化用來範疇實在的方式大異其趣。他說，理性是無法用作修補一個破碎社會的「黏膠」的，因爲理性的觀念本身就是歐洲人「民族中心主義」（ethnocentrism）的表現。在〈多樣性的功用〉（The Uses of Diversity）這篇極具衝擊性的論文裡，葛爾茲指出，訴諸理性往往是壓迫或掩飾差異的一種手段。因此，這位深受法國後現代思潮影響的學者呼籲，我們應該還給原住民、窮人和其他社會邊緣人一個公平的對待。這些人一向都被認爲是低人一等，但他們之所以低人一等，只是我們拿一個所謂的「普遍人性」的僞標準來量度他們的結果。葛爾茲相信，要讓這些人獲得平等的對待，我們就首先必須拋棄普遍歷史的觀念。

不過，當代美國實用主義哲學家羅蒂（Richard Rorty）既不同意康德，也不同意葛爾茲的見解。他主張一種「沒有解放的大都會主義」（Cosmopolitanism without Emancipation），認爲我們固然應該不再相信「有一組單一的判準，是任何時代任何地方的人都願意接受的」，但另一方面，我們也不應該放棄透過說服的力量（不是強迫的力量），在自由、民主的旗幟下，對社會進行「不斷的、實驗性的改革」。他相信，即使我們沒有能夠調解哲學上的差異性，但一個包容、公正和人道的社會仍然是可能的。也就是說，他認爲，在處理政治性的問題時，爭論不休的哲學性的問題大可先擱在一邊。

羅蒂這個實用主義的方案，也許對於社會失序和解體的威脅，是個可行之道。但這個方法並未觸及同時代性的議題。如果這樣，我們是不是就只好承認，雋刻在美國錢幣上的那幾個字——*e pluribus unum*〔合眾爲一〕❶——只是一句虛文？只好承認美國根本沒有所謂的「合眾爲一」(one from many)，有的，只是有如大雜燴般的烏合之「眾」(many)？只好承認，在美國，同時代性只存在於一個個彼此沒有同時代性可言的群體之中？

年屆半百

五十歲生日當天早上，我滿腦子想著的都是博物館討論小組成員的態度和羅伊斯的主張。我會那麼在意同時代性的問題，是因爲我已經年屆半百的關係嗎？似乎，當一個人到了五十歲前後，很自然就會思考到自己在歷史脈絡、社會變遷和不同輩分間的定位的問題。先前，我約了一些好朋友在我五十歲生日這天來我家參加一個「長十歲」(Turning Decades) 的聚會，分享各自的人生故事。他們的年齡從三十歲到七十歲不等，背景也各不相同。我會在生日早上想到同時代性的問題，似乎也跟此不無關係：這些年齡背景各異的朋友，能夠找到彼此的關連性嗎？

我太太經常會參加一些純女性的聚會（常常是生日聚會）。看來，她和她的朋友都很懂得享受這個女性意識和女性團結意識抬頭時代所帶給她們的權利。說不定，我會辦一個純男性的聚會，就是出於見賢思齊的心理，並希望在生日當天，可以獲得男性朋友的友誼的慰藉。

不過除此以外，我還有一個目的：我想把我個人的歷史和老化過程放在一個代與代的脈絡來觀察。

邀約朋友時，我請他們預先準備一個發生在他們某個「十歲」生日前後（不管是十歲的生日還是七十歲的生日）的人生故事，在聚會上跟大家分享。我不要他們帶任何禮物，但卻要求他們帶一張跟他們要與大家分享的往事有關的照片，因爲這樣的照片，將有助於其他人對他們要述說的往事，有更鮮明具體的感受。

我辦的這個聚會面臨著若干的挑戰。我與這些被邀來的每個朋友，自然都有一些共通點：他們有些跟我是同行，有些是教友，有些是同輩，有些則跟我有著難以形容的親密感。不過，這些人齊聚一堂，卻還是頭一遭。他們之中有些人彼此認識，但認識他們全部人的只有我一個。另外，來賓中最老的一個和最年輕的一個相差有四十多歲。那麼，我的這些朋友是不是會有足夠的共通性，可以讓這個聚會變得有趣，讓他們的人生故事可以引得起別人的共鳴？要讓自己的過去變成鮮活的現在——「成爲歷史性的你自己」——已經是夠困難的了，那麼，想把一群人的人生關連在一起，讓他們成爲歷史性的彼此（becoming historical to one another），成功的機會又有多高呢？

我還記得，聚會那天的天氣，是南方五月下旬的典型天氣。風急，雲低而稀疏，讓起居室的地板一陣明一陣暗。一小時前才下過雨，甚至有要下雪或雪雨的徵象。側院樹木黑而亮的樹枝不時都會叩打玻璃窗。我端出一托盤的玻璃杯和一瓶一個朋友帶來的上好蘇格蘭威士忌。不喝酒的人，則可以選擇冰紅茶——一種美國南部四季皆宜的飲料。

客人早已在起居室的四周就座。厄爾坐的是一張帆布導演椅，他選這張椅子坐，是因爲它兩邊都有扶手，讓他要站起來比較容易些。厄爾一向熱衷打網球，直到七十歲前後膝蓋出了毛病才封拍。諾姆坐的是皮躺椅，兩腳擱在一張軟墊凳上，讓他那雙一度時興的白色易套鞋分外顯眼。里奇、彼得和德懷特三個人瓜分了那張套了綠色椅套的沙發。亞倫則選擇坐在靠近壁爐邊的小毯子上，他是我的醫生兼朋友，心靈健康，體格強壯。什穆埃爾——我的拉比——拉了一把藤編的餐桌椅坐在我旁邊。大夥圍成了一個大略的圓形。當我把威士忌和冰紅茶端出來之後，什穆埃爾對於要喝威士忌還是冰紅茶顯得猶豫不決。事隔那麼久，他喃喃自語的聲音我還彷彿可聞。

生日派對

「哎，管他的，你又能有幾次五十歲的生日嘛！」什穆埃爾把威士忌倒到玻璃杯去的時候說。

什穆埃爾拉比原名史考特，那一年三十五歲上下。運動員的體格、一頭鋼絲般的紅髮，加上一把濃密的絡腮鬍，讓他看起來要像個史考特多於什穆埃爾。什穆埃爾這個希伯來名字是他二十七歲決志要成爲拉比時取的。他把一張照片遞給我看。照片中人是沒有蓄鬍的史考特，他站在一頂帳篷的前面，背景是一片森林，更遠處是一些山峰。

「很帥，」我說，「不過我還是比較喜歡有一把絡腮鬍的你。」

「那是因爲你自己也有一把絡腮鬍的緣故。朗恩，你知道嗎，《塔木德經》❷就說過——」跟著他用希伯來文嘰哩咕嚕唸了些什麼。

「那是什麼意思？」我問。

「那是說，」他環顧了在座各人一眼，「如果一個人從他鄰居的臉上看到與自己肖似的五官，就是看見了上帝的臉。」說罷，他雙眉一揚，摸了摸鬍子。

「說得好，」我說，「這也是爲什麼我要同時請一些有鬍子和沒鬍子的人來這裡的原因。我想請大家來探索我們的共同性與差異性。」

「好，」什穆埃爾說，「由於我是這裡最年輕的，所以朗恩交代我，今天的分享應該由我先開始。」他對我使了個眼色。我不記得自己有說過這樣的話，但他的自告奮勇卻讓我高興。

「我打算先唸幾段我的日記給大家聽。我記日記已經很多年了，數量相當可觀。」他看了在座幾個有白髮或禿頭的人一眼，然後說：「你們是不是會覺得自己的記憶力正在衰退？那你們還是比我強，因爲我就從來沒有記憶力過。」大家都笑了起來。「這也是爲什麼我在每件事情發生後都要趕緊把它們記下來。」

什穆埃爾記憶力之差是出了名的。每次講道講到一半，他都會停下來向會衆說：「抱歉，我忘了講到哪兒了。是不是有誰可以提醒我一下？」然後就會有人告訴他，他是正在講解《托拉》哪一章哪一節的含意。不過也有人懷疑，那只是什穆埃爾的一種伎倆，用意是讓會衆聽講的時候更投入。如果是這樣的話，他成功了。

「這段話來自我的日記，讓我看看——」他翻開手上的日記本，「對，那是我二十歲生日沒多久之後寫的。那可是好久好久前的事了，最少在我的感覺裡是如此。」

什穆埃爾向其他人舉起酒杯。「*L'chaim*〔敬生命〕❸，」他高聲說，「祝各位健康。」其他人也紛紛舉起手上的威士忌或冰紅茶。喝過一口酒後，什穆埃爾就開始唸他的日記。

「今天，我在阿巴拉契亞山徑（Appalachian Trail）❹走了十二英里的路。每個遠足者都簡稱它爲AT。起初，AT只是地圖上的一條點線。我能走多遠呢？我一連串的上坡路與下坡路，穿過一些杜鵑小樹林，經過一些高大的櫟樹、雲杉、松樹，然後又再次進入一些幽暗的小樹林。它就像人生一樣，有時起，有時伏，有時陰，有時晴。漸漸地，我的知覺變得敏銳，注意到鳥、松鼠，鹿與熊的足跡，溫度的變化，乃至於我自己的變化。這山徑就是我的道路，儘管我是與別人分享它的。沿路碰到每一個人，我們都會停下了簡短交談幾句，說說自己是從哪裡出發，準備要走多遠。昨天，我遇到一個叫鮑比的人，他說他計畫要把AT分段走完。看著他說話的時候，我幾乎忍不住要大笑出來。他長得就像一頭刺蝟。我有這印象，不知道是因為他有一口大暴牙還是他說話時老是把頭晃上晃下、晃左晃右的樣子。在這山徑裡，我們都成了動物，成了大自然的一部份。遠足的挑戰幫助我們找到自己。我要怎樣向我父母解釋這一點呢？他們把我教養成一個理性的城市小孩，不相信任何被認為是迷信或神祕的事情。但走在這山徑時，我卻是頭紅狐。我不再是史考特，而是有一頭有毛茸茸尾巴的紅狐，是大自然的一部份，是一個受造物，是上帝造物的一部份。」

什穆埃爾闔上日記，我們紛紛報以掌聲。

「我們可以看看你的尾巴嗎？」諾姆笑著說。諾姆為人機敏，頭已經全禿，有一把修剪得整整齊齊的鬍鬚，七十歲出頭。他雖然已經退休，但仍然會不時以石油地質學家的身分，做些顧問性的工作。

「我真正想知道的，」諾姆繼續說，「是你經歷了些什麼？」

「經歷了些什麼？」什穆埃爾說，身體在椅子上晃前晃後，「我經歷了戶外體驗所帶給我的覺醒。關於什麼的覺醒？是關於大自然的嗎？對。但也是關於我靈性的一面的。起初，那對我來說並不構成問題。我一直都用其他的追求來掩蓋它。我在大學唸的是化工，本來是計畫成爲一名化學工程師的。我跟父母的關係非常親密。但我的家庭是個極度世俗化的家庭。我們從血緣上、文化上來說是猶太人，但我父母對猶太教卻毫無信仰，認爲宗教只是一種迷信。我卻愈來愈有一種感覺：我是歸屬於一個比我更大的神聖存有的。這種感覺，讓我與成爲一個科學家的志向漸行漸遠。而我在阿巴拉契亞山徑和其他的山徑的體驗，也最終讓史考特和什穆埃爾不得不面對面，不得不發生碰撞了。」

說完，什穆埃爾摸摸鬍子，看著自己的照片。

「聽過什穆埃爾的故事後，」諾姆笑道，「我想應該輪到我來分享，因爲我的人生故事恰恰跟他的相反。」

「說吧，諾姆。」什穆埃爾說。

「好。我跟什穆埃爾拉比自小成長的環境截然不同，我生長在一個宗教氣氛濃得化不開的家庭裡。我爸爸是以美以會的牧師，媽媽是他助手。所以從小，我一天到晚聽到的盡是原罪、上帝、世界末日之類的事情。家裡的每件事情都離不開宗教——更精確地說是離不開基督教。我覺得自己快要窒息了，迫不及待想要找到出路。上大學給了我這樣的機會，而我就是在大學裡發現地質學的。我清清楚楚記得我與地質學的邂逅，是在我要滿二十歲的時候。當時我想，老天，我是大人了。也是在同一年，我發現了石頭的迷人之處。」

諾姆從一個紙袋子裡拿出兩張照片，傳給大家看。其中一張是穿著大學服的諾姆，他一副無憂無慮的樣子，跟一群同樣穿著的學生走在綠樹成蔭的校園人行道上。另一張照片中的他，則是個體格結實的年輕人，穿著短褲，頭戴高頂氈帽，嘴裡叼著根煙。他手裡拿著把看來像小鶴嘴鋤的工具，站在一片岩石露頭的旁邊。

喝過一口冰紅茶後，諾曼繼續說：「老天，地質學的時間眞是讓人目瞪口呆。以地質學的時間來衡量，聖經不過是一本現代的小說。想想看，地質學是以萬年甚至百萬年來當時間的單位。與此相比，新石器時代和舊石器時代不過是小兒科，而宗教則不過是一種新近的發明。眞正的大奧祕要比這個古老太多太多了。我還要補充的是，我們的星球究竟是怎樣形成的這個問題，對一雙訓練有素的眼睛來說，答案就在我們腳下的石頭。當你開車經過一個因爲要建築公路而鑿出來的山隘時，造化的鬼斧神工就盡在眼前。你可以從石頭上讀出它們在幾百萬年前經歷過的熱力、壓力、摩擦和爆發，也就是所謂的──」他用兩隻手比出一個帳篷的形狀，「造山運動。你可以從礦物和化石上讀出進化的故事。你可以量度它、用方法檢定它，而你所得出來的分析和理論，是遠在幾千英里以外的人可以加以檢證的。那就是科學，就是我的信仰——一種以堅強事實爲後盾的信仰。」

他在椅子上移動了一下身體，把兩條疊著的腿分開來，再以反方向重新疊上，就像是爲接下來要說的話暖身。「我在當學生的時代，人們甚至還不知道有板塊運動和大陸遷移這些事情。如果要追求啓示，我會往石頭上面去追尋，它們可以解釋太多我們從來不知道的事情了。幹！我眞的想對物質世界大大禮讚一番。它絕不是一種比靈性低等的東西，而且是完完全全值得我們敬畏的。科學把我帶出了宗教的黑暗時代，指出一條通向進步之路，一條通向人類改進之路。當然，世界並沒有完全朝進步的方向走，但這只是因爲人類仍死抱住某些……某些非理性的信仰不放的緣故。不過，如果這些信仰可以讓他們得到安慰的話，我是不排斥的。」

諾姆望向什穆埃爾。「請你不要見怪，我並不是想詆毀宗教。宗教也是可以帶來裨益的。它可以指導人們去做好的事而不做壞事——最少大家是這樣認爲的。」他向什穆埃爾使了個眼色，後者則點頭回應。

「但至於我，」諾姆繼續說，「宗教則似乎總是負面的。在從事地質學的探勘時，你會覺得宛如置身在一座精美的大教堂——對了，很多大教堂不就是由石頭砌成的嗎？說不定，每一代想走的路，都是和上一代恰恰相反的。我在二十歲的時候還沒有想通這一點，甚至到三十歲都還沒有。它是經過一段長時間，才醞釀成熟的。但雖然不自覺，我卻是朝著這個方向前進的。」

兩張照片傳回到諾姆的手裡。他把它們放回紙袋子裡，然後挨在躺椅的椅背，意味著他的故事已經說完。

「你父親瞭解你的立場嗎？你們有沒有因此發生爭執？」什穆埃爾問。

諾姆身體稍微往前仰了一點。「我想，你可以把我跟我父親後來的關係形容爲『良好』。在這一點上，我太太幫了很大的忙。我爸爸很欣賞菲麗絲。我猜他是在她身上發現了某些他所期望於我的特質。」諾姆靜靜看著他擱在軟墊凳上的腳。沒有人說話。

我們曾事先約定好不去對別人的故事追根究底的；可以問問題，但不可以發表意見。

「眞有意思，」彼得打破沈默說，「剛才兩位談的都是二十來歲時的事情，剛好我也是這樣。」彼得今年四十多歲，有一把雜著幾綹灰鬚的大鬍子。他生長在密西根州一個小鎮，家裡屬於勞工階級，現在在本地的大學裡教授文學。他爲人深思、愛說些挖苦的話，但卻極爲熱誠。他每次笑，就會露出缺掉一顆門牙的那個洞。

「這是我在越南拍的。」他把一張照片傳給大家看。照片裡，他跟一群士兵站在一條塵土飛揚的街道上。「我想想看，嗯，我當時應該是二十一歲。我不像某些同輩的人那樣，千方百計逃避兵役。我是一家教堂的祭壇助手，一個勞工階級小孩，當兵在我看來是理所當然的。

抽籤的日子來了，而我被抽中了。接下來是體檢。通過體檢後我就進入新兵訓練營，再幾個月，我就到了越南。」他打了個響指，「就那麼簡單。」

「我從未出過遠門，但突然間，我就被放到了一個熱帶的亞洲國家去。這場戰爭改變了我的整個人生觀。看到其他美國大兵是怎樣對待越南人的時候，我只覺得震撼。他們殘忍和冷漠得讓人難以置信。唉，枉我們還自稱是基督徒！他們可不是爲了保護部隊的安全才會殺人的。一個美國小伙子只要在越南待上一下子，就會變成一頭野獸。我也感覺到有一頭野獸在我裡面蠢動。不知道是幸還是不幸，有一天，我乘坐的那輛裝甲運兵車觸到了地雷。爆炸把我拋出了車外。接著我知道的事情就是我躺在一個擔架上。我的腿斷了。他們送我回國養傷，而等傷勢痊癒，我的役期已經結束。在經歷過這一切以後，我決定成爲一名兵役顧問，幫助別人迴避兵役。整個越南經驗帶給了我極爲震撼的效果，讓我覺得自己猶如一個從大夢裡醒來的人。此後我所做大部分的事，包括上大學、唸文學和成爲一個文學老師，都是我在服役前從來沒有想過的。直到今日，我仍然對這個後來的人生感到如夢似幻。」

說完，彼得微笑地看著我們，過了片刻又補充一句：「我感覺越戰把彼得從一個切成了兩個。」他把杯子裡的威士忌一飲而盡。

「是把彼得一分爲二嗎？還是應該說把彼得二合爲一？」厄爾問。他的這句話讓大家都望向他。厄爾有張英俊的臉，皮膚黝黑，六十多快七十歲，一頭白髮梳理得整整齊齊。「彼得，你不認爲，你之所以能把兩個彼得連接起來，是因爲越戰的關係嗎？我想那個大學教師彼得早就活在你身上，只是等著你去發現罷了。而戰爭提供了你一個契機。」

彼得把頭斜側向一邊，琢磨厄爾的話。「嗯，你的話不無道理。我在高中就對文學感興趣，只是從來都沒有把這種興趣當一回事。我會再把你的意見好好想想。」

厄爾轉頭看著我。「對不起，朗恩，我想我破壞了約定。我們都同意過只問問題，不提意見的。但彼得談到的事就是讓我忍不住，因爲我發現自己不想繼承父業當個機械工程師，就是在二次大戰服役期間。」他摸了摸下巴，手順著下巴摸到脖子上，「不過那是另一個故事，並不是今天我準備跟大家分享的故事。」

「那就請你開講吧，厄爾，」我說，「看來是該輪到你了。」

「對，我也這樣認爲，因爲我的故事剛好也跟越戰有關。」

他拿出一張照片給大家看。照片裡的他，穿得乾淨整齊，一副生意人的模樣，兩手各搭著一個不修邊幅、長髮及肩的年輕人的肩膀。

「他們是我的兒子，」厄爾指著照片說，「這個是理查，這個是湯姆。」

「我以前也有過那樣的頭髮。」亞倫高聲說，輕輕摸了摸他頭髮最上方的禿頂。亞倫是我的醫生兼好朋友，四十出頭。

「對，那時候的人都認爲留這樣的長頭髮才叫時髦。」厄爾回答說，「我想想看，當時我應該是……對，應該是四十二或四十三歲，因爲我兩個兒子當時分別是十九歲和二十一歲。四十歲早期的我，經歷了一段很艱難的時光。我想，每個人的一生，都會在哪個十歲經歷過瓶頸，有可能是在二十歲，有可能是三十歲。我的瓶頸是出現在四十歲，而讓我的困境更雪上加霜的是，我兩個兒子有可能會被征召到越南去打仗。」他抬頭望著天花板。

「就像在座的某些過氣老頭子一樣——請原諒我用這樣的形容——我也是參加過第二次世界大戰的老兵。我所屬的兵種是海軍。本來我是應該在太平洋的戰場上的，但因爲我懂德語和法語，所以他們就把我派到歐洲去當翻譯，負責從一些德國科學家那裡獲取科技方面的資料。我得首先聲明的是，我是個絕絕對對愛國的人，但我卻無法認同我們在越戰中的角色。我也不想兩個兒子到那兒去打仗，所以支持他們迴避兵役的做法。有時候我會反躬自問：我會不願意他們去當兵，只是因爲想保護他們，只是因爲我不想失去他們嗎？在我的年輕時代，我們根本不會對戰爭置疑。我們認爲那是一場正義的戰爭，敵人是魔鬼，而且戰爭是他們挑起的，我們則是正義之師。另外，」厄爾笑著說，「每個人都會說你穿著軍服的樣子很帥。」

厄爾望向諾姆，尋求他的認同。諾姆點了點頭，對厄爾行了個軍禮。「我問自己：就因爲我不再是個十九、二十歲的無畏小伙子，而是個四十歲的老爸，所以我的想法有了改變嗎？不過，我在服役期間看過的悲哀和痛苦已經夠多的了，所以不再對戰爭和英雄氣概存有浪漫遐想。我的兩個小孩都成功地迴避了兵役，而他們後來的表現都很出色，讓我覺得安慰。他們成了好丈夫、好父親，在各自的職業崗位上盡責而有創意。但我知道，很多其他人——像在座的彼得就是其中之一——就沒有這樣幸運了。他們根本找不到不服役的藉口。他們其中一些一去越南就沒能回來過。他們永遠沒有機會去質疑，我們美國人打越戰，是對還是錯。那是個令人沮喪的年代，而我很高興它已經過去了。」

沒有人說話。里奇把照片遞回去給厄爾。厄爾把照片再看了一眼，才把它們放回到信封去。

「嗯，我不打算談我怎樣成爲文學教師❺，也不打算談有關戰爭或石頭的事。」里奇說，從一個文件套子裡拿出一張照片給大家看。「這照片是一九八三年在以色列拍的，當時我剛滿三十歲。照片中我背後那幅牆，就是耶路撒冷的哭牆。」他把照片遞給諾姆。

里奇禿頭、蓄鬍，眼梢末端有一道道向外輻射的皺紋。他的手和腳都很小，但胸部卻很寬闊，前臂的肌肉也很結實。

「我是以 *Sherut La'am* 的身分到以色列去的。*Sherut La'am* 是指志願到那裡去服務一年的工作者。工作結束後，我又多待了兩年。爲什麼會這樣？」他聳聳肩，「事情的緣起是這樣的。有一天，當我走在一個通向哭牆的廣場時，一個跟我年紀大約相當的男人向我走過來，一隻手搭在我肩上說：『我的朋友，你知道現在是什麼時間嗎？』他問。當我低頭想要看錶時，他卻搖頭笑了起來。『我不是問這個時間，朋友。我是問你知道今天是女王舉行盛宴的日子嗎？宴會的餐桌上會擺滿銀餐具、麵包和葡萄酒，你知道嗎？』說完，他又笑了起來。我知道他說的女王是指安息日❻。『你會願意跟女王一起用餐嗎？你會願意跟她一起跳舞？』他又問。我趕緊把手伸到口袋裡，以確定護照還在那裡。」說著，里奇做出伸手摸口袋的動作，然後笑著說：「還在。」

「對方自我介紹說他叫雅各・卡茨，來自密爾瓦基，現在定居以色列。然後他走到我前面，上下打量我，開始告訴我一些有關我自己的事情，例如說我一直在找某些可以填滿心靈空虛的東西；說我東飄西蕩，爲的是尋找一個靈性導師；說我對從小就信仰的猶太教已經感到失望；說我嘗試接觸過很多宗教，包括佛教、統一教和印度教，但最後都是以失望告終；說我來了以色列以後，反以比從前更感到困惑，因爲我的世俗美國人的自我認同已經開始瓦解，內心充滿恐懼和痛苦。」

「我目瞪口呆地看著他。他是怎樣知道這一切的？我們不是完全的陌生人嗎？我感到自己馬上就要嚎啕大哭。但他卻問我，是不是願意去見見他的拉比，後者主持了一個授業座（yeshiva），也就是一家訓練宗教學生的小學校。今天他們正要舉行歡慶安息日的宴飲。我正覺得餓，加上沒有別的事情要做（我本來是要到哭牆去的，但只是爲了隨便看看，沒有別的目的），便隨他去了。食物很簡單，卻很美味。飯後我們一起祈禱和唱歌，直到凌晨兩點才結束。我在那裡過了一夜，第二天也逗留了一天。」

說到這裡，里奇從椅子上站了起來，走到客廳的中央站著。我們看著他，納悶他打算幹什麼。

「談這件事的時候我無法坐著談，必須要踱來踱去。我說下去你們就會明白。」接著他就繞著客廳走了起來，一面走一面說話。

「他們給了我一些書讀，有些是英文的，有些是希伯萊文的。我開始沈浸於喀巴拉（Kabbalah）❼思想的研究。我開始研究四世界（Four Worlds）和上帝十相（*Sefirot*）等秘義學說。即使是做夢，我也變得只會做用希伯萊語發音的夢。我覺得自己猶如進入了一個靈性的伊甸園。我的家鄉新澤西變得跟我在耶路撒冷的新生命一點關係都沒有。我們會每天念咒三次、讀聖書和唱詩歌，唱了又唱，一面唱一面在桌子上敲打。我覺得自己變得一無所缺，變得無比充盈。我想像不出來，除了每天念咒、讀聖書和唱詩歌以外，還有什麼是值得我做的，也想像不出來，除了希伯萊語以外，還有哪種語言可以讓我進入現在的境界。他們給我讀的書當中，最讓我著迷的一本，是維達斯（Elijah de Vidas）所寫。維達斯是十六世紀一個偉大的猶太神祕主義者，具有西班牙血統，住在采法特（Safed）❽——那是個美妙的城市，舉目都是髹成白色的石屋、藍色的門、蜿蜒狹窄的街道。他的《智慧的開端》（*Beginning of Wisdom*）簡直讓我如痴如醉！從它裡面，我得知想要脫胎換骨，就必須穿過「五閘門」（Five Gates）：敬畏、愛、懺悔、聖潔和謙卑。只要穿過了這五道閘門，我以前的陋習和混亂將會煥然冰釋。」

「每次我從授業座走到街上，都會有一種自己被裡外翻了過來的感覺。與人接觸（即使是認識的人）對我來說便成了一件痛苦的事。陽光也太強了，即使戴了太陽眼鏡還是會覺得刺眼。我覺得自己就像一塊生肉，再怎樣多的遮蔽都嫌不夠。我最喜歡的是走到非常正統的街區，走過一道道的閘門和拱道——據說那裡的閘門和拱道，有上百個之多。我知道這很荒謬，因爲『五閘門』只是一個比喻。但我就是像中了邪一樣，迫不及待想達到靈性上的出神狂喜，想蛻去身上一層屬於過去的皮，想獲得淨化。」

里奇踱步的圈子慢慢縮小，後來還踱到大夥圍成的圓圈裡面來。其他人看起來都有點不自在。他會繼續這樣下去多久呢？最後，他停在圓圈的中心，旋轉身體，喊道：「成了！」

「成了？」不輕信的諾姆說。

里奇走到諾姆面前，問他：「你知道通向伊甸園路上有一道火焰閘門嗎？」諾姆看看左右的人，想從別人那裡得到一點回答這個問題的線索。里奇搖了搖頭說：「但我從未看過它，你知道爲什麼嗎？」諾姆只能搖搖頭。「因爲有一天，一個永恆的下午，我湊巧走入一家書店，在放旅遊書的角落認識了一個女的。我也不知道自己爲什麼會走入書店，說不定是因爲櫥窗裡湊巧放了一本有關閘門的書。她有一身黝黑的皮膚和一雙烏黑的眼睛，是個休假中的女兵。她看見我站在那裡，一臉恍恍惚惚的樣子，就用英語問我我還好嗎？我覺得很訝異，一句話也說不出來。然後，她又用希伯萊語問我，我有沒有去過美國。『有。』我用英語回答說。然後她明白了，問我：『你正在修習神祕主義，對嗎？』我點點頭。『你跟黑帽子們一道修煉？』她說的『黑帽子』，是指哈西德派教徒戴的那種黑色、寬邊的帽子，和四〇年代在美國流行的那種帽子式樣很像。」

「她告訴我，我已經忘了我的家人、我的出生地和原來的名字，說我已經成爲了一些會要幻術的魔法師的俘虜，說我只是活在一個夢裡，以爲自己是在永恆的世界裡起舞。聽了這番話，我只是驚訝地瞪著她看。書店裡有一張小沙發，她邀我一道坐下談談。雖然我並沒有問，但她卻主動告訴我她的事情。她說話說得很慢和很仔細，就彷彿我是不是聽懂她的每個字，是攸關重大的。她說她父親是羅馬尼亞人，母親是在阿爾及利亞長大的法國人，兩人是在以色列一個合作農場認識的。她有兩個哥哥和一個還在唸高中的妹妹。她的名字是麗芙卡，她告訴我她打算在退伍後唸書，當一名放射醫師的助理。她解釋說，她曾經碰過很多類似我的人。她從我臉上的表情，一眼就可以看出我是怎麼回事。她問我有看過一些神祕的閘門、宮殿房間或廟宇柱子之類的東西沒有。我只是點頭。她又問，我最後一次吃牛排或喝啤酒是什麼時候？我只覺得對這個問題很反感。她還問我最後一次跟女人上床是什麼時候？『以你這麼英俊的一個男人，不會沒有吧？』我覺得一陣寒意鑽下我的脊椎。」

「我們一起離開書店。我覺得自己像是受到了她的眼睛、氣味、眼眉、柔軟的唇與白亮的牙齒所催眠。在街上，我向一個葉門女攤販買了一條鮮豔的圍巾送她，她把它繫在腰間。然後，她把我帶到她的公寓去。就是在那裡，她教了我跳這支舞。」

教了他跳舞？我們面面相覷，因爲沒有人預期他的故事會是這樣的下文。

這時，我們只見里奇雙臂向外平伸，一隻腳在木頭地板上轉了半圈——轉得很慢，轉完又換另一隻。他又把頭轉來轉去，一面把一隻手（手掌向上）屈向頭，屈完又伸直，換另一隻手屈。接著，他示意我們跟他一起跳。他向前踏出一步，把什穆埃爾從座位上拉了起來，而什穆埃爾則把諾姆拉了起來，後者又把彼得拉了起來。最後，所有人都站了起來，手橫舉過肩，彼此指尖觸碰指尖。然後里奇向我們再次示範怎樣用腳轉圈、晃頭和屈臂。他一面做動作，一面像念咒一樣唱道：「也，呐呐，呐，呐，呐，呐。也，呐呐，呐，呐，呐，呐。」聲音時起時伏，先是輕柔，轉趨高亢。我們都是笨拙的舞者，磕磕絆絆地努力想跟上他的舞步和念咒聲，不時會踩到彼此的腳一下。

隨著我們漸入佳境，里奇示範給我們看怎樣在最後兩個節拍的時候跺腳。「呐，呐。」我們一面跺腳一面喊。用一隻腳跺了兩拍，再換另一隻跺。我們的念咒聲愈來愈高亢。舞步愈來愈快，念咒聲愈來愈響亮，跺腳愈來愈重。我知道跳這種舞對厄爾的膝蓋來說會很吃力，但他並沒有拒絕，只是不時會露出個痛苦的鬼臉。當我們看到里奇頭彎下，右腳抬高和固定住的時候，知道這是舞蹈結束的訊號。於是我們在地上連續跺兩下腳——「呐，呐」，就紛紛坐回到位子上去，口中喊出最後一聲「呐，呐」。

大家喝過一輪威士忌和冰紅茶以後，就輪到我上場了。

「厄爾說過，他認爲，每個人一生中最少會有一個十歲會陷入瓶頸，我想我的人生足以印證此說。」我把三張照片遞給諾姆。在第一張裡，我手抱了個裹著毛毯的小嬰兒，站在一條狹窄的石子路上，背景是一條青綠色的帶狀物——看起來像河流但實際上是個海灣。第二張拍的是一排高速公路邊的灌木樹籬。第三張裡的人是我和卡洛琳，當時我們正走向一片沙丘，因爲照片是我們在轉頭看後面的時候被拍到的，所以照片裡的我們，是鼻尖對鼻尖的。

「我碰到瓶頸的年紀是在邁入三十歲。」我繼續說，「不過說明這個瓶頸以前，我想有必要先交代一下它的來龍去脈。」

「在我二十好幾的時候，我感到自己被一股我稱之爲生物之浪（a wave of biology）的感覺所淹過。當時我確實是那樣的感覺。在那以前，我是一個研究生和單身漢，一直在知性生活的高速公路和小路上到處漫遊。我嚮往可能性，對過程的熱衷要超過對結果的熱衷。不過接著，那股生物之浪就襲向了我。我開始有一種急迫感，覺得時間在快速流逝而我卻無甚表現。我突然心生一種渴望，渴望可以締造出一些恆久的東西。」

「剛好這時，我的指導老師認爲我該是動手寫預備論文的時候了。這篇預備論文，將會是我夠不夠資格寫我的博士論文的試金石。我花了幾個月的時間寫出了一部一百多頁篇幅的手稿。這論文的其中一部份，討論了齊克果《非此即彼》（*Either/Or*）一書的其中一篇文章〈婚姻的美學正當性〉（The Aesthetic Validity of Marriage）。在這篇論文裡，齊克果試著去論證，在男女關係中，人應該超越羅曼蒂克的愛，而尋求一種更深邃、更持久的親密關係。而他的這個主張，是他一個更大的主張——人應該成爲一個在倫理上負責任的主體——的一環。這篇文章，我以前就讀過，但這一次重讀，卻儼如帶著一雙新的眼睛。讀了它以後，我當下就作出決定，要跟卡洛琳結婚。在那之前，我一直猶豫不決，一直反覆思考婚姻生活是不是適合我的問題。接下來三年，我拿到了博士學位、結了婚、生了兩個小孩，並在一個個短期的哲學教職之間流轉。」

「我得承認，成家的決定讓我本來擁有的無限可能性大大地收縮了。過去那種與朋友長談哲學到深夜的生活，至此已被爲小孩換尿布和批改學生作業的工作所取代。不過用齊克果式的術語來說，我學會了把有限無限化，學會在一些我以前認爲是囿於時間內的東西裡——婚姻、家庭生活、職業——發現了恆久性與普遍性。我對我的家庭生活感到愜意，甚至有一種幸福感，而且納悶自己爲什麼要拖那麼久才踏入這種生活裡。我喜愛當父親，喜愛哺育學生，也喜愛婚姻所要求於我的強烈承諾感。回顧生物之浪來襲之前的歲月，我看到的是一個不願意對任何人或任何事作出全心全意承諾的人，一個沒有血沒有肉的人。但現在，我從這個舊的自我裡脫逃出來了。」我把話停下來，看看左右，以確定大家有沒有跟上。

沒想到什穆埃爾卻在這時候打岔。「我可以明白，你爲什麼會給我們看你抱著小孩和你跟卡洛琳一起拍的照片。但這張樹籬的照片卻讓我費解。這樹籬跟你有什麼關係？你是躲在樹籬的後面嗎？」

「這個我待會兒會說明。」

什穆埃爾把那照片翻了過來，以空白的背面朝向其他人，以表明我沒有躲在後面。

「好吧好吧，我現在就來解釋。」我本來是計畫把我的故事按部就班交代清楚的，但現在看來，這樣做可能太冗長了。畢竟，不是每個人都會對我故事的所有枝節感興趣的。

「我保存這張照片，是因爲它可以讓我憶起邁入三十歲時的心情。在二十來歲的時候，我讀過劉易斯❾一篇名叫〈在樹籬的另一邊〉（The Other Side of the Hedge）的小說。小說的主角是一個喜歡常常跑到郊外做遠距離步行的人，他隨身帶著計步器，計算自己走了多遠。他這樣做，完全沒有任何目的，就純粹是爲了測量而測量。不過有一天，當這個荒謬的傢伙停下來綁鞋帶的時候，怪事發生了。他在彎腰綁鞋帶時注意到，從路邊樹籬下方的一個洞口，有動人的音樂聲傳出來。他很好奇，把頭伸進洞口瞧了瞧，繼而滑了進去，沿著一條甬道滾下去。我想大家都應該猜得出來，他跌進了另一個世界，一個人人都忙著唱歌、跳舞、創作和互相照顧的世界。換言之，他跌進的是一個烏托邦，一個與他原來的世界大異其趣的國度。也許，劉易斯這裡的目的是想把聖經裡那個人類從天堂墮落的故事反過來講。」

「那樣說，照片中的你，是躲在樹籬的下面，而不是它的後面？」什穆埃爾打趣說。

「不全然。」我回答說，「不管再洶湧的浪濤，都會在岸邊裂開和退卻，那股襲向我的生物之浪也一樣。它在推著我向前一段時間以後，我開始感覺到它把我往後拉。雖然我明知自己不可能再回到從前那種無憂無慮的生活，但日復一日的爲家人和工作付出，仍然讓我感到壓力沈重。我開始感到磨損，感到青春不再，感到自己——就像那個帶著計步器的男人起初一樣——是站在樹籬不對的一邊。沒有錯，我會成家和生兒育女，是出於自己的抉擇，但這並不表示它的全部後果是我能預知的。不過，一旦我作出了抉擇，我就像一個過河卒子一樣，沒有退路。因爲我不可能丟下孩子不管，不能不想辦法協調我跟太太之間的分歧，不能不盡心盡力去把工作做好，不能不努力賺足夠的錢讓一家人的生活可以繼續下去。我最初的抉擇啓動了一部會自動不停運轉的機器。我只感到自己的人生——我過去所認定的人生——已經一去不返了。雖然才三十歲，我卻覺得自己已然蒼老。」

「朗恩，」厄爾說，「你描述的處境並不特殊，我很肯定在座每一個都有過類似的經驗。不過你已經熬過來了，對嗎？」

「你跟卡洛琳一起拍的那照片又是代表什麼意義？」什穆埃爾又打岔了，顯然是對我的東拉西扯已經愈來愈不耐煩。

我看了看里奇，很羨慕他有一支舞可以教大家跳，而不是像我這樣，能拿出來的只是一個拐來拐去的故事。

「好吧。第三張照片是我們還住在丹麥的時候拍的。那一天，我們到朋友莎拉家去玩，她的農場就位於北海附近。當時我剛滿三十歲。我還記得，爲了自己變成個三十歲的人這件事，我哀嘆和嘀咕了半年到一年。」

「在走向北海海邊的路上，我告訴卡洛琳，日復一日一成不變的生活開始讓我失去熱情。她很自然會認爲，我說這話是在批評她和抱怨婚姻不快樂。拍這照片時，我們在照片中的這條土路已走了快一個小時。那是一條遠離大路、穿過田畝間的小路，一邊有母羊和小羊在吃草，另一邊有一些馬匹在一片歐石南的後面吃草或奔跑。那是個四月天，仍然寒颼颼，風很大，而因爲我們是逆著風向海邊走的，所以風又特別大。好幾個朋友走在我們後面一段短的距離。這張照片，就是他們爲我們拍的。」

「我因爲覺得自己在跟卡洛琳交談時辭不達意，便帶點惱怒地說：『等我們走到海邊去以後，又得從原路往回走，這就像我對生活的感受：以相同的模式在不斷重覆。』卡洛琳轉臉看我，然後又轉身看我們後面的朋友。我也跟著轉頭。而照片——」我指了指里奇手上的照片，「就是那一刻拍的。」

「之後，卡洛琳說了一番大意如下的話：『當你往回看的時候，你看到的只是簡簡單單的一條路。但我看到的，卻是人們已經走了幾百年甚至幾千年的一條路。這裡四周的景物，說不定就跟中世紀甚至是青銅時代一模一樣。我們是不知道古代的人走在這條路上時，心裡想些什麼，但卻可以想像到，他們就像我們一樣，享受著風、廣闊的天空和羊的咩咩叫聲，聆聽著遠方海浪拍打沙灘的聲音。也許他們就是正準備要出海去劫掠的維京人。多麼有趣！又也許他們是要來這裡抓條魚為晚餐加菜的農民。當然，他們走到海邊以後，還是要往回走。但想想看有什麼事情是與此同時發生的。你不明白嗎，朗恩，我們現在這條路並不是孤立的，它跟過去的路是絞在一起的，就像是絞成一根纜索的衆多股細繩。我們和走過這條路的古人是從不同的管道同時通過同一條纜索的。試著用你的想像力去把這纜索割開，看看切口上的各股細繩，你就會明白，我們是跟不同時代的人走在一起的。我們並不僅僅是要走到海邊去這麼簡單，我們是與歷史上其他時代的人走在一起的，跟他們一起聽羊的叫聲，看馬吃草，呼吸有鹽味的海風。這是一條什麼樣的路，完全取決於你的態度。你喜歡的話，當然可以把它看成一條無聊乏味的路。你說在這條路上來回走只是一種重覆，這一點，你是對的，但涉及其中的重覆，卻要比你以為的要多上許多。走在這條路上，我只覺得就像走過一個聖經的故事、一幅十八世紀的風景畫或一部狄更斯的小說。』」

我停了下來，不知道接下來該說什麼。

「好榮格式的見解。」彼得說，「看來，卡洛琳是想乞靈於生命的永恆循環，把你從凡塵的時間中拉出來。」

「又也許，」諾姆說，「她是想提醒他多聞聞玫瑰或歐石南的味道。」

「卡洛琳的見解有助於你跳出被生活困住的感覺嗎？」里奇問。

「你有發現樹籬的另一邊嗎？」什穆埃爾問。

當我還在苦思該怎樣回答時，亞倫向我伸出援手：「我不知道朗恩是不是有一個現成的答案，但我要謝謝他，因爲他這個東拉西扯的故事可以讓我十歲時的故事顯得十足緊湊。」大家都笑了起來。他拿出一張照片給大家看，裡面是一個穿著水手裝的小孩。

時間與共同體

大家在我生日聚會上所分享的故事印證了羅伊斯的一個觀點，那就是，我們常常會透過我們重要人際關係脈絡去詮釋我們的人生：什穆埃爾試著向他父母說明自然和上帝，諾姆試著向他的牧師父親說明地質學的時間，彼得向他的家人和想逃避兵役的人詮釋自己的戰爭體驗。我們的人生故事都是互相關連和可以互相關連的，因爲它們觸及的，都是一些廣泛爲人共享的經驗與主題：從科學轉向宗教或從宗教轉向科學，欣然接受或百般躲避兵役，感到人生走入死胡同或重新想像出新的出路。雖然我們並沒有經驗過別人的經驗，但我們仍然可以有感同身受的感覺，可以感到那是自己當初的可能道路之一。一旦我們把自己歷史化，一旦試著從公共事件、變遷、情境和衝突中理解我們的個人經驗，我們就會加入到一個詮釋者的社群之中，這個社群不是靜態的，而是會不斷擴大。

但這種聯繫可以把我們和別人的聯繫帶到多遠呢？

很多人都是透過共享的宗教和世俗的行事曆而獲得與別人的聯繫的。基督教、猶太教、印度教、伊斯蘭教和其他的信仰傳統，都各有各的固定節日，這些節日可以讓信徒重新經歷他們信仰中那些核心人物（男族長、女族長、男神、女神等）所經歷過的試煉與激盪、痛苦與喜樂。這些人物的生活與屬性，成為了信徒個人回憶、價值觀和行為的一部份。偉大宗教傳統的虔信者會發現，他們經書裡那些故事的主題——靈性的遊蕩與尋覓、背叛、勝利、失敗、英雄行為、犧牲等等——就迴響在他們生活裡。

與宗教性的節日互相重疊的是國家性的節日，後者可以提醒我們，形塑我們的國家制度乃至我們的個性特徵的，是哪些人物和事件。我們對這些人與事知道得愈多或認同度愈大，我們受其形塑的程度就愈高。

再來還有生日、週年慶、紀念日和其他類似的東西。在另一個層次上，可以建立我們彼此關連性的重要管道，還有那個我們年復一年圍坐在它前面的電子營火——電視機。我們以每週一次的頻率，像參加一個儀式一樣，從它那閃爍的螢光幕上感受到「我愛露西」、「靈異傳奇」、「星艦迷航記」這些影集的張力的收緊與釋放。誠如一位評論者所指出的，年輕一輩對「星艦迷航記」的劇情與角色的熟悉程度，可媲美於老一輩對聖經章節的倒背如流。

我們總是生活在多個不同的時間架構之中，因此，我們所建立起來的關連性，也總是多層次的——像我們既會有關係緊密的教友，也會有具有相同社會文化經驗的同輩朋友。但那些同時存在我們身上的時間架構有時是會發生衝突的，像我們有時會感到在宗教責任和世俗責任之間難以兩全，就是一個例子。每個人的手錶上所顯示的時間都是一樣的，但宗教性的時間卻會把某些人彼此拉近，把某些人彼此拉遠。時間的架構有很多個，卻沒有一個是為所有人所共享、可以讓他們像辮子上的不同髮絲一樣，互相緊纏在一起。

刻意找出一個統一時間架構的嘗試，通常都是以失敗告終。這一方面是因為它們是人為的，所以缺乏驅策力，另一方面則是很容易會被懷疑為暗含著宰制的企圖。我可以舉一個例子。在我老家所在的城市，曾經有一個社區領袖為了加強社區的凝聚力，組織了一個委員會，以確認有哪些價值觀是值得整個社區所共享的。在進行討論期間，他列舉了一些清教徒的美德，認為那可以作為共享價值觀的基礎。不過，他的主張不但沒有得到社區裡的黑人、猶太人、伊斯蘭教徒和原住民的認同，反而引起了他們的戒心，懷疑那不過是較強勢族群想把自己的生活方式強加在較弱勢族群的又一表現。

當代思想家對個人主義的批判——指它把一切私人化和商品化——是跟同時代性的問題

息息相關的。即使我們是與別人（鄰居、室友或家人）共享著緊鄰的空間，我們仍有可能是生活在孤立的時間裡。每一個人都成爲了一個自轉的、孤立的時間主體，不再與公衆、社群，甚至鄰居發生瓜葛。對個人主義的批判認爲，它所揭櫫的自由觀搞錯了方向，讓人以爲自己可以自由創造自我，扮演各種角色。另一方面，很多企圖矯治這種偏差，致力於建立集體性（如種族或宗教上的認同）的嘗試，卻又帶來族群間的仇恨、偏見、恐懼，讓族群間的暴力、侵凌和猜疑無休止地持續下去。

從社會抽離，只關心自己，失卻歷史連續感，害怕變老，把死亡視爲一種無意義，對未來和下一代缺乏興趣——這些我們時代的症候都是互相關連的。人們提出來的對治方案五花八門，從鼓吹振興猶太教－基督教的傳統到建議灌輸學童一套經過篩選的共同價值觀，一應俱全。這些意見，有來自左翼的，有來自右翼的，再雜以女性主義、自由主義、社會主義或其他從各種意識形態急救箱裡找出來的繃帶。不幸的是，所有這些方案都失敗了，究其原因，則是因爲它們在某一社群所鼓吹的價值觀，總被其他社群視爲一種壓迫——換言之，它們所試圖建立的，都是虛構的同時代性。

也許，除了有著高度同質性或共通信仰的國家以外，眞正的同時代性是不可得的，而像美國這樣極多元化的社會，想建立同時代性，更是緣木求魚。不過，並不是沒有別的可能性。

而我認為，我生日聚會當天我朋友間的互動情況，就點出了一條可能的出路：不要只把同時代性視為一種心靈狀態或一種發生在你身上的事情，而是把它看成一個出於你主動追求的過程。而說不定，作為一個過程或實踐，同時代性會在一個我們最意想不到的地方被發現。這個地方就是「差異」：與我們那「不可以同一標準衡量的」(incommensurable) 過去自我 (past self) 交會，從而在人我間的差異中，找到同時代性。

存異的同時代性

最近，我參加了阿什維爾的黑人浸信會發起的一個稱為「造橋」(Buliding Bridges) 的計畫。計畫的目的在於讓白人社群認識到他們對黑人和其他少數民族習而不察、制度化了的歧視方式，並希望藉此促進黑人與白人之間的溝通。計畫的主事者首先想顯示，黑人和白人之間之所以缺乏相互理解，是由他們迥然相異的歷史觀所造成的，然後再透過面對面的討論，達到「造橋」的效果，也就是說，建立黑人和白人歷史觀之間的聯繫，讓他們對現在和未來形成共識——這種共識，也就是我所謂的同時代性。每次集會，都會有一場講演，然後全體與會者（大約一百五十人）再分成小組，進行討論。

不過，進入分組討論以後，大家就發現，會站起來慷慨陳詞、覺得自己是歧視受害者的，並不是只有黑人，而還包括了男女同性戀者、女性主義者、猶太人、拉美裔和亞裔的美國人。他們幾乎每一個人都聲稱受到壓迫和歧視，需要獲得解放。突然多出了那麼多的議題，難免會讓大會的宗旨受到稀釋，然而，這些多出來的議題仍然引起了與會人士的共鳴和關心。「造橋」計畫讓背景相差很遠的人可以面對面接觸，討論彼此的差異性，這對很多人來說都是一種嶄新的經驗。這樣的經驗，可以把——借卡洛琳的纜索比喻來說——幾股不同的細繩，編結成爲一根纜索。沒有這種連結，即便是生活在同一個時代裡的人，也會跟生活在不同的歷史時代沒有兩樣。

不過，雖說人與人可以透過瞭解對方的歷史觀點而彼此趨近，但並不表示橫在人與人之間的隔閡就會因此完全消除。我在分組討論時遇到的一件事，就很足以說明這一點。在分組討論開始以前，會方要求我們先做一個禱告。這不難理解，因爲這個活動的發起者，畢竟是一個教會組織，而主事者又大多是新教的神職人員。在其中一場分組討論，由於沒有人願意出來帶領禱告，擔任我們討論小組主持人的那位黑人牧師就親自帶領禱告。他低下頭，十指相扣，做了一個禱告，並以以下的話作結：「奉主耶穌基督的聖名，阿門。」這一類奉耶穌之名所作的禱告，早已經讓我感到煩膩，因爲很多公共性的活動（有時甚至包括州政府所舉辦的會議）都會做這樣的禱告，而無視於參加者宗教背景上的分歧。於是，在分組討論結束後，我就走到黑人牧師面前，反映我的不滿。

他耐心地聽我把話說完，然後點點頭說：「這一點我明白，但如果我不用這句話作結，那一個禱告對我來說就不算是一個禱告。我信奉的宗教傳統是這樣規定的，我不能不遵循。」我們不能只做一個沒有教派之分的禱告而不提耶穌嗎？我問他。「不行。」他回答說。

事後，我反覆思考了這個問題。有鑑於那並不是一項由市政府或聯邦政府發起的活動，又有鑑於討論小組的每個人——只要願意——都有帶領禱告的機會，因此，我似乎不應該那麼在意一個禱告是不是奉耶穌的名進行。而且，難道因爲我參加了一個基督教的禱告，就會陷入別人信仰的圈套而不能自拔嗎？

如果在禱告的當時，我把自己想像成基督徒，全心全意奉耶穌的名爲小組的其他成員禱告，那又會怎樣呢？不會怎樣，因爲我不會因此而變成基督徒。我在下一刻仍然會是個猶太教徒。如果做這樣的禱告可以讓我與基督徒之間建立片刻的同時代性的話，那似乎是值得的，又何況，他們信仰的宗旨跟我的信仰並不是那麼天南地北。我不會因爲找尋別人而失去我自己。儘管歷史或命運把我們造成不同的人，但透過想像力，我仍然有可能成爲別人。雖然這種認同上的轉換只會是片刻的，但這樣的片刻，已足以成爲一塊敲門磚，足以成爲「沒有人類對我是異類」一語的見證。

然而，要能完成這種片刻的自我轉換，除了需要想像力以外，我還需要另一種心理狀態：遺忘。我必須要能忘掉基督教多個世紀以來對猶太人的迫害，忘掉十字軍、大屠殺、人們對猶太會堂的惡意毀損，還有那些人丟在猶太會堂草坪上的污蔑紙條。一個人可以記住這一切的同時，仍然能夠與基督徒成爲同時代人嗎？如果遺忘是建立同時代性的代價，那這個代價會不會太高呢？但如果一個人能以一個「跳躍」擁抱這個吊詭——想像自己是別人的同時卻不忘自己不是別人——那一種非妥協的連結就不是不可能的。雖然理性的溝通是有價值的，但想像力的跳躍仍然是不可少的。這種想像力的跳躍，讓我們能夠在遺忘自己的同時不忘自己，能夠在不泯滅差異的同時建立連結。造橋計畫指出了這條道路，而且也印證了我在博物館的討論會那裡得到的發現。

再理解過去

在博物館的討論會成員抗議過我強行要改變他們的戰時回憶的幾星期後，我邀了一位黑人朋友到討論會來當客人。第二次世界大戰期間，他曾在潛艇上服役。他先是談了些戰前他在種族隔離的美國南方的生活情況，繼而解釋他爲什麼會選擇加入潛艇部隊：因爲他猜想潛艇部隊的種族歧視不會像其他兵種那麼嚴重。「畢竟，」他說，「要在水面下幾百英噚深的狹窄船艙裡厲行種族隔離，要困難多了。」他說的話很風趣，但他的回憶卻是沈痛的。談到自己受辱的往事時，他一度哽咽，好不容易才把在眼眶裡打轉的淚水強忍回去。

第二個星期，我又邀來一個老婦人。二次大戰期間，她曾在加州一個日裔美國人的隔離所當過老師。她說，這段跟日本人的相處經驗，讓她認識到日本文化和日本家庭結構的優點。戰爭結束幾年後，她去了一趟日本，接受深造。

這些親身經歷的故事逐漸改變了討論會成員的態度。聽了那個在隔離所當老師的老婦人的故事以後，其中一個成員說：「我記起來了，我好像有聽過這樣的事。」但接著她又辯解說：「但你們要知道，那時候是在打仗，大家都很害怕，才會有那樣的事。」不過，她繼而又用近乎耳語的聲音補充說：「現在回顧起來，當初把日本人硬拉到沙漠去關起來，實在太不合情理了。」

第十章　有缺陷的時間

自從到阿什維爾領導「創意性退休活動中心」以來，我定期都會擔任它的「老人大學」課程的老師。這工作讓我回憶起早年在老人活動中心的教學工作。兩者有些很不一樣的地方。首先，老人大學的課程都是在正式的大學教室裡進行的，而且學員都需要繳學費（不多就是）。其次，「老人大學」的學生男女的數目幾乎各半。他們大部分都是退休的專業人士，受過良好教育，經濟條件較寬裕，而且活躍於社區事務。他們大部分原先都不是住在阿什維爾這裡，而是退休後才從全國各地搬來的。但儘管有這樣的分別，「老人大學」的學生跟我在老人活動中心那些朋友仍然有一個很重要的共通點，那就是他們都竭盡所能想瞭解自己的人生。另外，他們很多都相信，哲學在這一點上可以幫得上忙。

我也相信是如此。但應該從哪裡開始呢？是談當代的道德難題嗎？是談倫理學的歷史嗎？還是回顧哲學史上大哲學家的思想呢？有時，我認為讀柏拉圖的作品會是個很好的切入點，特別是他那篇有關愛的意義的對話錄。

會飲篇

那個在劇場散場後所舉行的聚會，可謂高潮迭起。主人是位三十一歲的劇作家，已經戴上了桂冠。他邀請了幾個詩人、幾個藝術家、一個醫生、一個政治家和一個哲學家到他家去宴飲。大家優雅地躺臥在圍成一圈的沙發上，享用辣味的肉品和水果，一面吃東西，一面用陶杯暢飲使人飄飄然的葡萄酒。這一票人才在圓形露天劇場裡看了一整天的戲，隨同大約一萬七千個雅典公民，同哭同笑。

客廳裡滿是聊天、談笑和調情❶的聲音，而其中一個中年人和一個英俊的少男之間談得尤其熱絡。突然間，在座一位賓客大聲請大家肅靜。「各位朋友，」他說，「我希望今天我們可以不要像往常一樣，不斷乾杯。」他解釋說，他才剛從昨晚縱酒造成的宿醉中恢復過來。「贊成。」另一個人表示附和，說自己昨晚也是酩酊大醉，今天不想重蹈覆轍，再得到頭痛。在座那位醫生也表示同意，還引用了「醉酒是件危險的事」這句格言警惕大家。

醫生隨之建議，大家與其被酒灌醉，不如被言語灌醉。大家覺得有道理，便決議找一個大家認爲有價値的主題，輪流發表一篇即席的演說。但既然在座的都是戲劇的愛好者，那還有什麼比愛神厄羅斯（Eros）❷這個主題更相宜的呢？

柏拉圖的著名對話錄《會飲篇》（*Symposium*），所敘述的就是這場有關愛的意義的談話。談話發生的時間是公元前四一六年，地點是劇作家阿伽松（Agathon）的家裡。阿伽松才剛在一個雅典戲劇節裡上演了他所寫的第一齣戲劇，並且獲得了大獎。在座的其中一位發言者是喜劇作家阿里斯托芬（Aristophanes），他的好些劇作——諸如《呂西斯忒拉忒》（*Lysistrata*）和《雲》（*The Clouds*）等——時至今日還會被人拿來演出。等他發言完畢以後，在場沒有一個人敢斷定，他所說的那個離奇的故事，到底是包含著犀利的眞理，還只是反諷的俏皮話，又或是兩者兼而有之。

在發言中，阿里斯托芬指出，在太古時代，人類的性別跟現在並不完全一樣。那時，除了男女兩性以外，還有一種第三性：一種亦男亦女的人。雖然這種人已經絕跡，但他們的名字卻流傳下來：陰陽人（hermaphrodite）。這種人的腰和背都是圓的，有四隻手和四隻腳，頭上有兩張臉，分別朝向前後兩個方向。他們的行動非常迅速，因爲有四隻手四隻腳的關係，讓他們能像翻筋斗一樣快速滾動。由於他們極端強壯和有野心，所以陰謀要背叛諸神，甚至不惜跟諸神開戰。

諸神爲此感到憂心忡忡，一起共商對策。諸神並不想滅絕陰陽人，因爲這樣的話，祂們就會失去崇拜者和祭祀者。宙斯最後決定，雖然可以免陰陽人一死，但卻要把他們的力量削弱。宙斯的辦法是把每個陰陽人對半剖開（阿里斯托芬形容那「就像是用一根頭髮把一個水煮蛋切成兩半」），然後把剖面四周的皮拉過來，加以縫合（接口的地方形成了肚臍），把剖面給包覆起來。宙斯又把他們剩下的半張臉和半截脖子扭了過來，朝向剖面的方向，好讓他們不忘自己從前所犯過的錯誤。然而，宙斯的計畫卻失敗了。因爲這些被剖半的陰陽人很快就找到他們的另一半。他們找到對方以後，就死命地互相擁抱著，希望能夠重新合一。而由於他們除了相互抱住以外，什麼都不願意做，結果很多都餓死了。

爲了不讓陰陽人滅絕，宙斯想出了另外一個辦法。他把被剖半的陰陽人的性器官移到前面，以滿足他們結合和繁殖的渴望。而即使是已經失去了另一半的陰陽人，也同樣可以透過跟同性的陰陽人互相擁抱，獲得慰藉。在結合的渴望獲得滿足以後，這些陰陽人就安心回去工作，並照顧好生活其他方面的需要。

阿里斯托芬講完這個故事以後指出：不管是對異性或同性的渴望，都是出於「合二爲一，治癒人性的創傷」的緊迫需求，而這就是愛的本質。

阿里斯托芬這個神話般的故事，傳達的是一種歷史悠久古老的觀點：我們對另一個人的愛慕，是出於想找到一個可以塡補我們自身不足的人。阿里斯托芬說，不管是同性的結合還是異性的結合，目的都是爲了找到一個恰當的人，可以讓我們臻於完整，而只有獲得這種完整，我們才會獲得幸福快樂。《會飲篇》裡的很多言論，在今人看起來都相當露骨，像阿里斯托芬毫不避諱同性戀的話題就是一個例子。但事實上，在古代雅典社會的菁英階層之間，同性戀是被廣泛接納的。雅典人認爲，男性間的愛戀，又特別是一個「導師」與一個少男間的愛戀（不管有沒有涉及肉體關係），要比異性戀更加崇高。在《會飲篇》裡，阿里斯托芬的發言順序是處在衆人中間，而他的意見，也恰好代表著一個中間的立場，因爲在前面發言者，強調的是愛情裡情緒與肉體的一面，而在他後面的發言者，則是把愛提升到知性追求的高度。就像柏拉圖很多其他對話錄一樣，蘇格拉底的發言順序被放在倒數第二，而最後發言的則是來晚了和已經喝得酩酊大醉的政治家阿爾基比爾德（Alcibiades）。

在蘇格拉底發言的時候，他還是一貫的老樣子，把討論的重點從主體轉向了對象，也就是把重點從作爲主觀狀態的愛，轉向愛的對象本身。他認爲，被人所愛的東西，都是「美」的東西（the Beautiful）。但他接著又指出，大部分美的東西——包括人體、藝術作品和充滿魅力的人格——都不是永恆的，都是會變遷、朽壞和消失的。因此，想永久保有這些美的東西註定是要失望的，因爲它們的美都是短暫的，有如鏡花水月一般。蘇格拉底這番話引起在座幾個人侷促不安的笑聲，而另外的人則會意地眨眨眼。不過，他們都一致好奇，想知道蘇格拉底這樣說，是不是表示，他認爲人對美的渴望是永遠沒有可能獲得滿足的。

蘇格拉底的回答是「不是」。他說，一個全心全意追求美的人，如果他夠堅持的話，他就會像個爬樓梯的人一樣，從一片低矮的台地（愛個別美的事物）爬到另一片較高的台地（愛許多個別美的事物的共通性）。最後，這個爬樓梯的人將會恍然明白，完全的美（perfect beauty）只存在於美的「共相」（idea）❸裡，而這個美的「共相」，只能透過哲學性的沈思去體驗。美的「共相」是不會朽壞和不會變遷的，因爲它是存在於時空之外和具有普遍性的。所有美的東西都是因爲分受了這個美的共相，才會成其爲美，否則，它們不會有美可言。這種把「概念」或「共相」看得比「表象」（appearance）或感官性的東西更眞實的態度，正是柏拉圖的哲學觀念論的正字標記。

美的物質性呈現最後都是會褪色的，而對美的情緒反應也是會與時而逝。但那個攀爬理性樓梯的愛美者，卻能夠超越對美的事物的愛的個別瞬間，直接直觀到美就是「對愛自身（love itself）的愛」。能夠到達這個最終目的地的人，將會踏出他個人的主觀的慾望，發現一個完全客觀和獨立的領域，在這個領域裡，愛的最眞切的動機將會獲得體現。

蘇格拉底否認自己是這個「樓梯說」的原創者，表示那只是他從一個來自曼提尼亞城（Mantineia）的女神媒狄奧提瑪（Diotima）那裡聽來的。聽完蘇格拉底一席話以後，客廳裡好幾張臉都流露出半信半疑的神情。他們如何能相信蘇格拉底的話要比阿里斯托芬所言更真實呢？再說，蘇格拉底精神狀況的不穩定，會週期性陷入出神恍惚的狀態，是衆所周知的。不遠的不說，這一次他來赴宴的半路上，恍惚的老毛病又發作了，一度怔怔地站在路上一動不動。阿伽松先後派去催他赴宴的僕人都無法把他叫醒，最後還是他自己突然回過神來，才沒有錯過宴會。

《會飲篇》透過不同人的發言，把人們對愛的不同看法以層級狀呈現出來：從強調愛的激情、肉體的一面，遞進至把愛視爲一種超越性的沈思，這種沈思，讓有限的心靈可以進入無限的領域。蘇格拉底認爲，在未經反省以前，我們很容易會把愛等同於對性和對與志趣相投的靈魂結合的渴望，但經過反省以後，就會發現，愛還有更深一層的動機，那就是「在美中獲得新生命」(give birth in Beauty)。

隱含在蘇格拉底這種主張中的一個思想是，人類最大的渴望，就是克服死亡。這一點，也暗含在阿里斯托芬故事中陰陽人試圖奪取諸神權力一事中。但狄奧提瑪卻認爲，愛的最和最大的奧祕是不同的。美自身（Beauty itself）是神聖和自足的，存在於一個不依賴於人類理性的領域裡。蘇格拉底聲稱，狄奧提瑪曾告訴他，他雖然可以看得見這種愛的知識的閃光，卻是永遠不可能眞正抓住它的。儘管如此，追求愛的人就是在追求智慧，而因爲他所追求的是眞正的不朽，所以會受到諸神的喜愛。

至於那個把愛的起源歸因於某種太初的「分裂」的主張，如果予人似曾相識之感的話，那是因爲，它跟另一個有關人類起源的故事在結構上是平行的。後者就是舊約聖經中的《創世紀》。在《創世紀》其中一個關於人類起源的說明裡❹，夏娃是上帝利用亞當的一部份——他的肋骨——創造出來的。另外，《創世紀》裡有關人類因犯罪而被逐出天堂的故事，同樣也傳達出分離、異化和渴求復合的主題。《創世紀》裡提到的人類性激情的覺醒和第一代人類的誕生，也多少和這個主題有關。顯然，要不是有不完整的存在，不會誕生出人對完整的嚮往。

形上學的糟粕

說到這裡，我停了下來，觀察班上學生的反應。這一學期「老人大學」的哲學課程已經上到第十五週，而我們也已經讀過好幾篇柏拉圖的對話錄。我站在教室的前方，屁股挨在一張桌子上，審視前面一排排灰髮、白髮的頭，其中還有若干個禿頭。對這些老年學生的其中一些人來說，參加一個無學分的哲學課程是一種全新的經驗。他們當年在大學裡有學工程的、有學醫的、有學法律的、有學護理的、有學教育的，也有學商的。對於他們當年爲什麼不選讀哲學而選讀別的科系，我最常聽到的回答就是：「我們當時根本無暇去管哲學。那可是經濟大蕭條的年頭，我們必須選讀一些可以賴以維生的科系。」如果不是靠二次大戰後的退伍軍人福利法之賜，他們很多人根本唸不起大學。這樣，他們無可避免會把學習實用性的知識列爲當務之急。不過，他們現在都已屆晚年，而一直存在於他們內心的那個隱性渴望——透過不同的哲學框架去檢視自己的人生經歷——又重新浮現了出來。

一隻手舉了起來，然後是一陣清喉嚨的聲音。我把目光移到舉手的人身上。是派克・帕吉特，一個退休的銀行高級職員。他今天身穿一件帥氣的藍色短外套和一件白色圓翻領毛線衣。

「希望我要說的話不會顯得不敬，」他說，「但我相當懷疑，柏拉圖要倒給我們的，是一些，咳，形上學的糟粕。」

我聽到了一些竊笑聲，但也看到有人在搖頭。他們有爲派克的直言震驚的，也有爲他的大膽感到好玩。我並沒有不知所措，因爲我早就知道，任何人決定要教一些見過世面、受過高等教育的老人家哲學，就不能不先做好隨時接受挑戰的心理準備。我不認爲派克的話是出於不敬，因爲我知道，很多老年學生都熱衷於測試自己的想法和判斷。不過學員中像派克這樣直接的並不多，他們很多都只是把想法藏在心底，讓不同的觀念在他們心裡默默角力。對某些學員來說，哲學是一種知性的娛樂，對另一些來說，哲學則是滿足他們對知識的渴求的機會。不過，派克卻直指了一個關鍵的問題：「到底，在老年學習哲學，會對人生帶來什麼分別呢？」

笑聲停下來以後，派克繼續說：「我高中唸的是天主教學校，而耶穌會老師餵給我的神祕主義，早已讓我倒盡了胃口。我常常認爲，想要我們相信一些平常人看不見摸不著的事情，只是一些教會菁英階級的詭計。因爲這樣子，他們就能以權威的姿態君臨我們。就我親身的經驗而論，我認爲阿里斯托芬的主張更接近事實。至於柏拉圖，我懷疑他只是個神祕主義者。不知道你是不是同意？」一雙雙瞪著派克的大眼睛這時紛紛轉向我。

「柏拉圖是個神祕主義者嗎？」我把他的問題覆述了一遍，好讓每個人都聽得見。我來回踱步，思考該怎樣回答。尋求透過知性之眼擁抱「共相」跟尋求在神祕體驗中與上帝交會是同一回事嗎？想到這個，一個回憶不期然浮現在我腦海。那是一個黃昏，我跟一群同學在大學附近的酒吧裡喝酒打屁。我們把巴斯卡的《思想錄》（*Pensées*）——哲學討論課規定要讀的一本書——拿來開玩笑，又用他的名言「男人是會彎腰的蘆葦」❺當成性相關語，互相揶揄。不但突然間，一個龐然的人影從瀰漫的菸霧中向我們趨近。那是我們的老師，馬歇爾教授。不知道爲什麼，他兩眼瞪著我看，然後彎腰湊到我耳邊，低聲說了兩句只有我聽得到的話：「有朝一日你會愛上一個觀念的。到時你就會明白。」他的額上涔著一層汗珠。他喝醉了嗎？他站了起來，轉過身走開，消失在一片灰濛濛中。愛上一個觀念？這話是什麼意思？

沒想到，馬歇爾教授的預言應驗了，我後來果然愛上了幾個觀念。其中一個是柏拉圖的觀念：「所有知識都是一種回憶」，他的意思是，透過檢視過去和追溯我們信念或意見的本源，我們將會揭發出一些首要的眞理。這算是一種神祕主義嗎？

「在回答你這個非常重要的問題以前，派克，」我說，「得記住的一點就是，在柏拉圖的時代，哲學和宗教是沒有嚴格分界線的，這也是爲什麼蘇格拉底會不介意把他有關愛和美的見解，說成是得自於一個女神媒的原因。在柏拉圖另外好幾部對話錄裡，蘇格拉底爲了說明自己的見解，也曾經借用過一些宗教宗派的主張，有時是用作隱喻，有時是用作通向理性思考的過渡橋樑。而在《會飲篇》裡，他也是把阿里斯托芬的寓言故事，轉化爲一個邏輯性的假設，指出任何我們渴望的東西，一旦被我們獲得以後，就會顯得不是那麼有價値。那是因爲當我們湊近檢視它們的時候，就會發現，它們是有缺點的，或鏡花水月般的存在。這時，我們會覺得沮喪，甚至開始懷疑我們對美的渴望是不是有獲得滿足的可能。柏拉圖卻藉此指出，我們可以把追求轉向一種不可觸不可見的東西，那樣我們對美的渴望就可以獲得滿足。這是一種神祕主義嗎？如果神祕主義意味的是對神的直接知識，那麼，對於『愛』自身的愛慕是可以被歸類爲神祕主義。不過，如果達到這種知識的方式是透過理性的對話，那事情有可能要另當別論。」我望向派克，看他是不是能夠接受。他斜側著頭，一副若有所思的樣子。他是不是把我看成是跟穿黑襯衫、戴白領圈那群人一夥的呢？

這時，在派克右手邊前面兩排座位，有人舉起了手。是貝蒂．金伯利。她身穿一件淡檸檬色的毛線衣，讓她豐滿的胸部更形顯著。她曬得棕黑的膚色和一頭向後聳起的濃密白髮，有力地否證了人們認爲老年人「無性」的刻板印象。

「朗恩，雖然可能只是錯覺，」她用濃濃的南方腔說，「但我覺得，柏拉圖的話就像是直接對著我說的。」她說話的時候喜歡在某些音節上加上重音，以示強調。她轉過身，定睛看著派克。派克被她看得有一點點不自在。繼而，貝蒂又轉過頭，打量坐在她另一邊的其他同學。貝蒂是個退休的心理醫師。

「我不敢說我完全瞭解蘇格拉底那個有關愛的樓梯的論點，」貝蒂說，對我眨了眨眼睛，「有關這個，我待會兒會再回過頭來談。另一方面，我卻覺得那個有關陰陽人的有趣故事呼應了一句老話：『俏皮話裡不知藏了多少眞理。』我當心理醫師的那段日子，來向我訴苦覺得自己不完整的病人，多到數都數不清。他們有一些想得到的只是父母的肯定，讓他們可以覺得自己是個有價值的人。我的病人之中，有用酗酒、嗑藥或暴飲暴食來減輕痛苦的，也有用結婚來塡補空虛的——結了又離、離了又結。他們完全不明白，他們的不完整，並不是人或物所能填補的。我想，那就是蘇格拉底想處理的問題，只不過，」她緩緩地說，一面說一面搖頭，「我可不認爲他主張那一套知性的沈思會對我大部分的病人有效。你明白我的意思嗎，朗恩？」

我點點頭。就在我準備回答的時候，一下響亮的咳嗽聲分了我的心。

「那麼，請問妳又是怎樣教妳的病人的呢？」有人尖聲問道。問貝蒂問題的人是查理・達根，一位前聖公會的牧師。貝蒂必須整個人轉過身去，才看得見微禿、粗壯的查理。

「教他們，查理？」貝蒂驚呼說，「我們從來都不會**教他們**什麼。忠告對這些人是不管用的。」說完她就把身體轉回來，面向著我。我聽到查理向坐他旁邊的漢克竊竊私語了一些什麼，一面說一面用手指戳他身體。漢克噗嗤一聲笑了出來，但馬上又以手掩嘴，就像是個幹了什麼惡作劇的國小四年級學生。不過貝蒂的話可還沒說完。

「我們不會告訴他們該怎樣做，」貝蒂面向著我說，「因爲那是沒有用的。**事實上**，一個好的心理師就像蘇格拉底一樣，只問問題，不提供答案。我們會請他們回憶第一次墮入愛河的情境，或回憶他們父母對他們說過或做過些什麼，而他們又有什麼樣的感受。他們回憶往事的時候，我們會從旁點出一些他們本來沒有注意的細節。你們知道嗎，這樣，他們就會看出問題的癥結，**也只有這樣**，他們才會想出解決的辦法，因爲問題是他們自己造成的，也只有他們自己才能解決。」

貝蒂再一次轉過身。「查理，我不知道你們那一行是怎樣做事情的，但身爲一個心理健康的專業人士，我們會盡力讓病人明白，他們雖然有不完整的感覺，但並不表示他們有什麼不正常。那並不是他們或任何人的錯。而那也不是可以透過擁有——不管擁有的是人或物——來改善的。這是他們必須明白的一點。他們必須把他們的壓迫感放下。他們必須要明白，他們的空虛感不是任何事物可以塡滿的。正是這個眞理可以讓他們獲得自由。」貝蒂回過頭看著我，微微一笑，雙手交疊在大腿上。

查理把身體向前傾，用一雙大手托著他那個又大又圓的頭。他的臉紅得就像他的紅格子襯衫。從以前的幾次課堂討論，我們得知查理頗爲喜愛戶外活動，常常登山、釣魚和泛獨木舟。退休以後，他自願擔任警察局的義務牧師。他舉起了手，示意想回應貝蒂的話。

「貝蒂，妳知道妳那些病人離開妳的辦公室以後，都到哪兒去了嗎？都到了我的教堂來找我幫助。他們渴望得到的是答案，是希望，而不是更多的問題。妳提到那種蘇格拉底式的治療方法，我當然也肯定它的價値，只不過——」說著，他把一隻手放在桌子上，坐直了身子，「只不過那只是眞理的一面。依我看，人們在追尋的，就是我這一行所謂的『救贖』。」

貝蒂眼珠子在眼眶裡轉了一圈，表示她的不以爲然。查理看不見貝蒂的表情，但其他看得見的人都咯咯笑了起來。我看了看貝蒂，再看了看查理。查理顯然是覺得自己又得分了，得意地又戳了戳漢克，後者笑了出來，搖搖頭。

「也許我可以回到派克方才所提的神祕主義的問題。」查理繼續說，「就我而言，我是把柏拉圖視爲一個前基督教的靈性尋求者。而蘇格拉底把愛構想爲一種道德行動的觀點，跟我的觀點相當接近。不過，接下來柏拉圖又把愛拉到純粹心靈的領域去，這是我所不能苟同的，因爲在我的神學裡，愛的最高表現應該是憐憫。愛不是只是某種你只要去沈思的東西，而是你必須付諸行動的事情。」查理的聲音變得愈來愈虔敬。「愛是必須表現在你對別人的關懷上的，就像耶穌對所有上帝的造物表現出來的關懷一樣。」

我開始有點擔心。查理總是有一種在班上傳教的傾向，但如果他太過火，就有可能會惹惱班上的一些人，招來反擊。

「查理，」我說，「我想你無需要解釋得太詳細。你可以告訴我們你所說的『救贖』是什麼意思嗎？你認爲，它跟我們正在談的這篇對話錄有什麼關係嗎？」

「博士，我並不是想要傳教。」查理回答說，「好吧好吧，我承認我是有這種傾向。」這話讓貝蒂的兩道眉毛挑得高高的。「但可以讓我再稍爲釐清我的想法嗎？只需要幾分鐘，可以嗎？」

「好吧，」我說，「但盡可能扼要。」

「好，」他說，兩隻手攤平在桌面上，「救贖，就其原意來說，就只不過是取回某種我們丟棄了或失去了的東西。大家還記得五〇年代那種綠印花回收商店嗎？你在那裡買東西買到一定的金額，他們就會給你一些綠色的印花。印花累積到一定數量，你就可以拿它們來買東西，像烤麵包機、電燈或電視之類的。換言之，你買東西一部份的錢，會以印花的形式退回去給你。你救贖〔兌回〕❼了它們。而我所信奉的宗教傳統認爲，一個人的信仰就像綠印花一樣，可以讓你贖回你與上帝失去了的聯繫。而這一點，跟我們一直在談的話題——不完整性——是相通的。它並不是希臘人發明的，但柏拉圖卻對它的意義有很好的理解。現在我不打算進入原罪的話題，因爲我知道談這個會惹這裡的某些人生氣。但我想我有一點是同意貝蒂的，那就是人是無法完全克服他的不完整性的。你大可以說，那是人類境遇的一部份。」

貝蒂眼睛睜得大大，點頭表示同意。我坐到我背後那張寫字桌的邊上。我注意到，派克正在他的筆記本上振筆疾書。

「還有就是，」查理繼續說，「我也同意她所說的，人所感受到的空虛，幾乎是沒有任何東西可以填滿的。明白這一點，正意味著長大和成熟。這是我們必須學習的艱難功課。不管你做了些什麼，盡了多大的努力，你也是不可能把不完整感或不完全感揮去的。這樣，你就可能會終於瞭解到，你是無法使自己變得完整的，也沒有誰做得到。當你承認這一點的時候，也就是你準備好接受信仰的時候，因爲，雖然我們救贖不了自己，但卻說不定有某個更高一層的存有可以幫助我們做到。至於這一點，我就不多談了。」

貝蒂半過轉身說：「查理，我知道你說的那一個更高一層的存有，就是上帝，而這是我必須提出異議的。我認爲，也許有一種救贖的……」她停頓了一下，噘起了唇，「世俗等値物。依我看，人必須發現，他是有拯救自己的能力的。那是每個人的責任。」

「救贖？」一直沒有說話的莫雷・克萊因忽然大聲喊道，「我們幹嘛老談這個！」莫雷是個退休的業務員，穿著一件大學運動衫，頭戴棒球帽。看來，他對我們正在談論的問題很不以爲然，而且再也按捺不下去了。「我選這門課，可不是爲了聽有關救贖的事情的。要聽這個，我大可以找我的拉比去。不管怎麼說，這都是一門哲學課，最少大家是這麼認定的。但我們卻上了些什麼呢？首先是聽一群男同志大談他們的男朋友，然後又坐上了一個心理醫師的沙發，最後還走進了教堂。哲學在哪裡？偉大的觀念在哪裡？」莫雷看著我，一雙黑眼睛充滿火氣。

「我承認我們是有一點點離題，」我安撫他說，「不過，不妨先看看整個討論把我們帶到哪裡去了。說不定，看過以後你就會發現，它們都是可以嵌在一起的。」我儘可能讓聲音聽起來有說服力。

莫雷半信半疑地看著我。「嵌在一起？那好，曼海姆博士，請你告訴我，它們是怎樣個嵌在一起法的？」他雙手抱胸，等著我給他一個答案。但我還沒來得及開口，卡爾・施特爾突如其來迸出了一句：「唐阿米奇。」一面說一面激動地搖頭。卡爾是個退休的造船師，是個急性子，說話很快。他也是個超級電影迷，常常會在我們討論問題時引用一些電影的例子，平衡我們抽象的思辨。

「這裡有人看過《魔繭》(*Cocoon*)嗎？」卡爾問道。好幾個人點頭。「啊，我眞是愛死唐阿米奇穿著白色西裝唱『有點入魅的黃昏』這首歌的樣子了。眞是太棒了，只有偉大兩個字可以形容。各位，如果你們有看過《魔繭》，就應該記得，它講的是幾個住在佛羅里達州一個退休社區的老頭子的神祕遭遇。這幾個老頭子由克羅寧、布琳莉和唐阿米奇飾演——都是很出色的演員，對不對？他們偷偷潛入他們住處旁邊一間空置的別墅的游泳池去游泳。他們不知道，那可不是一般的游泳池，裡面的水，可是已經被一些外星人注入了特殊的能量。這些外星人是來自另一個銀河的，他們在游泳池注入能量，是爲了讓一些因爲意外死在深海裡的同伴死而復生。他們把這些同伴的屍體從海底撈了起來，裝在一個個繭裡。」

莫雷興奮得必須把話暫停下來，調勻呼吸。我必須打斷他的話，否則我們的討論只怕會被帶到天涯海角去。「請問你的重點是?」我問他，但不敢正視他的臉。

「你是說接下來發生了什麼事?發生了奇蹟，不折不扣的奇蹟。你們知道，這幾個老頭都各有各的病痛，有得心臟病的，有得癌症的，有性功能障礙的——有可能是前列腺的問題引起的。」說到這裡，他望向莫雷，後者則回報以一個鬼臉，並搖搖頭。莫雷曾經在班上提過，他有前列腺腫大的毛病。

「重點就是，」卡爾繼續說道，「在游泳池裡游過泳以後，他們回春了，變得健康、有性慾和充滿生命力。不管他們有過什麼樣的病痛，現在都消失了。那就是變形，就是破繭而出。電影進行到一半的時候，你會以爲，《魔繭》這個片名指的就是外星人用來保存同伴屍體那些繭，但再看下去，你就知道你錯了。那是一個隱喩，指幾個老頭子破繭而出，重新變回了蝴蝶。你們還記得結尾嗎?我愛死那結尾了。他們跟著外星人一起登上太空船，飛回到他們的星球去，過著長生不老的生活。那就像是永恆的退休。我也應該報名參加的，對不對?」大家都被他逗得哈哈笑，唯獨莫雷例外。

「卡爾，」莫雷用冷冷的聲音問，「我不曉得你說這個跟我們的討論有什麼關係。」

「莫雷，少來了，你會看不出來?」卡爾說，「那是好萊塢版的尋找永恆生命。那就是救贖!」他興奮地高聲說，「看到沒，他們完全找回了他們失去的東西，就像查理所說的。眞是了不起的劇情。他們找到了克服他們缺陷的力量。然後，他們出於自願，決定跟那些友善的外星人一起回到他們的星球，永遠活下去。那就是名副其實的永恆生命。所以，從這個觀點來看，柏拉圖是對的，不朽的東西才是答案。雖然我不得不承認，這電影只是個狂想，而且有點逃避問題的味道。但對一部電影，你又能期望什麼呢？」

「這就是所謂的自己救贖自己。」貝蒂插話說。

「也說不定能夠拯救你的是現代醫學，它可以延長你的壽命。」漢克插嘴說。他最近才動過換髖手術，所以走起路來會一瘸一拐。

「不過請你們注意，」查理說，「電影裡那些老人獲得重生，是要透過水的，那顯然是施洗的一個象徵。」

「這就叫一切都可以嵌得起來嗎？」莫雷高聲說，然後左看看右看看，希望看到有附和他的人。

教室後頭有一隻手在搖晃。舉手的人是維珍妮亞．米切爾，她以前當過護士，也當過股票經紀人。

「我希望我不會讓討論更加離題，但對不起，莫雷，我還是有話想說。」她對莫雷揮了揮手，而後者則沒好氣地閉上眼睛，搖了搖頭。「我想說的，是我並不認爲，人生是不完整的。

我自己就有過好些完整的體驗。我拿到護理學位就是一個例子，它讓我感到自己完成了學習和實習。再來還有生兒育女。看著我的小孩成長為健健康康的少年人，我只覺得我又完整地做了一件事。我還可以舉無數的其他例子。我一點都不覺得自己不完整，所以我不明白為什麼這會成為一個問題和為什麼我們要討論這個。但如果說古希臘人有這個煩惱的話，我倒是不會覺得奇怪，因為他們有不少心理有問題的人，這一點，看看那個伊底帕斯❽就可以知道。還有那個……那個……對，那個西西弗斯。我還遺漏了什麼嗎？」維珍妮亞打量大家，希望會有誰認同她的看法。

貝蒂轉過身，看著維珍妮亞。「維珍妮亞，妳說的那些完整，都只是小的完整——但別誤會，我並不是說它們是不重要的。人生是充滿小的完整的。然而，我想我們一直在談的，卻是人的整個生命的完整感。拿到學位、生小孩，甚至獲得性高潮，都是我們經驗到完整性的瞬間。但人生是會不斷向前的，你不可能在這些時刻流連太久。換個方式說，你不可能一直賴在床上不下來。我們擁有再多小的完整，仍然會被對大的完整的渴望所啃咬。」

心直口快的貝蒂說得維珍妮亞一陣臉紅。我聽見她喃喃自語，彷彿是在為自己辯護：「但我感受到它們的時候可不覺得它們小。」

「你們知道我認為什麼才叫大的完整嗎？」莫雷說話了，「就是死亡。死了就一了百了。

我說得對嗎?」有人在他後面竊笑。接下來,所有的學員就分成了七八組人,各談各的,讓教室陷於一片吵雜。

「等一等,各位,先靜一靜。」派克大聲打斷教室裡的吵雜聲。他是一個有條理的思考者,常常都會幫我們把討論的問題綜合在一起。

「我剛剛覺得自己掌握了柏拉圖這篇對話錄的精粹。我想請諸位聽聽我的看法,看我的理解是否有誤。」全部眼睛都盯在派克身上。

「讓我們首先來假定,這篇對話錄裡涉及的眞理,並不是只有一個層次,而是好幾個層次。第一個層次的眞理是由阿里斯托芬說出來的。雖然他那個陰陽人的故事很荒誕不經,但他最少點出了一個——」說著,派克用手指在空氣裡畫了一對引號❾,「『心理學的』眞理。他把愛等同於一個人對他所愛對象——不管同性還是異性——情緒上的需要,想從這個對象身上得到某種自己所缺乏的特質和屬性。我說的這個沒有太難懂吧?」沒有人答話,大家全都等著他說下去。

「他點出的心理學眞理就是,很多人都會被與自己相反的人格類型所吸引。一個內向的人常常會喜歡外向的人,而性格衝動的人則容易被深思熟慮的人吸引。」

「也就是說,」莫雷調侃說,「探戈要兩個人才跳得起來。」

「完全正確，」派克說，「其實，外向和內向、衝動和謹愼之類的特質，是每個人都擁有的，只是程度上各有不同罷了。而我們現在已經知道，某些人某些特質之所以比較顯著，是跟他身上化學物質的構成或大腦迴路的形狀有關的。所以這可以稱爲一個心理學的眞理。對嗎？」

「說下去吧，派克。」貝蒂說。

「好。接下來一個層次的眞理則是——」他又用手指在空氣中畫了一對引號，「『哲學性的』眞理。蘇格拉底告訴我們，我們愛的是美，但美卻會以不同的僞裝出現，像美的身體或美的藝術品。但他認爲，我們不應注意這些美的東西，因爲它們是會轉變的。相反的，我們應該專注的是美的自身，也就是美的『共相』。他邀我們跟女神媒狄奧提瑪一道攀爬愛的樓梯，而狄奧提瑪告訴我們，我們最爲渴望的東西，就是對死免疫。因此，愛眞正想追求乃是身後名、子嗣和對美的理念的沈思。它是一種你一旦得到就不會失去的東西。顯然，柏拉圖相信，美的理念是不會轉變的，雖然他爲什麼會這樣相信，是我所不能理解的。因爲，如果我們問問班上的人什麼才叫美，那我想我們得到的定義，將會跟班上的人數一樣多。當然，部份人對美的定義可能會相類似，但意見不同甚至是相反的人，只怕會更多。另外，美的理念也是會因時而異的。不要說不同時代會對何謂美有不同的看法，就算是我們在人生的不同時期，對這個問題只怕也會有不同的看法。所以說，我不能苟同柏拉圖的主張。」

「不過撇開這一點不說，柏拉圖的眞正目的，有可能是要把美的觀念變成一個抽象觀念。這樣做，最少可以讓我們可以提出自己對美的判準，並以之作爲一個準繩，來量度個別事物是否符合。」

派克把話停下來一下子，深呼吸了一口氣，然後望了望同學敬慕的目光，又用手指在筆記本上，然後繼續說：

「接下來我要說的，可能會有一點複雜。因爲第三個層次的眞理是——」他又在空氣中畫了一對引號，「『神學的』層次的眞理。那就是我們的好朋友達根神父剛才談及的救贖的問題。他提到救贖這一點時，我確實有一下子感到不能接受。不過，謝謝卡爾對電影《魔繭》的說明，讓我意識到我們的討論出現了一個重要的轉折。救贖的基本意義就是取回或用東西交換回你原先失去的東西。你失去的有可能是年輕、健康、愛情、純眞，甚至是忠誠。取回某種你感覺自己失去的部份，這有一點點像阿里斯托芬那個故事裡對愛的說明。柏拉圖固然是把阿里斯托芬所說的愛的對象從一個別人轉換成美自身，儘管如此，愛所追尋的，仍然是某種失去的東西。爲什麼我會這樣說？因爲我記得，在我們之前讀過的其他柏拉圖的對話錄裡，柏拉圖是認爲，有某些超越時空的觀念，是與生俱來包含在我們的心靈裡的，我們只是因爲被塵世生活分了心，才會忘了它們的存在。他把這些觀念稱爲……稱爲……」

「是先天觀念嗎？」我說。

「對，就是這個，先天觀念。在我看來，柏拉圖所說的先天觀念，就像是預植在我們腦子裡的電腦晶片一樣。最少柏拉圖是想我們這樣相信的。我們擁有先天觀念，但卻不完全意識到它們的存在。與此同時，它也不是我們自己發明的東西，因爲這些觀念是我們無法從經驗中推衍出來的。我有記錯嗎？」

「沒有錯，柏拉圖主張，這些觀念或共相是獨立於人類的認知能力的，是宇宙秩序的一部份，而不是人類心靈的投射或衍生物。因爲，如果它們只是從個體中歸納得來的話，那它們就有可能只是人類心靈的產物，是可以修改的，並不是恆眞的。因此，柏拉圖認爲，先天觀念不但在邏輯上先於經驗，也是獨立於理性之外的——儘管我們要知道它們，還是得透過理性的作用。」

「你這番話讓我聯想到金本位制度，」派克說。「那是非常保守的做法。柏拉圖一定是喜歡高度穩定感的人。」

「不過在柏拉圖所屬的時代，他的觀念卻是很激進的。」我回應說，「但，是的，他是想把雅典社會所賴以奠基的形上學原則固定下來。這也是爲什麼他會認爲，只有由哲學家來當皇帝，才能帶來明智的統治。」

「哼，」派克嗤之以鼻地說，「我倒不認爲哲學家皇帝能幹得成些什麼。好了，現在讓我來做個小小的總結。」

「等一等，」莫雷打岔說，「我還是想知道，爲什麼大家都認爲我們需要救贖？」

「那是因爲，」貝蒂笑著說，「我們都帶有原罪。」

「什麼原罪？」莫雷問。

「那就是我們變老了這件事情。年輕人可看不出變老有什麼好的。」貝蒂說。

「啊，是這個。」莫雷嘆了口氣說。

「我在談得是救贖與神學，」派克說，顯然是決心要把他想說的話說完，「柏拉圖的先天觀念就是一個你想把某些你失去或忘記的東西要回來的例子。而從幾星期前的討論，我們得知，他稱之爲回憶理論。他認爲，如果有人問對了問題，就能讓我們憶起那些內在於我們心靈深處的眞理——但我認爲，那只是演繹法的效果罷了。但不管怎麼說，這種回憶都是跟救贖不完全相同的，因爲救贖除了把某些忘記了的東西要回來以外，還會引進一些新的成分。應該有某些東西阻礙我們達到完整，有某個我們必須克服的障礙。就像電影《魔繭》所顯示的，我們必須透過某種艱苦的方法，才能獲得救贖。我猜，貝蒂會把這種障礙形容爲對轉變的抗拒，而查理則會把它形容爲絕望。貝蒂提出來的解決方式是自知，也就是看出自己的問題所在，努力去改變它；查理的方法則是信仰，也就是明白到你能力的極限以後，接受一種更高力量的呼喚。」

「各位朋友，這就是我迄今爲止所能想到的。」派克說，說完就放下鉛筆，理了一理他的圓翻領，然後微微一笑。好些同學都鼓掌表示嘉許。

但我卻我注意到莫雷在椅子上侷促不安的樣子，便趕緊說：「討論到這裡正好是一個段落，可以下課了。」

一席話

討論過柏拉圖《會飲篇》之後幾天，莫雷來辦公室找我。這並沒有什麼不尋常，因爲莫雷本來就喜歡來找我聊天：聊他喜歡的社會運動，聊他的狗，聊他在曼哈頓推銷女性服裝時的往事，有時則是向我抱怨本地小聯盟棒球隊——阿什維爾旅行家隊——表現得差勁。平常來找我，他棒球帽下面那張曬得棕褐色的臉總是露著個大笑容，但今天他卻顯得有點焦慮不安，就像是不知道爲什麼要來找我的樣子。

「嗨，你好。我這個時候來找你適合嗎？你看來好像不太忙嘛。」他問歸問，卻沒等我回答，就一屁股坐在椅子上。他脫下棒球帽，用手指去攏稀疏的頭髮。他的另一隻手則握著一卷捆著橡皮圈的紙卷。

我從電腦螢幕轉過身，伸手跟他握了握手，然後等他說話。

「朗恩，」他說，「我想找你談談上次上課時的事，我當時對大家談論救贖的話題有點生氣，你還記得嗎？」

他專心地望著我，等待我的反應。「你對派克的一些見解感到不解，是這樣嗎？」我問。

「不，不是那樣，派克個是很棒的人，腦筋又好。他說的話也對我很有幫助。他總是不吝於幫助別人。至於柏拉圖嘛，我也很佩服他。他夠資格當一個偉大的劇作家，只是他不應該也在哲學裡軋一腳。你別誤會，我不是看不起哲學。哲學是一種很棒的東西。每個人都應該學一學哲學的。它可以幫助我們在生活裡找出意義感和目的感。我們都有必要檢視自己的人生。這是我的由衷之言。」

莫雷愈來愈坐立不安。他把紙捲上的橡皮圈拔了下來。「那你想找我談的又是什麼呢？」我問。

「我有些東西想唸給你聽，那是一個電影劇本。我想寫已經有很多年，而現在終於做到了。不過這並不容易，眞的不容易。寫它的時候必須很有耐性。班上有個同學幫了我的大忙，就是茱蒂・芬奇。她有文學的背景。雖然我對劇本的情節、人物和對話都有清清楚楚的想法，但沒有她幫忙，只怕我還是沒法把想法轉化爲文字。」

「太棒了，」我說，「我很想聽一聽。但這跟我們的哲學課和柏拉圖有什麼關係呢？」

「既沒關係也大有關係。」他回答說，重新戴上棒球帽，把帽舌拉低，「我的劇本談的就是救贖的問題。滑稽吧？通常我都不喜歡用這一類的字眼。雖然拉比和牧師開口閉口都是救贖兩個字，但我卻不會認眞看待。我認爲，再怎麼說，你做過的事都是已經做過的了，難以挽回，所以明智之舉莫如繼續往前走。明天又是新的一天。但後來我卻有了不同的想法。因爲我發現，我正在從事的事情，恰恰就是在尋求救贖。」

「你是指寫這個劇本？」

「不是指劇本本身，而是指它談到的事情。它是關於我當『大哥哥』的義工的事情的，有關我的『小弟弟』傑西的，有關我是怎樣認識他和怎樣取得他的信任的。在我之前，傑西有過幾個『大哥哥』[10]，但他都跟他們相處不來。當我們在課堂上談到《魔繭》這電影，談到人會渴望得回某些人生失去的東西時，我有一種觸電的感覺。因爲我現在做的，就是同樣的事情。很多年前，當我的孩子還小的時候，我常常需要出差，因爲我的客戶遍及整個美國東岸。我工作得很拼，銷售業績一直是第一名。我一直認爲，我工作這樣賣力，是在爲家人而努力，是在給他們更好的生活。但事情的結果卻大出我所料。我現在才明白到，當初我應該多騰點時間陪陪孩子，也應該溫和一點，不是動不動就因爲一些小事對他們大發雷霆。他們眞正需要的是關心和知道我愛他們。」他再次脫掉棒球帽，靠到椅背上，把棒球帽擺在大腿。「我現在想把事情糾正過來，做一個我該做而沒有做的父親。」他一面說一面隨意翻動手上的紙頁。

「你劇本寫的就是這個？」

他點點頭。「另外，我想我的故事應該可以啓發別人怎樣去扮演好『大哥哥』或『大姊姊』的角色。我把劇本的一份副本寄給了我姪女看。她是好萊塢的知名導演，如果我的故事夠好，說不定她的其中一個工作室就會把它拍成電影。你覺得我這樣做有意義嗎？」

「當然有意義。」

接下來我們兩個都不知道該說些什麼。看著莫雷坐在那裡，手裡攥著他的劇本和棒球帽的樣子，我不期然想到坊間很多有關老年人的書籍。它們會呼籲你去體驗生命的完整性，去發現你內在那個不會隨著肉體老化的自我，去追求心身靈合一的狂喜。此外還有大量「你永遠不嫌太老」的書，鼓勵老年人繼續追求性生活、創造性的活動和戶外活動。它們在在讓人覺得，如果沒有活到老年，就算不上是眞正活過。而它們提供的祕訣通常都是如下一類：保持樂觀的態度、多禱告、多攝取鈣片、多做運動和採取低卡路里飲食。

而在這種潮流中，謝爾曼（Edmund Sherman）談老年人回憶的書籍，顯得很獨豎一幟。他認爲，老年人對過去的回憶，是包含著一個哲學的向度的。他認爲，回憶可以提醒我們那個發生在我們早年的「深邃的分裂」。在年輕時代，我們不是忙於享受快樂，就是忙於爲滿足我們在物質世界的需要而奔忙。這種忙碌讓我們遺忘了自己深邃的靈性本質，這種本質，謝爾曼形容爲「對存有的基本而始原的衝動」（the primal, original impulse toward being）。不過到了老年，回憶的衝動卻讓我們可以矯正這種不平衡的狀態，讓我們可以「傾向存有」（tipped toward being）。我們會變得更加內省，更加意識到自己的眞我。雖然謝爾曼的本行是社會工作者，但他顯然深受古代哲學的濡染。

「莫雷，」我打破沈默說，「你的小孩知道你當『大哥哥』的事情嗎？他們多少知道你這樣做背後的動機嗎？」

莫雷微微一笑。「他們知道一點關於傑西的事。但你知道他們有什麼反應嗎？我覺得他們有點忌妒。眞的，他們眞的是忌妒。他們大概會想：『怪了，這老頭以前怎麼就不會這樣關心我們，教我們做功課，帶我們去看棒球，看到打出全壘打的時候陪我們一起大叫大笑、跳上跳下？』這不能怪他們，這是我一手造成的。唉，雖然我跟孩子們的相處現在已經改善不少，但我有時候還是會像老樣子，看到他們做一些蠢事或說一些蠢話就會大發雷霆。這讓我發現，人是無法逃離過去的，它會在後面追著你跑。我對救贖並不抱幻想。你必須與你犯過的過錯一起活下去，必須接受不完整是無法修補的事實。這就是人生。也許柏拉圖是可以透過沈思永恆而達到與存有的同一，但我可不認爲我有這個能耐。我唯一能做的就只是一些很簡單的事情，例如教傑西做功課，讓他的成績可以從『丁下』升爲『丁上』。」說到這個，他笑了出來，拍拍大腿上的棒球帽。「對，『丁上』是不比『丁下』強多少，但那最少是個進步。而再過一年，他的成績說不定就能提升到『丙下』。你不妨稱我爲樂觀主義者。」

「你沒有放棄憧憬，」我說，「而這是最重要的。」

「你不得不這樣，否則你就完蛋了。」莫雷說，「不過，現在我寧可懷抱小的憧憬而不是大的憧憬。小的憧憬比較容易實現，讓人有實在感。傑西就是我的一個小憧憬。當然，我希望他對自己懷抱的是一個大憧憬——雖然就目前來說，他應該先安於一些小憧憬。你知道嗎，教授，當你的人生經歷過一些挫折，經歷過一些大憧憬的幻滅，你很自然就會不再抱任何憧憬，要不就是把大的憧憬換成小的憧憬。我的人生讓我學到了一些事情，明白了一些道理，它們都是我的財富。我不想讓我的這筆小財富鎖在保險箱裡。我想要把它們投資在未來，但不是我的未來，因爲天知道我的未來會不會超過明天？我要把它們投資在傑西的未來，一個很長很長的未來——最少我希望他的未來會很長。」

「你是想讓過去實現於現在？⓫」我說。

「一點都沒錯。但如果不嫌太哲學的話，我想對你這話做個小小的補充：記取未來，讓過去實現於現在。」

我們四目相視，不發一語。我忽然想到，儘管一個人在老年不見得真的可以把有缺陷的過去救贖回來，或讓生命變得完整，但也許最少可以成爲另一個人的救贖者。

隔壁的辦公室響起了電話鈴聲。窗外樹木的陰影在牆上搖曳，並斜曳過地毯。走廊上其中一間教室的門砰的一聲闔上。

「對了，」莫雷突然興奮起來，「有興趣跟我和傑西一道去看球賽嗎？阿什維爾旅行家隊今天晚上有賽事，對手是格林斯堡隊。」他把雙手握在一起揉搓，做出投手把汗水摩擦到球裡去的動作。「我會請你吃熱狗。」

我沒有看棒球已有兩三年，因爲我周遭有太多事情隨時等著發生。但我喜歡阿什維爾那個小而新的棒球場，也喜歡小聯盟比賽那種家庭氣氛。而有莫雷和傑西在旁邊，我也肯定絕不會有冷場。

「好啊，」我回答說，「依你的。但我的熱狗可要多沾一點芥末。」

「你一定會喜歡那比賽的，」他說，「每次看球我們都是盡興而返。」

第十一章　天堂寄來的明信片

我的丹麥朋友奧吉・尼爾森說過，永恆就發生在當下：你可以在一片麵包的滋味裡嚐到它，在一個擁抱裡感受到它，或是在一杯干邑白蘭地的芬芳裡嗅到它。我猜，他的意思是說，當下的豐滿感滲透到你整個存有裡去的時候，你就會獲得一種超越於時間之外的體驗。

對哲學家和神學家來說，「永恆」（eternity）這個字既可指沒有起訖可言的不變眞理，也可指一個神聖存有（divine being）擁有的那種無限的明覺（infinite awareness）。奧吉的明覺都是有限的，但他卻自有一些他自己的永恆瞬間，一些對超越時間性的模仿。他有一次對我說：「我們每個人都是在某條路追尋著自我實現，而我們所追尋的東西都打上了永恆的印記。」

「郵票❶？就像明信片上的？」我調侃說。

「對，就是那樣，」他給我調侃回來，「一張你可以每天寄回家去的明信片，上面印著你的天堂的照片。」

奧吉一向語不驚人死不休，但如果你有什麼縈繞於心的問題想找人談，找他準沒錯。這也是為什麼我會千里迢迢去丹麥找他，跟他在一個墓園裡談話的原因。

木鞋

奧吉身材矮小而粗壯，一頭白髮就像鬃毛一樣延伸到他的領子。他腳上穿的總是一雙丹麥傳統的皮面木鞋。他家裡備著好幾雙這樣的木鞋，有些是日常穿的，有些是需要盛裝的場合穿的。穿這種鞋讓他個子看起來要高一些。

他自小生長在丹麥的利姆水道（Lim Fjord）以北，一個小農場、鄉村小鎮和漁村零星分布的地區。他的家鄉位於日德蘭半島的西部，名叫土奧（Thy）。土奧人一向強悍而獨立，當地人會很自豪地告訴你，土奧是一個「法律與秩序以北之地」。過去，他們抗拒過國王和教會的權威，而沒多久以前，又抗拒過丹麥國民政府的權威。

雖然是在一個信仰虔誠派（Pietism）的農村家庭長大，但奧吉成年後卻堅持要搬到惡貫滿盈的哥本哈根去求學和冒險。而他的冒險精神後來又把他帶到了美國、印度和其他許多地方去。他是一個出色和特立獨行的教育改革者，曾經一手創立過許多個獨豎一格的教育組織，不過，當這些組織在取得成功和尊敬以後，就無一例外地變得保守。不只一次，他被自己開創的組織的執行委員會所開除（成員都是他在組織始創階段挑選出來的）。

我在取得博士學位以後，曾在奧吉當校長的新實驗學院教了好幾年的書。新實驗學院是一個依奧吉的教育理念所建立的成人教育團體。奧吉這個人的魅力就像是會傳染似的，學校裡的學生和老師都會不自覺地模仿他的言談舉止（甚至包括他的口吃）。學校最初是設在哥本哈根的郊區，後來又搬到一個更鄉村的環境，離奧吉的出生地不到幾英里的路。教室和宿舍都是由農舍改裝而成。這次我回到丹麥去看他，上距我在新實驗學院當他的學徒，已經有二十年。

奧吉現在是一個丹麥人所稱的 pensionist，也就是靠領政府退休金過日子的人。他住在一棟小公寓裡，裡面是一個又一個櫃子和架子，塞滿他過去的文件和書信。雖然已經七十二歲，但奧吉的壯志仍然不減當年，滿腦子都是對未來的計畫。而人們也繼續受到他未見減少的領袖魅力所吸引，訪客、來信和電話川流不息。但奧吉卻私底下向我抱怨，這些訪客與電話讓他不堪其擾。他說，他畢竟已是個老頭了，每天都需要午睡。他受夠了別人的夢想、狂想和問題，現在只願可以過得清靜清靜。話是這樣說，但他卻狠不下心拒絕別人——包括我。

奧吉現在住在日德蘭半島西部的靈克賓（Ringkφbing）的郊外。靈克賓是個迷人的城鎮，傳統與摩登的建築紛然雜陳。鎮中心有一個用大卵石鋪成的廣場，內有一棟十八世紀的市政廳，其鐘塔向天聳峙。節比鱗次的橘色瓦屋頂從廣場四周向外延伸開去，宛如一座迷宮。街道上的商店櫥窗裡琳琅滿目，有賣切得細細片的牛肉的，有賣一串串香腸的，有賣溫熱的麵包和豐腴的蛋糕的，有賣雪茄和煙斗的，有賣最新的哥本哈根時裝的，有賣丹麥的摩登傢具的，也有賣超現代的電子用品的。平常，在峽灣的港口裡可以看得見滿載鱈魚和鰈魚而歸的捕魚船，不過今天卻沒有，因爲今天是星期天。

我和奧吉的談話地點是位於城鎮邊緣的一片教堂墓園。我剛陪他參加完一場路德會的主日崇拜。奧吉年輕時曾受過當牧師的訓練，但他離經叛道的觀點讓他失去被按立爲牧師的機會。唱完最後一首讚美詩以後，我們就走出教堂，沿著石子路，在維護工作做得很好的墓園裡信步而行。墓園四周環繞著有玫瑰攀緣的石牆，還有修剪得整整齊齊的草壇和黃楊樹籬。一排排的墓碑顯得肅穆和井井有條。

我反覆思考要怎樣向我這位已經邁入老年的老導師提出那個大問題：人生有一個共通的目的嗎？還是說我們每個人有責任爲自己找出一個目的？邁入老年以後，一個人的人生目的會變得更加清晰嗎，還是因爲年邁體衰，反而會讓我們辛苦編織了一輩子的意義網絡爲之解體？我想，奧吉不拘一格的心靈和他最近與死神擦身而過的經驗，說不定會讓他對這些問題有發別人所未發的見解。

尋找自我實現

奧吉忙著用一種哥本哈根人幾乎聽不懂的本地方言，跟做完禮拜要離開的農人和小商人寒暄時，我獨自跑去打量墓碑上的名字和銘文。我注意到，好些墓碑都刻著同一句銘文，而據我所知，這句丹麥文可以有兩種解釋。我不知道哪種解釋才是它要傳達的意思。

「奧吉，」我喊他說，「這句銘文是什麼意思？」我站在一塊墓碑前面，用手指去摩挲刻在它上面的幾個字：*Det Er Fuldbragt*。是「結束了」的意思嗎？還是「完成了」的意思？在丹麥文裡，*fuldbringe* 這個動詞原型既可以解作「結束」，也可解作「完成」。我聽到奧吉木鞋的各各聲停在我的旁邊，便用手指指了指銘文。

「*Fuldbragt*，」他點點頭，用手指摸了摸上唇上方一道小疤痕，那是他小時候遇到的一個小意外造成的，「這個字跟耶穌死亡和復活的故事有關。你是知道這故事的。耶穌死在十字架之後的第三天，他的屍體從墓穴裡失蹤了。他推開擋在洞口的大石頭，然後到天上看他的父上帝去了。在跟造物主經過一番談話後，他回到地上來告訴門徒，死亡是一種很奇妙的經驗，他們不應該爲死亡感到害怕，又說如果他們信仰夠堅定，就能克服死亡，住在永恆裡。說完這個，他就離開了，留下門徒自己去揣摩他的話的深意。」奧吉對我使了個眼色，「很棒的故事，對不對？」

我點點頭。我覺得耶穌復活的故事，其含意的豐富，並不亞於摩西分開紅海和上帝制止亞伯拉罕殺子獻祭的故事。它們全都充滿詮釋的可能性。

「所以，這句銘文所表示的，是像耶穌一樣，死者已經完成了他的旅程，回到上帝那裡，住在永恆裡。是這樣嗎？我會問你這個，是因爲我知道，這句話也可以單單表示，死者已經不在了，他們磨損的肉體和心靈，已經隨著他們的艱苦人生一起結束了。」

「對，」奧吉點點頭，「你喜歡的話，也可以這樣解釋。」這就是奧吉的伎倆之一：雖然你明明只是提出一個疑問，但他卻假裝認爲你斷言了些什麼。我可不會讓他得逞。

「但你不認爲，這句銘文是爲了減少我們對死亡的恐懼，才會刻在這裡的嗎？它不是要告訴我們，人生是有意義的，因爲它是通向一個更高層次的生命的階梯嗎？」

我用手指了指教堂的正面。那是一座宗教改革風格的建築，而就像其他傳統的丹麥路德會教堂一樣，這教堂也有一連串的石階。

奧吉的目光隨著我的手指望向教堂的石階，瞇起眼睛。「那⋯那⋯那不無可能。」他結結巴巴地說。停了半晌，他轉過臉來看我。「當然，這是你們人文主義者和大部分丹麥年輕人的典型想法。但我們這些老一輩的人，則只會按字面意義去理解它。我們都是些閒蕩著，等待著永恆的人。」他拉拉自己的耳朵，「就拿我們的牧師來說好了，每個星期天，他對寥寥可數的會衆講的都是一篇中規中矩和無聊乏味的講道。但這又有何不可呢？」他聳聳肩，「因爲根本沒有激動人心的必要。他不過也是個在等著的人罷了。」

我知道奧吉是在誘我入彀。每次他談到什麼枯燥乏味是可以接受的時候，他只是在引你提出反駁，讓你把某些你不想透露的想法透露出來。但接下來，你馬上就會站在要爲自己立場辯護的位置。我可不打算掉入他的陷阱。

「不過，你不是也相信耶穌復活的故事嗎？我相信，對你來說，*Det Er Fuldbragt* 所指的一定是一種更高的完成，而不只是爲了獲得麵包、啤酒、漂亮的房子、一輛好車和成爲一個受尊敬的公民辛辛苦苦奮鬥了一輩子之後，一個簡簡單單的結束。」

奧吉笑了。「朗恩，話是沒有錯，但那得看你開的是哪一款的車子而定。如果你開的是我那款 280Z 紅色跑車、喝的是上好的紅酒、抽的是『福羅拉牌』雪茄的話，那就要另當別論了。」

從某個意義來說，他並不是在說笑。邁入老年後的奧吉，已經變成了一個享樂主義者。他喜歡開著紅色跑車在鄉村公路上風馳電掣，抽上好的雪茄，而且不只喝上好的葡萄酒，也喝蘇格蘭威士忌和白蘭地。他對年輕女性（特別是聰明能幹型的）的興致也一點都沒有減少。不過，他的羅曼史通常都是以失望結束，而不管是女方還是奧吉本人，都對爲什麼會是這樣的結果大惑不解。某個意義下，奧吉是人宿命的不完整性——追求智慧或快樂而徒勞——的活見證。我無法想像他的墓碑上會刻上*Det Er Fuldbragt*幾個字。

幾年前，他生了重病，連續動了好幾次生死攸關的手術。有兩星期時間，他都是在昏睡中渡過。他聲稱，在這段時間，他經歷了靈魂出竅的經驗，甚至跟上帝有過幾回交談。他在死亡隧道裡走了一遭，從隧道的近盡頭處看過外面的光，但他沒有走出去，而是又往回走，回到人間世界來。他醒過來以後，發現有不下五個認定他是自己至愛的女人，爲他傷心得死去活來。但奧吉的生活並沒有因爲這個與死亡的小接觸而收斂起來，反而讓他用比從前更大的熱情擁抱享樂主義。誰又能說他沒有從瀕死的經驗裡獲得什麼教訓呢？

儘管如此，我們現在還是在教堂裡，而不是在酒吧裡。奧吉還是會上教堂，說不定是想要享樂的人生與天國的永生兩者兼得吧。

我跟著他，沿著另一條石子路走到一群被低矮鐵欄杆圍繞著的墓碑前面。

「看看這個，朗恩，」奧吉指著一塊打磨光滑的大理石墓碑說，「*Til Evighed*，是『到永恆去了』的意思。」

「聽起來有點像掛在商店櫥窗上的告示：『店家用餐去了』。」

「對，」奧吉對我這個聯想不禁莞爾，「店家到永恆去了，不會馬上回來。」

「我就是搞不懂這一類銘文的意義何在。」我說，「它們說的話都太抽象了。它們固然告訴了你什麼，卻無法讓你有具體的感受。就拿躺在這裡的這位勞里森先生來說好了，他是五年前過世的。墓碑上說他是個麵包師傅，而現在則追隨耶穌的道路，到永恆去了。我是看到了一個故事的兩條主線——麵包師傅與救世主——但卻看不出這兩條線的交會。」

「麵包師傅與救世主？」奧吉笑著說，「好，好搭配。也許我們應該拿這個來拍部電影。朗恩，給你選擇的話，你要演哪個角色？」

「我是說認眞的，奧吉。」

「好嘛好嘛。」他說，「你知道嗎，你這個人的毛病就是太過認眞。你非把一件事情的來龍去脈弄得一淸二楚，不會願意相信些什麼。」

「我是因爲感到困惑，」我辯解說，「才會想要澄淸一下。」

「還是說因爲感到忐忑不安？」奧吉嘆了一口氣說，「『永恆』有時候是個會讓人害怕的字眼。」

「是因爲『永恆』和死有關嗎？」

他搖搖頭。「不，不是因爲和死有關，而是因爲和生有關。」他斜著眼看我。「你想聽一個有關 *evighed*〔永恆〕的故事嗎？」

「別賣關子了。」

「故事發生在一個晚上，大約是九或十年前的晚上。我開車送一個學生到胡魯普（Hurup）的火車站去。那是最後一班火車。他要坐火車到哥本哈根，再坐飛機回家。他的家是在……好像是在奧馬哈（Omaha）。到站後我們互相擁抱，然後他就登上火車。火車開始緩緩而安靜地開出，你知道，我們丹麥的火車，都是最現代化的，很安靜。火車一面開，我一面揮手，而他也從車窗向我不斷揮手。那時已經很晚，我原以爲月台上只有我一個人，但隨後才發現，月台上還另有一個人。他戴著頂粗呢帽，穿著件雨衣。他會穿雨衣讓人感到奇怪，因爲不要說那是個很晴朗的晚上，並沒有下雨，而且天沒有下雨已經好些天了。儘管火車已經開出很遠，遠得只看得見車尾的小紅燈，而且我也明知理查——對，我那個學生叫理查——已經不可能看得見我，但我還是繼續揮手。而在月台上那另一個人，我不認爲他是來送誰火車或來見誰的。我想他只是個寂寞的人，來這裡，只是爲了看看火車的來來去去。不知怎麼搞的，我開始感到一陣……一陣……*Ubyggelig*。這個翻成英文怎麼說？」

「奇怪？詭異？」我翻譯說。

「對，是詭異。這時，就連那個原先看來溫暖的紅磚火車站也變得陰森。到處都陰影幢幢。那男的走上前來看著我。好憂傷的一張臉。據我判斷，他應該是老農夫，而且大概從來沒有結過婚。『晚上好，朋友。』我跟他打招呼，就像我們在鄉間碰到陌生人時那樣。他脫去鴨舌帽，匆匆點了點頭，就轉身走開，一面走一面吹口哨，口哨聲和已經變微弱的火車汽笛聲混在一起。這時候，我突然覺得身體很衰弱，就像是得了流行性感冒。朗恩，你能明白為什麼我會這樣嗎？我自己就想不透。開車回家途中，我開得很慢、很小心，生怕會出意外。我覺得某種東西離開我了，被吸走了。我呆呆地站在那裡多久了？幾秒鐘？一分鐘？還是更久？」他望著我，就像是想我給他一個答案似的。

「事後，」他繼續說，揉了一揉自己的下巴，「我不斷反覆想起那個晚上、那個戴粗呢鴨舌帽的男人、他的口哨聲，還有那列火車。每當我想到這個的時候，就會感受到『永恆』這個字，不，不是感受到，應該說『嚐到』才對，因為每次想到這個，我的嘴巴就會有一種苦澀的滋味。」說完這個，奧吉就像突然抖去了他故事的迷霧似的，抬頭用炯炯的眼神看著我說：「哲學家先生，你可以給我提供一個解釋嗎？」

「得到這種經驗的人是你，你卻要我來向你解釋？」

「對意義之類的事情，你向來比我在行，朗恩。」

這類典型奧吉式的妙語差點沒讓我捧腹大笑。不過，我倒是真的對他的故事的意義，有一個想法。「奧吉，」我說，「你想你的這種感覺，會不會是因為孤獨感而引起的。當時是晚上，你又是在送行，當火車漸行漸遠，最後消失不見，讓你覺得自己的一部份被帶走。然後你又看到那個默然不語的怪人。那是一種空洞的永恆，一種時間的闕如。你感覺你的生命力被抽乾了。另外……」

奧吉把一隻手搭在我的肩上。「朗恩，我就知道我請教你準沒錯。對，我會有那樣的感受，也許就是你解釋的那樣。但有趣的是，知道了這個，並未能讓我不再有那樣的感受。一個意義是可以試著去捕捉一種感覺，就像用一個籠子去關住一頭野獸一樣，但感覺本身卻是不會安靜下來的。我只是覺得，我仍然在那月台上。」接著他又開朗了起來。「能有那樣的體驗，不是很棒嗎？更妙的是，朗恩，你現在跟我共同擁有它了。」

往前走出幾步以後，我轉臉問奧吉：「如果永恆眞是這樣苦澀的一種感覺，那人們何必要把『永恆』二字刻在墓碑上呢？」

「因爲這些墓碑上的『永恆』二字，不是指苦澀的永恆，而是指甜美的永恆。是一種充實的永恆。當你獲得自我完成，就會找到這種甜美的永恆。」

「那你有沒有關於甜美永恆的故事？」

「另一個故事？」他笑著說，「沒有，恐怕沒有，但齊克果卻有一個。你還記得齊克果所說的『時間的充實』（fullness of time）嗎？」

「當然。」我說。奧吉知道我的博士論文寫的就是十九世紀丹麥哲學家齊克果。齊克果的哲學強調個人自由乃是信仰的基礎，有了這種自由，人才能夠進行「信仰的跳躍」(leap of faith)。他的這種思路，開創了存在主義哲學中有宗教向度的一脈。「齊克果認爲，作爲亦神亦人的耶穌，是出於純粹的恩典，才會進入世界的歷史中，讓人重新可以與上帝發生連結。他的這個觀念，是借自黑格爾的。黑格爾認爲，歷史的進程是有邏輯性的，而基督教出現在人類歷史中的時間，並不是隨意的，而是有其邏輯必然性。黑格爾的這種思路，讓我們可以把歷史理解爲一個實現其自身的過程。不過，齊克果的想法還是跟黑格爾有不盡一樣的地方……」

奧吉拍拍我的肩膀說：「太棒了，哲學家先生，解釋得眞詳盡。只可惜你漏了一個重點。」

「我漏了什麼？」

「齊克果的『時間的充實』這個觀念是要告訴你，人是永遠走在實現的路上的，因爲你可以因著對生命正逐漸流逝的恐懼，獲得救贖。我們必須要爲死亡作好準備。而這也是這些墓碑的銘文所要傳達的信息。它們要問你：你爲前往永恆作好準備了嗎？我們的人生就是一段爲此作準備的時光。如果你明白這一點，你就可以經驗得到，我們的每一刻都是 *til evighed* 的，也就是『通向永恆』的。當我們年輕時，我們總是想方設法忘記這一點，但等我們年老，就會有種種事情——例如心臟病發、頭髮變白或一個朋友的過世——提醒我們這個忘卻的事實。這時，你就會開始作準備。」

我不喜歡別人說我漏掉齊克果的哪個重點。

「如果人活著的目的只是等待死亡、迎接死亡，那人生又有何意義可言呢？」我反擊說，「難道這種貶低生命的神學，不就是讓宗教顯得死氣沈沈的原因嗎？」

「對，有時是會那樣，」奧吉說，「不過那是在他們誤解了這種神學的時候。一這樣想，他們就會把永恆當成某種可以促銷的東西，就像汽車保險和牙膏那樣。他們會想給它一個 *varemærke*？」

「一個商標？」

「對，商標。就像他們擁有永恆的專利權似的。他們會把永恆分成一小瓶一小瓶賣給你，就像賣你阿斯匹林或維他命那樣。」

「而甜美的永恆不是這樣？」

「對，它是不能賣的。」

「你知道嗎，奧吉，你這番話讓我聯想起伯格曼的電影《野草莓》。記得嗎，電影開始的時候，老醫生伊沙克正在做夢。他夢見自己迷了路，儘管那是他居住的城鎮，但他卻不知道自己身在何處。他望向一家鐘錶店門上的圓鐘，想看看時間，卻發現那鐘是沒有指針的。他掏出身上的袋錶，卻發現它一樣是沒有指針的。他感到害怕，聽到自己的心在噗噗跳。那是另一種永恆，因絕望而起的無時間感。」

奧吉點點頭。「我也有過這種感覺。不過你可別忘了電影裡的草莓，伊沙克醫生年輕時代嚐過的野草莓。雖然只是在回憶裡，但它的滋味還是那麼的濃烈，那麼的……馥郁。英文裡是這個字嗎？」

「那是一個好字。」我回答說。

「『時間的虛空』和齊克果所說的『時間的充實』❷恰恰相反。它們的分別就有如……該怎麼說呢……」他停下來尋找貼切的字眼。

他望了望墓園四周，視線最後停在最遠一片石牆邊上的一顆梨樹。

「就有如水果成熟與水果腐爛的分別。當你生活在為迎接死亡作準備中，你就是正在成熟中，但如果你一直為抗拒死亡而戰，你就是在腐爛中。你明白我的意思嗎，博士先生？」

我緩慢點頭。「你是說，我們的人生是一個邁向完成的過程，方法是透過追隨耶穌的教誨和生活榜樣而向著上帝慢慢接近。根據這條靈性道路，我們是一些追求時間的完成的朝聖者。我們渴望可以超越有限的生命，超越我們的不完整感，方法是透過百分之百投入救贖的尋求中。是這樣嗎？」

有好幾秒的時間，奧吉只是楞楞地看著我。之後，他緩緩點頭說：「類似這樣。不過，哲學家先生，你認爲如果耶穌整天都像你這樣到處找人談論哲學，他會獲得這麼大的成功嗎？聽你說話的時候，我只覺得成聖之路眞是艱鉅得可以。過去我們丹麥人之所以不太重視齊克果，也是這個原因。後來，我們把他內銷轉出口，當成出口貨，跟我們那些卓越的乳酪、醃肉和啤酒一道，銷售到全世界。現在，人們都跑到丹麥來研究齊克果了。事實上，齊克果死了要幾乎整整五十年以後，才被德國的神學家重新發掘出來，從此蜚聲世界的。至於我們丹麥人，則寧願追隨格倫特維❸。」

「爲什麼會這樣？」

「那些因爲格倫特維先生——他比齊克果早生三十年而晚逝十七年——寫了許多悅耳動聽的歌曲，讓我們覺得當丹麥路德會教徒是件很愉快的事，但齊克果卻寫了一些又厚又重的書，讓我們覺得當基督徒幾乎是超出人能力承擔範圍之外。所以你認爲，丹麥人會選擇他們哪一個呢？」奧吉停了下來，開始低聲哼起歌來，繼而聲音轉大，引吭高歌。

「啊，充滿恩典的日子，我們不勝受恩感激。」他唱道，又問我：「朗恩，你還記得這首歌嗎？」

我知道這是格倫特維最有名的一首讚美詩，這首詩歌不但可以在教堂裡聽得到，也可以在婚禮、週年紀念日和生日派對上聽得到。

奧吉繼續唱道：「且歡心看著祢升起／祢所統治的大地展開／向著所有血肉之軀歡呼／而每個地方光的小孩／證明長夜已經結束。你知道嗎，格倫特維寫的這句『向著所有血肉之軀歡呼』，意思是天堂就在此時此地。但你不要以爲他已經不再對死後的救贖抱希望。不，他沒有，他只是覺得上帝創造的此世間並沒有那麼糟糕罷了。你可能不知道，是因爲一位女士的關係，才會讓格倫特維沒有成爲一個死氣沈沈的路德會教士，而提出『不先成爲人就成爲不了基督徒』這句話的。」

「不先成爲人就成爲不了基督徒？我記得這句話，*Fφrst menneskelig og saa kristelig*。我有記錯嗎？」

「看來你沒有忘記我教過你的每件事嘛！」

「不，並不是每件事。對了，你提到的那位女士是怎麼回事。我可不知道這情節。」

「她是一位非常優雅的英國仕女，名叫博爾頓太太。格倫特維旅行倫敦期間，曾經跟他共渡過好幾個黃昏。她成爲了他的靈感女神。她的一番話讓格倫特維相信，自然中的男與女，身上都有著某種奇妙美好的素質，不應以他們都帶有原罪而予以全面否定；而這個世界也是上帝的造物，不是一個錯誤。我們不知道格倫特維和博爾頓太太談過些什麼，但格倫特維寫過一句因她而有感而發的話：*Alt hvad der ret skal gaa os til hjerte, skal gaa gennem Kvinden til os*。我從前有告訴過你這句話嗎？」

我竭盡所能在心裡把這句老式的、詩般的語句給翻譯出來。

「它的意思是，」奧吉繼續說，「『跟心有關的事情我們只會透過女性知道』。以今天的眼光看來，這話可能會有點……你們是怎樣說的……對，會有點不夠政治正確❹。不過，格倫特維一旦敞開他的心以後，就決心推動一個新的丹麥憲章，以爲丹麥的社會帶來改善，也好讓非常狹隘保守的路德會變得開放。他希望建立一個 *folkekirke*，也就是一個庶民的教會。爲了他心目中的這個理想教會，格倫特維寫了數以百計被誦唱至今的讚美詩。他的願景是可以把宗教從文化中分離出來，好讓丹麥變成一個更人性的社會、一個不受宗教權威宰制的社會。有些論者認爲，丹麥後來會轉變爲一個世俗化社會，就是由格倫特維發其端的。不過那並不是他的初衷，他的原意並不是要把所有窮農人、店東、銀行家和學童……讓他們……讓他們 *verdsliggφre*。英文是怎樣說的？」他轉身望向教堂的方向，對著太陽光瞇起了眼睛。

「*Verdsliggφre*？」我搜索我的心靈字典。「嗯，它的字面意義是『世間的』。我想可以解作『世俗化』，就像政教分離那樣。」

奧吉搖了搖頭。「在某個意義下，*verdsliggφre* 固然可以解釋為『世俗化』，因為你挪走宗教以後，宗教所空出來的位置，自然會被人文主義所取代。但格倫特維卻有別的意思。他所謂的 *verdsliggφre*，目的是要把基督教的目光，從彼世界的問題轉向此世界的問題，也就是人們日常生活的問題。他基本上所希望的，是復興早期基督教社群的理想，讓這種理想可以在丹麥王國的鄉村城鎮裡開花結果。為此，格倫特維引進了英國的集體農場制度，推動高中教育的普遍化，把光明的未來帶給我們這個小小的國家——這個國家，本來就不大，而自從打敗仗，把挪威和石勒蘇義格—荷爾斯泰因(Schleswig-Holstein)割讓出去以後，就變得更小了。」

「你是說，齊克果呼籲的是個人在與基督合一中獲得時間的充實，而格倫特維則希望透過建立一個地上的王國，讓他同胞的生活需要得到充實？」

「沒有錯，朗恩。」奧吉轉過身朝向我。「不過，現在的丹麥，看來同時需要一個格倫特維和一個齊克果指路。你知道嗎……」他停了下來，摸了摸下巴的鬍渣，「你知道嗎，齊克果是永遠不會對我們基督徒所稱的罪人感到滿意的。在他看來，這些都是被時間所囚禁的人，都是有限的存在（existence），就像是……呃……該怎麼說呢……」他看了看自己的手掌，然後拉起袖子說：「看到這個手錶沒有，它可是個很好的手錶。齊克果也有一個類似的手錶，他的手錶大而且重，讓他戴得手酸。他想把手錶脫下來，問題是錶帶綁得太緊了，讓他根本脫不下來。因此，他不管什麼時候都會聽到它的滴答聲。這個聲音讓他感到難過，並讓他好奇，其他人是不是也像他一樣，會被手錶的滴答聲所苦惱。他跑去問別人這個問題，把手錶給他們看，但他們卻一點感覺也沒有。他拼死拼活想把手錶解下來，因爲它的滴答聲讓他感覺自己與所有人和所有事物都是隔離開來的。他極度渴望可以克服這種深深的孤單感，克服他跟上帝和自己眞我的疏離感。」

「辦法是？」

「辦法是與上帝合一。但格倫特維卻不同。雖然他走的是一條本來跟齊克果相似的道路，但他到了大約你這個年紀的時候——也就是五十多歲——卻改了道。他變得接受了人是有限生物的事實，接受了人與上帝是分離的事實。但他又認定，人雖然是有限的，卻自有他的尊嚴。因此，格倫特維就把目標改放在儘可能發揮人的優秀部份上面。他決定要把丹麥轉化爲一個小天堂。而不管是好是壞，他成功了。你同意嗎？」

「對，丹麥是個很棒的國家。但你爲什麼要加『不管是好是壞』這句按語呢？」

「因爲我們變得太成功了，以致丹麥人全忘了人是有限的、是墮落的受造物這回事。現在每當我們生病、牙疼或沒地方住，國家就會出面照顧我們。在我們的國家，不健康、無家可歸和不快樂都是不合法的。這當然是一件美事。但另一方面，這也意味著……該怎樣說呢……意味著我們的靈性睡著了。我們變得安於目前舒適與世俗的狀態，失卻了嚮往任何事情的能力。所以我才會說，丹麥現在既需要一個格倫特維，也需要一個齊克果，儘管他們對於人生怎樣才叫完整的看法南轅北轍。你明白我的意思嗎，哲學家先生？」

「我想我明白。格倫特維想出來的是一個集體式的解決方法。他希望在地上打造一個天國，但丹麥最後卻變成了一個社會福利國家。而齊克果則選擇了個體性的方法，也就是自己順服在上帝面前。不過他這樣做，卻讓他孤立於他的國人之外。這兩個都是實現我們有限人生的方法。如果我把它們稱為丹麥近代史的兩個永恆，我想你應該不會反對。」

「說得好，」奧吉喊道，輕拍我的肩膀以示嘉許。「我們的兩個永恆，說得好。就像電扶梯，一邊往上，一邊往下。」

「但我們不應就此忘記苦澀的永恆和甜美的永恆。」

「對，我們要繼續保留它們。」

「但還有一件事是我想要知道的。」

「什麼事？」

「格倫特維和博爾頓太太後來怎樣了？」

奧吉笑了。「對，我忘了她是整個故事的靈魂人物了。只可惜格倫特維和她一別以後，就沒有再見過面。博爾頓太太對他會有這麼大的影響力，說不定跟此不無關係。說到這個，我倒是想起了一件事。我有一位一點點像博爾頓太太的女性朋友。我希望你見見她。如果你有興趣，我們待會兒就可以到她家去喝杯咖啡。她住的地方離此不遠。」

「另一個博爾頓太太？」這可有趣。奧吉的袖子裡總是藏著些驚奇。我想，她說不定是另一個讓奧吉感到回春的年輕女郎。

奧吉把手伸進西裝內袋，掏出一個煙盒子來。煙盒子上印著一個穿長袍的法官人像和ADVOKAT的字樣，那是丹麥文裡的「律師」之意。

「你想抽根煙嗎，朗恩？」

「在墓園裡抽煙適當嗎？」我瞪著他說。

「當然不適當，」他回答說，「但你又是從什麼時候開始關心起適不適當的問題的？」

他示意我跟著他一起走出墓園的鐵柵門。我們走到圍繞著教堂和墓園的石牆邊，在一張長木凳上坐下。我們現在已經在教堂的範圍外了，所以毫無顧慮地把煙點燃。兩綹輕煙在靜止的空氣中翻捲。然後來了一陣帶點海味的微風，把輕煙吹送到樹梢上去。

*****

時間的終點，丹麥的兩個永恆，一個是孤獨的，一個是集體的，它們興起的時間，是十九世紀北歐各種基督教的新觀點崛起，並與世俗主義和國家主義的力量發生碰撞的時刻。齊克果拒絕接受基督教國家的文化，因爲他認爲，它所鼓吹的靈性道路變得太好走了，變成了中產階級文化的一部份。他希望重新恢復基督教信仰的高度困難性，而這種困難性，曾經具體表現在亞伯拉罕決心殺獨子獻祭和耶穌受難兩件事情上。凡是沿著這條道路向前走的人，最後會發現他跟上帝是單獨面對面的。但格倫特維卻採取一種不同的立場。他反對丹麥的路德會的狹隘反動立場。他尋求扮演一個積極的社會活動家的角色，試圖透過引進合作農場的制度，讓丹麥的教會與人民，重演五餅二魚的奇蹟。他的夢想，是透過創造一個攜手同心、豐衣足食的丹麥，把天堂帶到人間。

不過，我對人生目的的觀點，卻跟齊克果和格倫特維都有所不同。我的觀點，基本上是一種極世俗化的觀點，主要是得自二十世紀對發展心理學的研究和當代美國哲學家諾頓（David Norton）的書。諾頓的書，是我在跟奧吉碰面的前不久才讀過的，他在書中追溯了人從兒童到老年的倫理思維的發展。我很想跟奧吉討論一下諾頓的觀點。

在剛才散步途中，我們已發現了四個永恆，而我好奇，接下來我們還會不會發現更多的永恆。

人生的金字塔

奧吉心滿意足地看著他的香煙，然後轉臉看著我。「朗恩，你知道嗎，我現在每天都爲永恆而修煉。」

「這個也可以修煉的嗎？」

「當然可以，我一直都在修煉讓我可以超越於時間之外的能力。你知道的，我幾乎已經死過兩三次了，但我還是沒辦法。現在，我每天都會打坐，睡個午覺，偶然品一點白蘭地。這就是我鍛鍊永恆的方法。那對老年人都是有用的工作，你說是嗎？」我點點頭，雖然並不知道他想說些什麼。「但你呢？」奧吉繼續說，「你卻想知道怎樣才算是生命的完成。爲什麼呢，會不會是因爲你已經接近完成某件你還不知道的事情。是這樣嗎？」

奧吉這個人好作吊詭之語。我又怎麼知道我所不知道的事呢？這根本說不通。但他的目的是不是想叫我作出心靈的跳躍，而不是像我平素那樣，一步一步走？

我決心一試這樣的跳躍。「奧吉，我就像你一樣，」我說，「想知道有什麼等在時間的盡頭。」

他笑了起來，但表情繼而轉爲嚴肅。「時間的盡頭，」他高聲說，「那正是我認爲最重大的問題。」

受到這個鼓勵，我繼續向前推進：「我會思考到這個問題，是因爲我常常會跟老年人接觸的關係。你認爲，在生命的最後階段，我們是不是可以看得更眞，更可以看出人生的目何在？」

「你是認爲老年就像一本小說的結尾，包含著解開整本小說所有謎團的鑰匙？」

「對。」

「那爲什麼讀小說時我們不會先讀結尾呢？」

「我們不想錯過由情節構築起來的懸疑性。」

「就是那樣，」他說，「如果我們早知道結局，過程就會失去趣味性。如果我們先讀了結局，杜斯妥也夫斯基就會變得無聊，托爾斯泰就會變得冗長，而莎士比亞就更不用說了——你會覺得，與其去看他的戲劇，不如留在家裡。但也有可能，結尾並不會告訴我們人生的目的何在，而只是單單告訴我們，人生已經到了盡頭。」

「好吧，就算人生的最後一章不會向我們解釋一切好了，但我卻記得皮亞傑（Jean Piaget）

說過一段很有意思的話。」

「就是那個花很多時間去觀察自己小孩玩耍的傢伙❺？」

「對，就是那個瑞士心理學家。皮亞傑說過，人類心智的發展就像一座金字塔。在金字塔的最底部的，是嬰兒和童年期。雖然這個金字塔是由下而上的，但任何有關人類心智發展的理論，都無一例外要以塔尖爲主軸。因爲金字塔尖下面的每一個部份，都是指向這個塔尖的。」

「所以，嚴格來說，這個金字塔是靠塔尖掛起來的吶。」

「對，皮亞傑就是這個意思，我也認爲這是事實。雖然皮亞傑對人類的心智發展，只追溯到人的成年階段爲止，認爲那是人類認知能力的成熟期，但很多其他的研究者卻認爲老年才是人生金字塔的塔尖，並認爲老年有助於釐清人一生的發展和轉變的內在意義。」

「就像這些刻著『永恆』或『完成了』銘文的墓碑？」奧吉打趣說，手指高舉過肩，指著背後的墓園。

「那些都是迷你的金字塔。」

「把最好的留在最後是一件好事，」他說，「因爲這樣一來，我們就有東西可以去盼望。但如果我們在二三十歲就實現了自己的潛能呢？那我們就會變得漫無目的，只會拼死命去抓緊一些我們註定有朝一日會失去的東西。」

「問題是，」我接著說，「我們總是傾向於把人生歷程想像爲一個線性的過程，就像一支箭那樣，矢羽在後面，箭鏃在前面。」

「光陰似箭，日月如梭。聽你的口氣，這個看法是不對的吶？」

「不全然是錯的，但卻有誤導的可能。把時間看成一支箭的時間觀無法解釋我們一直在談論的那些經驗，像你對火車站那個晚上的回憶，像齊克果和格倫特維的永恆，像刻在這些墓碑上的『完成』觀念。另外，哲學家對不變的眞理的愛和物理學家對無窮時間的愛，也不是這種時間觀所能解釋。」

「這麼多的永恆，眞讓我頭暈眼花。」奧吉笑著說，「不過說說看，朗恩，你認爲如果給你爬到金字塔的塔尖，讓你摸著刻在最高一塊石頭上的銘文，對你會有什麼得益？」

「如果我可以緊緊抓住那個塔尖，也就是明白了生命的目的，那我就可以更明白與老人一起研究哲學的重要性，知道我對他們是不是眞有幫助。」

「那對你會有好處嗎？」

「我會更明白什麼在前面等著我，並可以讓我的生命時光與我那些老年朋友的生命時光連接起來。讓我手裡有如多了一幅地圖。」

「一幅時間盡頭的地圖……」奧吉沈思了一下，拉了拉脖子上的鬆皮，「如果有這樣的地圖，我也希望有一幅，因爲你知道的，我覺得自己很難捨得下人生的享樂。我是很想成爲一個超凡入聖的人，但我卻對跟罪有關的東西興致勃勃。」他靦腆地看著我。我極少聽到奧吉在我面前懺悔些什麼。不過，他接著眼睛又亮了起來，吸了一口煙，問我：「你還記得我寫那首〈晨之歌〉有『用心記取，那困惑就會是甜美』這麼一句嗎？」

「記得，那是一句好歌詞。」我回答說。奧吉沿襲格倫特維的傳統，喜歡爲各式各樣的場合譜寫歌詞（使用的是傳統丹麥讚美詩和愛國歌曲的樂譜）。他寫的這首〈晨之歌〉，以前經常會爲新實驗學院的師生所唱。

「好，由於我們都對時間的盡頭感到困惑，而又由於你對這個問題想過許多和看過許多書，所以，就請你接受我這個老人家的要求，告訴我你找到了什麼？我會一面享受溫暖的陽光，一面洗耳恭聽。」說完，他就挨在椅背，閉起眼睛，頭靠在石牆上。

「好吧。」我說。我懷疑是他的「老人家」策略奏效，因爲我不想讓一個老人家失望。「我所發現的是，想要能夠善於處理老年的生活，就要承認人是活在時間不斷流逝之中的。」

「唔，這是個很好的切入點。」

「所以，我們應該要想到，我們對時間的體會、對時間的理解，或許也在變化，也會變化。」

「我的 *evighed*〔永恆〕。」奧吉喃喃自語說。

「對，」我回答說，「或者說不朽的觀念：感覺或相信你的生命可以在別人身上延續下去，你可以把火炬傳遞下去，可以把你的人生洞察與歷練像一份遺產一樣傳給別人，你的生命是宇宙的存有大連環的一部份。或者就像心理學家埃里克松所說的，你已經達到了一種經驗獲得整合的境界，換言之，你已經可以對自己說：『我接納我的人生，它是我唯一可能的人生。』」

奧吉右眼突然張開，眼珠子轉到我的方向。「『上帝在第七日休息，並說祂的工作是好的。[6]』」他引用說，「哈，沒想到原來心理學家也可以扮演上帝的角色。」

「沒有錯，那些研究人生最後階段的理論家的作品常常會不自覺流露出一些宗教性的語言。每個人都希望可以探索出解決的辦法，想找出某種總結。」

「但他們期望會從中獲得些什麼呢？」

「我想獲得永恆，就像你一樣。」

「少來了，」他笑著說，「你不是說眞的吧？」

「對那些把人的心智發展視爲終生過程，並想統合人生目的與終點的理論家來說，這是眞的。」我回答說，「一位美國哲學家諾頓寫了一本極爲有趣的書，試圖要把老化的過程和道德心智的發展過程放在一起來觀察，書名是《個人的命運》(*Personal Destinies*)。奥吉，我想你會喜歡這本書，因爲諾頓談到，我們最終會怎樣經驗到永恆的過去 (the eternal past)。」

永恆的過去

奥吉的右眼張開了一點點，然後又微顫著闔上。他感興趣了。「這位諾頓先生說了些什麼？」

「諾頓說，人生的每一個階段，都是伴隨著一種驚奇而展開的。例如，從童年期進入青春期時，你會爲你身體和性的潛能而驚奇，而從青春期進入成年期以後，你又會驚奇地發現到，所謂的成年，意味著願意接納沈重的責任。成年以後，我們會奮力去實現我們的潛能，追求那些我們自己所設定的目標。這時，我們會有一個新的時間概念：未來就是未完成而有待完成的，而過去是已經完成的。諾頓認爲，人的時間性 (temporality) 並不只是鐘錶上的時間或一直線的時間，而且也是一種由已完成的與有待完成的之間所形成的張力。整個時間的進程都是由我們對把可能轉化爲實現的渴望所推動的。」

「這就是我覺得你們美國人可愛的原因。」奥吉說，「你們都是永遠的樂天派，對未來充滿信心，相信人類最終可以趨於完美。」他把頭扭來扭去，舒張脖子的肌肉。「那第四個階段呢？第四個階段又有什麼樣的驚奇來著？」奧吉問，打了個哈欠。

我猶豫了一下子，因爲我突然意識到接下來要說的話對我這位老年朋友有點殘忍。「老年的驚奇在於，你會發現自己沒有未來。」

「沒有未來？」奧吉吃吃笑了起來，「那是說，我的時間都用光了，對嗎？」他作態地舉起手腕，讓我看他的手錶。

「不是指物理性的時間，不完全是。我剛才說過，諾頓認爲，人生的驅動力量是實現一己的潛能，但這一點，到老年就會停止。這時，一個人會淸楚地意識到，他的人生已經接近盡頭。諾頓指出，有些老人會因此而認爲，現在不管他們想要做什麼，都是被容許的，因爲人生的規則已對他們不再適用。」聽到這個，奧吉的臉露出古怪的笑容。「可是，」我繼續說，「諾頓卻主張，這種想法是不正確的，因爲老年人其實有他們特殊的責任和任務需要履行。」

奧吉皺起了眉頭。

「接下來的，你可以說是他對永恆的看法。他認爲，每個人生階段都有它獨特的責任。而老年的責任在於重新發現過去，讓它成爲現在和未來的生活的基礎。但老年人所應該致力發現的過去，並不是相對於現在而言的那個過去，而是『永恆的過去』。那不只是個人的過去，而是很多世代的過去，是全人類的過去，」我愈說聲音愈高昂，「是世界的過去，是歷史存有

(historical being）的過去。」

奧吉點點頭。「永恆的過去。」他說，「朗恩，我們丹麥這裡已經有兩個永恆了，你覺得我們還需要第三個嗎？」

「我想需要。」

「你可以說說理由嗎？」

「我覺得，在談論人生階段的時候，我們需要一個制高點，一個有利的位置。如果每個人生階段都是自足的，那我們將永遠無法找出一個涵蓋人生整體的理論，因爲只要我們身在某個階段中，就無法看得到整體，只能從一個觀點角度去看人生。想要看到人生的整體，你必須去想像或投射出詩人艾略特所說的『轉動世界中的靜止不動之點』。」

「你是認爲，諾頓那個山頂上的觀點就是『靜止不動之點』了？」

「對，那可以爲他的理論提供一個框架。另外，它還有一個用途。」

「聽到永恆可以有那麼多的用途，眞讓人高興。說給我聽聽吧。」

「每一代人的觀點都在轉變。這一點，只要看看我們對女權、民族自決和言論自由的態度和前一世代有多大差異就可以知道。而諾頓既然這樣強調選擇，他就必須要找到某個選擇之外的元素，去定住整個過程。那些已經進入倫理階段的中年人，不只可以從老一輩的身上看到他們重新發現自己過去的能力，還可看到他們重新發現根植於一個普遍和永恆的過去中的獨立價值秩序的能力。」

「他的意思是不是，人生的最後階段並不是一個終點，而是一個新的起點？」

「完全正確，」我說，「時間的張力在老年人的身上鬆弛了，因爲他們不再需要去實現一些什麼潛能，也不再需要介入人際關係中，作爲自我實現或人格發展的一部份。現在，他們可以以同情和肯定的態度對待別人的生活方式，他們沒有必要去改變它們，而僅僅是接納它們。換言之，老年人可以重新發現他們共通的人性（humanity）。」

「我們失去了一些東西，卻又得到了一些東西。」奧吉說，「聽起來像一宗買賣。」

「對，諾頓認爲，老年人必須摒棄實現個人的潛能的想法，不要再把它視爲意義的活水源頭。基於這一點，他相信老年人能夠對其他輩分有所貢獻的地方，是以自身作爲普遍的、循環的過去的表徵。」

「一個永遠呈現的過去？」奧吉一面說一面搖頭，「怪不得你會願意花時間跟我們這些老頭子耗在一塊兒。我們就是永恆的代表。但我還想知道一點，這位哲學家諾頓先生有沒有說明他是怎樣知道這個的？他也是個老頭嗎？」

「我想他寫那書的時候應該是個中年人。他說他的看法來自觀察祖父的日常生活。」我預期會招來奧吉的白眼，但他卻沒有動靜。「據諾頓形容，他祖父是個年老的紳士，喜歡抽煙斗，使用他心愛的摺刀，每天中午都會例行性開車到雜貨店。諾頓認爲，他祖父的這些動作和習慣，象徵著饒有深意的重覆，相當於一種儀式行爲，就像原始部落的長老在宗教儀式裡所表現的行爲一樣。」

「你是不是說，你希望自己老了以爲，也會成爲一個抽煙斗、把玩袖珍摺刀，每天固定開車到雜貨店或藥房去的老頭？」

「我不是這個意思，奧吉。我只是認爲，你既然那麼想知道怎樣才能達到永恆的境界，說不定會對諾頓的看法感興趣。」

這時奧吉兩隻眼睛都已經睜開。他坐直身體，把臉轉向我。「朗恩，你說了個好故事。而諾頓先生會欣賞他祖父的行爲，也讓人激賞。但你要知道，中年人都是這個樣子的。他們喜歡想像自己老了以後，會過一種清心寡慾的生活。」

「那可難說，」我反脣相譏，「說不定有些老祖父會像你那樣，有一個自己孫子並不認識的女朋友。」

奧吉笑了。「好吧好吧，我想你是對的。但有一件事情卻讓我不解。聽起來，諾頓先生對自己國家似乎沒有任何忠誠可言。」

「怎麼會？」奧吉這個沒頭沒腦的評論讓我一頭霧水。難道他認爲諾頓沒有繳稅？「我很肯定他是個好公民。」我說。

「不，他的忠誠都給了他的觀念，給了他的思想。我不認爲他是法國人或挪威人有什麼分別。但我們丹麥人卻知道永恆是屬於泥土的、屬於雲的、屬於峽灣的。而我們還有像奧丁（Odin）、托爾（Thor）、弗蕾婭（Freya）這些有力量的神祇和救主耶穌在背後支持著我們。」

「我不懂你在說什麼，奧吉？你是暗示永恆離不開民族主義嗎？」

「不是民族主義，而是歷史。」他說，「讓我告訴你最近我從一位漂亮女士那裡聽來的一番話，就是我們即將要去見的那一位。」他瞄了手錶一眼。「時間無多了，但還是讓我講完這件事情再走。」

我挨到椅背，閉起眼睛，頭靠在石牆上，享受太陽的溫暖。

英厄阿姨

「我們將要見的這位博爾頓太太，是我媽媽的表妹，英厄阿姨。雖然不能算是我的親阿姨，但我都喊她英厄阿姨。」

他又給了我一個驚奇。英厄阿姨？顯然，我先前都想錯了。奧吉是故意誤導我的嗎？

「我有告訴過你英厄阿姨八十歲生日派對的事嗎？那是在她那棟大農宅裡舉行的。那是兩三年前的事。」

我在腦海裡搜索不出這個回憶，便搖搖頭。

「你知道丹麥人是怎樣慶祝生日的。」我知道。住在鄉村地區的丹麥人慶祝生日就像是慶祝國慶。他們會把國旗懸到旗桿上，宴會上有人唱歌有人演講，當然也少不了豐富的餐點。「那天，我走進去以後，看到已經有一大群人聚在大廳裡。有多層蛋糕、三種曲奇餅和又香又濃的咖啡。英厄阿姨的兒子拉爾斯打開一盒雪茄請大家抽。我拿了一根，坐在一個角落抽，英厄阿姨就坐在我旁邊，抽著一根小小的方頭雪茄煙——她那一輩的女性，抽方頭雪茄煙是很普遍的。她不斷轉頭看我和點頭，就像是有什麼要告訴我似的。」

「她有說什麼嗎？」我問。

「當然有。她先是示意我把椅子挪近她一點，當時我還以爲那是因爲她的聽力已經不行的緣故。但當我把椅子挪近她以後，她把頭湊近我，用輕細的聲音對我說話，就像只想讓我一個人聽到似的。」

「她說這個生日派對讓她回憶起很多很多年前她的另一個生日派對。她還記得，當天，她祖父爲馬套上鞍具，騎到靈斯泰茲（Ringsted）去參加一個長老會議。她給我形容了那馬匹的樣子，那天的天氣，還有她祖父回來後所說的事。你可以想像出來，要從這裡騎馬騎到靈斯泰茲再回來要花多少時間。她描述了會議的情形，有哪些人參加，作出了哪些決議，等等，等等，總之，她對每件事情都形容得鉅細靡遺。她還打算詳詳細細告訴我有關當地農民計畫造反，打算放火燒毀一片國王產業的事。不過，就在這時，她的外孫烏拉走了過來，英厄阿姨才沒有繼續說下去。」

「你英厄阿姨的記憶力眞是驚人，但這跟諾頓和永恆的過去有什麼相干的？」

「哈，這正是我想要告訴你的，朗恩。你說英厄阿姨記憶力過人？事實上，她談到的事情是發生在八百年前的？」

「什麼？」我驚呼出來。

奧吉得意地笑了起來。「哲學家先生，英厄阿姨回憶的那個過去，縱然還算不上是永恆的過去，但也相去不遠了。你知道英厄阿姨的一番話等於告訴了我們什麼嗎？告訴了我們永恆就是現在，就在這個小小的丹麥裡。如果我們讓永恆漂浮在某個哲學家的腦子裡，那它就一點用處都沒有了。不，我不認爲永恆是沒有用處的，如果我是這樣認爲，就不會爲它煩心了。」

「你阿姨有找出永恆的用處嗎？」

「當然，」奧吉說，「就是幫助她爬上你說的那個人生的金字塔。」

「爲死亡作準備？」

奧吉點點頭。「想要讓人生過得最充實，就是得作這種準備。」

「但你方才不是說，英厄阿姨她……既然這樣，你又怎麼會……你明白我的意思嗎？」

我摸了摸額頭。

「她銳利得像諾頓祖父的袖珍摺刀，」奧吉說，「說不定我們應該介紹他們兩個認識認識。」

「也許吧。不過說認眞的，奧吉，有那麼多的永恆，我們怎樣才知道它們哪個說出了自我實現的眞理？」

他眯眼看著遠方。舉目都是田畝和通向白色農宅的林蔭小徑，低矮蓬鬆的浮雲鑲在這片地貌的最邊緣。「永恆有很多種可能意義，」他說，兩眼仍然凝視著遠方，「但身爲一個基督徒，我會說只有一個永恆，那就是上帝的心靈。不過，從我們現在的立足點，」他自顧自地點了點頭，「我們當然是無法作斷言的。」

奧吉站了起來，伸了個懶腰。「就算諾頓先生認定我沒有未來，但最少我和你仍然跟一個可愛的女士有個約會。走吧。」

我們走向停車場裡停著的唯一一輛汽車——奧吉那輛閃閃發光的紅色 280Z。我一面走一面還在想著爲什麼英厄阿姨會把自己的過去和八百年前的丹麥史攪合在一起。那是一種榮格所說的「原型」，一種「集體潛意識」嗎？是不是永恆的觀念永遠都是離不開特定的歷史文化脈絡，離不開泥土的觸感、記憶的顏色、咖啡和蛋糕的香氣的呢？

車子開出沒多久，我們就穿行於搖曳著大麥、裸麥和燕麥的田畝之間。當我問奧吉爲什麼英厄阿姨會有那樣不可思議的記憶時，他正哼著格倫特維的一首讚美詩。

第十二章　歸屬於世界

我們要怎樣才知道我們已得到結論呢？當論述的形式是解釋性（explanatory）的時候，我們會預期它對因與果的分析會達到某種最後的結果——一個像物理學等式的等號右邊出現的結果。而邏輯性的論證通常都是以以下的句式作結：「因此，事情應該是X，而非Y或Z。」至於那些訴諸聖經權威的講道，其結論則通常表現爲這種句式：「因此，我告訴你們，切記要（或切勿）……」

不過，也有一些探問的方式，倚重的是描述與敍述，而非概念和解釋。很多這一類的探問，都需要透過研究者與被研究對象的互動，才能得出結果。像對澳洲原住民部落的研究、對猶太人聚居區的年輕人的研究或對一個安養中心老人的研究，都屬於這一類。但是這一類的敍述，要怎樣才算是完成呢？是不是它的結尾就算是結論，還是說結尾不多不少只是個結尾？

二十世紀的哲學家分成兩個截然不同的陣營：有些人效法嚴格的科學分析方法，講求客觀；有些人較傾向於藝術，嘗試潛入生命的曖昧，以期喚起或促發讀者、觀衆在意識上的轉變。儘管這個區分有點言過其實（因爲介於中間狀態的例子非常多），但它卻引出了一個問題：我們期望於結論的是什麼，它又能帶給我們什麼裨益？

我和奧吉在墓園裡的談話，探討了理想的生活狀態應該以什麼樣的理念爲依歸。人就像所有生物一樣，老年會導向死亡，但死亡並不能算是結論，因爲我們的人生將會透過他人繼續下去。至於我們自己的目的性，我們並沒有太大把握，雖然我們可以相信的事情有很多。我和奧吉在墓園裡的一席談話，並沒有達致任何最後的結論，但這番談話，卻給了我一些通向結論的線索，因爲它讓我意識到，不管我探討什麼問題，我每次一開始追問的都是**是什麼**的問題，例如「完整」是什麼，「幽默」是什麼，或「深思熟慮」是什麼；但隨著談話的展開，我卻發現自己漸漸把重點從**是什麼**的問題，轉爲**怎樣**的問題：知道「完整」、「幽默」或「深思熟慮」的意義會是**怎樣**一回事？在我透過跟老年人的互動而追求對各種議題的理解時，同樣一個轉折——從追問一件東西**是什麼**轉爲我們體驗到它是**怎樣**一回事——也經常會出現。

我們即將要看到英厄阿姨，一個能回憶多個世紀以前事情的人。而既然她有著這樣廣大的資源可以汲取，那說不定她可以爲我帶來結論或摹畫出人生的理想目標。

藍色夫人

奧吉把車開入了一個鋪著碎石的農莊前院，一邊是個穀倉，另一邊是間漆成白色的低矮石頭農宅。奧吉關掉引擎後，三兩下工夫就俐落地下了車，而我還在笨手笨腳地解安全帶。透過擋風玻璃，我可以看得到一扇紅色的門在幾級階梯的上方打開，一個背微駝的老婦人走了出來，站在門廊上。她的頭髮花白，身穿一件深藍色的洋裝。奧吉走向她，很正式地鞠了一個躬，態度的隆重，就彷彿對方是丹麥的女王。

「*Daws*。」我關上車門的時候，聽到老婦人這樣對奧吉說。*Daws* 是丹麥鄉村地區的一句招呼語，約略相當於美語中的「你好啊」。

奧吉的回答要正式得多：「*Goddag, min ven*〔日安，我的朋友〕。」然後，握住了英厄阿姨伸出來的手。他們站著對望了片刻，然後英厄阿姨把目光轉向我。「*Velkommen*〔歡迎〕。」她向我喊道。他們站在門廊上等待我走過去，然後奧吉為我作了介紹。握住我的手時，英厄阿姨說她早就從奧吉那裡聽過我，又說因為我是奧吉的朋友，所以對我加倍歡迎。

我們走進一個長形、面向院子的客廳，客廳的天花板低矮。這雖然是棟老房子，卻曾經重新進行過室內裝潢，屋內與屋外形成強烈對比。地板鋪的是漆成白色的光滑櫟木，傢具有鍍鉻金屬製的、有皮革製的，也有硬木製的，全都是最摩登的丹麥傢具。客廳一角放著一部電視和一部看來很先進的音響。幾面牆上都掛著一些當代繪畫，我認得出來，其中好幾幅是斯堪地納維亞畫家的作品。英厄阿姨示意我們在咖啡桌旁的一張沙發上坐下。坐下以後，我環顧四周，注意到客廳裡有好幾件時代較早的東西：一個上了漆的馬口鐵五斗櫃在我的正對面背牆而立；一個綠色的掛鐘掛在房間盡頭的一面牆上，它的鐘擺盒子上雕刻著一些鮮紅色的花朵和藤蔓。英厄阿姨把一些杯子和杯托放在桌子上，然後走入廚房，拿著一個藍色的咖啡壺回來，這種式樣的咖啡壺，我已經有好些年沒看見過了。

「你別見怪，」她舉起咖啡壺的時候對我說，「我極少用這個咖啡壺。我自己一個人的時候，喜歡用不銹鋼的，而在招待像你這樣的貴客時，則會用瓷製的。只有奧吉來的時候我才會拿這個東西出來用。他喜歡老一套的東西。我說得對嗎，奧吉？」

奧吉笑了。「對，我喜歡這個可愛古拙的藍色夫人。只有來英厄阿姨這裡喝咖啡，我才有這個機會看到它。」

「藍色夫人」是鄉村地區的人對英厄阿姨手上這種平凡咖啡壺的稱謂。看著她的動作時，她舉止的俐落讓我有點詫異，因為她已經上了年紀。仔細端詳她細窄的手腕和看來強有力的手時，我發現她有好幾根手指都受到關節炎的侵害。英厄阿姨的臉長而窄，高顴，有一雙深陷的眼睛。看著她的時候，你一會兒會覺得她像個女魔法師，一會兒又會覺得她像個星期天下午在鄉間你輕易會去拜訪的慈祥的老祖母。

她倒好咖啡後，坐到桌子末端的一張直背椅上。她伸手拿咖啡杯時說：「你當然知道，我並不是他的親阿姨。」

「我知道，」我回答說，「妳是家庭專家所稱的『虛構親屬』。」

「虛構？」她望向奧吉，顯然是不明白這個英文字的意思。

「*Imaginær slægt*。」奧吉用丹麥話把意思翻譯給她聽。

「哦，原來是一個想像出來的阿姨。這是對我們關係一個很好的形容，因為奧吉有時候會喜歡跟別人講一些關於我的、想像出來的故事。」她望向奧吉，而後者則露出靦腆的微笑。

我假咳了一聲，臉上擠出個微笑。

「啊哈，」英厄阿姨說，「他告訴了你一些什麼，對吧？」

「嗯……」我結巴地說，「只有一點點關於妳的事……呃……」我望向奧吉，想他為我解圍，但他卻事不關己地聳聳肩，讓我一個人來應付尷尬的局面。

「我的什麼事？」她一面說一面放下杯子。

「是關於你那卓越的記憶力的，還有妳那……豐富的……歷史知識。」

「*Ach, nej*〔哦，不〕，不會是我祖先騎馬到南方去參加長老會議那件事吧！」她喊道，兩手向上一揚。

她望著我求證，而我的沈默則告訴了她答案。

「我的朋友，奧吉有告訴你那只是我夢中看到的情景嗎？我自己並不相信眞有其事。他有告訴你這一點嗎？」

我有點愕然。奧吉是故意誤導我的嗎？「奧吉，你並沒有給我說這個。」

「哦，這個這個嘛……」奧吉支支吾吾地說，「故事這麼棒，我沒想到你會對細節感興趣。」

「那叫細節！」英厄阿姨笑著說，然後伸手過來輕拍我的膝蓋。「你一定以為我是個糊里糊塗的老太婆了。不過，話又說回來，」她壓低了聲音說，「那有可能是眞的。你知道嗎，在我父母那一代，所謂的民族記憶（folk memory）是很平常的。」

「眞的？」我說，爲她並沒有覺得被冒犯而釋懷。

「眞的。」她回答說，「這又有什麼好奇怪的？畢竟，我們丹麥人從很小開始就會接觸到斯堪地納維亞神話、民間傳說和聖經故事。另外，我們也會常常聽到一些發生在我們家族和這個地區的故事，像本地人所發起的農民暴動、會說話的動物，還有許許多多其他的怪事。」

她用手指在空氣中畫了個圓。「久而久之，它們就不再只是發生在很久以前的人身上的事，而會內化爲你的一部份。」

「會滲入你這個人裡面。」我說。

「應該說是幾乎把你吞噬。」她帶點激動地說，然後咬了一口曲奇餅。

「我們的朋友朗恩對回憶會對我們耍些什麼把戲的問題很感興趣。」奧吉插嘴說。

英厄阿姨斜側著頭，思考了這個問題一下子。然後，她拉開桌子上一個抽屜，拿出一個小小的錫盒子，放在桌上。「抽煙嗎？」她問。她扳起蓋子，露出一排用玻璃紙包裹著的雪茄。

「*Ja, tak*〔抽，謝謝。〕」我回答說，拿了一根雪茄。但奧吉卻婉拒了，反而把自己的雪茄遞給英厄阿姨。「*Nej, tak*〔不，謝謝〕，你的雪茄對我而言太濃了。」她把一盒火柴傳給大家，而客廳很快就一片煙濛濛。

「啊，我差點忘了，」奧吉說，一隻手揮著火柴，要把它揮熄，「米克爾森牧師請我代他向妳致上問候。」

「*Tak for det*〔謝謝你的轉達〕，」英厄阿姨說，從裙子上拔起了一顆線頭。「今天的講道精彩嗎？」

奧吉猶豫了一下才回答說：「還不壞。」

「米克爾森牧師是個很讓人喜歡的人，」英厄阿姨說，但接著，她把身體斜向桌子，很刻意地壓低聲音說：「不過有時會有一點點枯燥乏味就是。」

她瞧了奧吉一眼，把一盤曲奇餅向他遞過去。「現在，我可以告訴你我對於那些故事是怎樣想的嗎？」

「我洗耳恭聽。」我說。

「好。我的看法是，每一代都會從他們的上一代繼承一些遺產。他們會繼承來自聖經、史詩和傳說的故事……許許多多這一類的故事。當我們還小的時候，這些故事聽在我們耳裡都相當恐怖嚇人，但等到我們成年後，就會對自己曾經相信這些虛構故事感到可笑。可是，又過了許多許多年以後，它們卻會突然再次從我們腦海裡冒出來。我們開始覺得，它們也許並不像我們當初所以爲的那樣無稽。然後，等我們老了，」說到這裡，她嘆了口氣，「我們竟發現，我們的生活就反映在這些故事裡。就因爲這樣，有些人就會喪失現實感，而滑入到陳年的過去之中。」

「這些故事在一個傳統的社會裡是有很大的影響力的。」我說。

「對，」她表示同意，「但現在的丹麥卻已經是個很現代化的國家了。你很難察覺到這些故事還能有什麼影響力。電視已幾乎取代了安徒生。不過只是幾乎。就我看來，雖然外在的環境已經變了，但人的人生卻沒有多少改變。我承認，外在環境的改變眞的很劇烈，對我這一輩的人來說尤其如此。例如，我就不像我媽媽那樣，是個農人的妻子。我已故的丈夫是個畫家，在城裡工作。而我自己也是護士和助產士。丈夫過世後，我就從城市搬回這裡來住，把這棟老房子重新裝潢一番。」說到這裡，她看看四周，一副很滿意的樣子。然後她指著一扇邊窗說（外面是一片片的田畝，長滿高及膝蓋的大麥）：「我把那片土地租給了一個鄰居。如果我現在是個年輕女孩，我很肯定我會選擇當個醫生。當然，即使這樣，我還是得爲婚姻家庭和事業之間的兩難做抉擇，還是得爲愛情、金錢、上帝、政治立場的問題而傷腦筋。然而，雖然大環境已經有了這麼重大的改變，但你仍然會覺得，那個一度向你耳語你將來會成爲什麼人的故事，仍然在你的耳邊迴響。這一類的故事，我們丹麥可是多得很。」

「但這是一種宿命論，」我抗議說，「而說不定這些故事正是讓我們裹足不前的原因。」

「啊，給你說中了，」她高聲說，「它們會，眞的會。」

英厄阿姨的反應讓我們都笑了起來。她是認眞的嗎？我把我的反對意見再往前推：「我同意，對自己的文化傳統擁有豐富知識是一件好事。沒有這些來自歷史或傳說的故事，你就不會有根基，不會有方向感。我也很佩服丹麥人仍然能延續爲生日派對或週年慶寫歌詞的傳統。不過，這一類傳統的故事卻有可能成爲愚民的工具，讓人們以爲，他們的無知、貧窮或某些權利受到剝奪，是天經地義的。正因爲這樣，我認爲我們不應該樂於單純接受這些故事的票面價值。」

英厄阿姨鼓起掌來。「精彩，」她說，「你通過第一關測驗了。」

「什麼測驗？」

「英厄阿姨喜歡套新朋友的底，」奧吉說，「她喜歡找出你對某些事情的立場。」

「哦，這樣？」我咕噥地說，只覺得腦子有點混沌，「那樣說，妳並不是眞的相信我們都是活在同一些故事的循環裡？」

「當然不相信。」她用強調的語氣回答，「我要先聲明的是，我並不是要貶低傳統。我承認，那些故事中確實包含著好些眞理。但我認爲，我們對它們的需要，就有如對母奶的需要。這些故事就像母奶一樣，可以幫助我們健康強壯地成長——正如你剛才所提到，它們可以讓我們有根和有方向感。但即使媽媽的胸脯再溫暖再安全，我們也是不能一輩子抱住媽媽的胸脯不放的。」

我點點頭，在心裡暗自揣摩這位英厄阿姨是何種人。其實，我早就應該想到，奧吉喜歡與之相處的，絕不會是個性格簡單的人，絕不會是個只把腳踩在同一個世界裡的人。

聲音

「現在應該輪到我來問你問題了，」英厄阿姨說，啜了一口咖啡，「我聽奧吉說過，你在美國是為老年人工作的，而且從他們那裡獲得很多東西。」

「他們影響了我思考事情的方式。」

「影響？怎樣個影響法？」

「朗恩相信，」奧吉插話說，「我們老年人是已經停止了成長的一群，唯一感興趣的只是想知道什麼是永恆和怎樣才能達到永恆。」

「噓，」英厄阿姨對奧吉搖晃著手指，出聲制止他，「讓你的朋友自己來說他的故事。」

「好的，」我說，「我們剛才談到有些人體驗過民俗記憶。而我覺得，我的體驗有點類似。」

英厄阿姨揚起了雙眉。「但我不會說我是滑入到陳年的過去之中，而會說是其他的時代和其他人的人生成為了我人生的一部份。我會聽到聲音。每隔一段時間，我都會在心裡聽到一些對我的生命來說具有重要性的人的聲音。我可以把他們召喚過來，召開會議，問他們問題。而他們一般都會樂意回答。」

「想像性的親屬？」英厄阿姨打趣說。

我微微一笑。「恐怕就是那樣子。但特別的是，他們往往會問我一些我從未想過的問題或告訴我一些我從未想過的事情。」我看見英厄阿姨狐疑地瞇著眼睛看我。「我可以舉個例子。前些時我寫一本書，但寫到一半卻遇到了瓶頸，不知道該怎樣繼續下去。有一天，當我在散步時，突然想到一個叫桃樂西的老朋友。『桃樂西，』我無聲地說，『妳可以告訴我，我的書應該怎樣寫下去嗎？』而馬上，我就聽到她對我說話。她只說了一個字：『etudes』。我只覺得納悶。什麼？是etudes嗎？但這又是什麼意思呢？於是我再問一次，她的回答仍然是『etudes』。回到家裡，我翻開百科全書，想查出這個字究係何解。我是早就知道，etudes是法文，是一個音樂上的專技術語，相當於英語中『練習曲』一詞的意思，也知道蕭邦曾經寫過練習曲。這就是我對etudes的全部所知。讀罷百科全書上的說明，我才知道，練習曲包含一些複雜或創新樂句的變奏，有些是為教學的目的而寫的，有些則是為開發新的音樂可能性而寫。霎時間，我明白了桃樂西的意思。我在寫的書，是為了探索一組複雜主題的各種變奏，以明白它們的分歧性和它們將會通到何處。這個單字讓我明白了該怎樣把書寫下去。」

「你的老學生變成你的老師了。你把他們內化到你裡面了。」英厄阿姨說。

「對，看來就是如此。」我吸了一口雪茄，「但特別令我炫惑的，是我聽到的聲音，都帶著一種超越（transcendence）的性質。」

「超越？」英厄阿姨笑了起來，「奧吉，他要向我們傳教了。」然後又轉臉向我說：「你對這一點最好解釋清楚。」

「這些聲音每一個都有各自的特質和個性。他們都有他們各自處理事情的方式。」我摸了摸耳垂，「雖然接收者是我，但這些聲音各有自己的生命和效力。例如，當桃樂西告訴我的『練習曲』這個觀念，就是我自己絕不可能想到的。因此，你大可以說那是一份禮物。」說罷，我挨在椅背上，等待英厄阿姨的反應。

但首先有反應的人卻是奧吉。「這些聲音，」他問，「它們都總是爲你提供幫助嗎？還是說有時會讓你不自在？」

「對，這些聲音有一些會比另一些對我更有批判性。有時候，他們的批判會嚴厲得讓我不快。」

「沒有錯，就是這樣。」奧吉說，彷彿我的話印證了他自己的一些體驗。

「很有趣的故事，」英厄阿姨冷淡地說，「但聽你這樣說，你就像我們那些有民俗記憶的人一樣，不知道你的思想起訖於何處，也不知道它們是屬於你自己的還是別人的囉？」我還沒有來得及回答，她就把目光轉向奧吉，問道：「你以前就知道你的朋友會聽到一些聲音嗎？」

奧吉面露古怪的笑容，回答說：「我們不都會聽到這一類聲音嗎，英厄阿姨？」

她搖搖頭說：「我得把這個好好想一想。」然後，她把目光轉回我臉上，並說：「除了聽到一些聲音以外，你還從老年人身上學到些有用的東西嗎？例如老年的祕密之類的？」

專心

「我學到的一件事情，是別人在向你談到他們的人生時，你必須專心聆聽，因爲他們是正在邀請你踏入一個你也許從來沒有想像過的世界。我對那些有關人生轉捩點的故事特別感興趣。」

「專心聆聽讓你有什麼發現？」

「讓我發現這時轉捩點不但可以讓我們以一種全新的方式看世界，而且往往標誌著我們對時間的意義有了不同的觀照。」

「嗯，」她輕撫著下巴喃喃地說，「這個我想我能夠明白。我當過助產士和護士。當助產士的時候，我常常會看到一些原來只熱衷於吃喝玩樂的女孩在一旦身爲人母後，就像變了個人似的，開始擔心起銀行存款和孩子未來的問題來。而在當護士的時候，也常常會看到一些病重的人，整天惦著的都是他們多年前對不起的人是不是能夠原諒他們。這些算不算是你所說的轉捩點呢？」

我點點頭。「對，這些都是會改變我們對未來和過去的看法的時刻。但並不一定只有重大事件或危機才會帶來一個人的轉變。平常的經驗一樣會有同樣的效果，差就只差在你是否有稍爲變更一下你看事情的觀點角度。很多時候，在這樣的事情發生的時候，我們都不會充分意識到它的意義，只有事過境遷，我們才會知道發生了什麼事。」

英厄阿姨把雪茄叩在煙灰缸上，撣掉一些煙灰。「你自己的生活裡有這樣的例子嗎？」

我想了片刻。「有。我想我第一次起意要去給老年人上哲學課，就是這樣一個時刻。我會有這樣的念頭，從內因來說，是因爲當時的我，深受成年人責任的困惑——婚姻、小孩、工作、事業，這些，全都是成長的一部份。另外，我也想解決父親的死和我自己的生命脆弱性的課題。至於外因，則是適逢美國兩百週年國慶，讓我覺得自己應該做些什麼。一向以來，我對國慶這件事都不太放在心上，但它跟我個人的境遇交織在一起以後，卻讓我產生了給老年人教授哲學課的念頭。」

「你知道你要尋找的是什麼嗎？你知道你會踏進什麼裡面去嗎？」

「我想我這樣做，是爲了對作爲哲學性階段的老年有多一點的瞭解。除此以外，就是一種跳躍進入未知的衝動。這個抉擇最後竟帶給我一個新事業，爲我的人生帶來諸多改變，我至今還覺得疑幻疑眞。而我這個小小的、個人性的決定會讓我跟一個廣大的、公衆的議題——

老年人的議題——關連在一起，同樣也是我始料未及的。」

英厄阿姨點點頭。「所以，你也聽到有人在你耳畔輕聲細語？聽到你的召喚？」

「我會走上現在這條路，到底是命定的還是純屬偶然，我迄今無法下定論。」

「對於那些從遠處對我們生命所發出的召喚，常常都是我們不知不覺的。」

「這樣的事，似乎我們多活一天就會愈眞一點。」奧吉插嘴說。

「你思想的成熟竟然會跟社會大氣候亦步亦趨，眞是個有趣的湊巧。它讓你對時間的意義有怎樣不同的看法？」她問我。

「我變得不只對自己的人生感興趣，也對別人的人生感興趣。他們幫助我懂得學會欣賞，人們是怎樣體驗自己的早期生活的。這一點，激發了我對自己家族史多作瞭解的渴望。我開始明白到，人我的分別只是一種抽象。就像我聽到的那些聲音所表明的，我是活在跟其他人與其他時間的關係中的，但與此同時，我也還是我自己。」

「你拓寬了你的視界。」英厄阿姨打量我，然後又瞧了瞧奧吉，他似乎愈來愈坐立難安的樣子。「奧吉，」她問，「*fællesskab* 這個字在英語是怎樣說的？」

「同伴情誼（fellowship）。」

「對，就是同伴情誼，」她看著我說，「與別人分享時間——這就是同伴情誼。你跟老年人相處的時候找到的就是這個嗎？」

這聽起來是個很簡單的字，但它所可引出的思考和情緒卻很複雜。「對，」我回答說，「『同伴情誼』是個很貼切的形容。」

「你喜歡這些人，並且對他們其中一些心存敬慕？」

「我很高興能認識他們，而他們的某些特質也讓我敬慕。例如，他們有些擁有深刻的幽默感，教會我如何面對生命中的很多吊詭與矛盾，而有些則懂得作出深思熟慮的抉擇，特別是在艱鉅的時刻。另外，他們沒有被不幸打倒或努力找到彌補過去缺陷和錯誤的勇氣，也讓我動容。」我停頓了一下，從英厄阿姨背後的窗戶，望向穀倉那個在陽光中閃爍的金屬屋頂。

「較早期，我很被他們的回憶所吸引，因爲我相信，透過探索過去，我們將可明白我們是怎樣走到現在的。我認爲，人只要明白了他的人生軌跡，就可以改變自己——要是你想改變自己的話。但慢慢地，我開始懷疑，所謂的重新造訪過去，有可能只是在強化一些你既有的想法，又或只是用一個故事來取代另一個故事。我不是說回憶不能真的讓人發現些什麼。但如果你想在回憶中有所發現，那你的回憶就必須是一個具有創造性的冒險。其中，想像力是一把鑰匙：你能不能重拾人生的活力，能不能重新找到一個行動的新路向，能不能重新界定你的未來，這全都繫乎你能不能找到一個回憶過去的新穎活潑的方式。」

「看來，你眞的從老年人身上得到了一些重要的教益，」英厄阿姨說，「但聽了你的話以後，我還是有一個疑問。他們是不是你賴以進行硏究的一個實驗室呢？」

實驗室？我猶豫了一下。「也許是一個哲學的實驗室吧。因爲我發現，老年人告訴我的故事中，很多都觸及傳統的哲學議題。固然，他們是沒有足夠的哲學語彙去讓他們說的事情顯得有哲學味，但這反而讓他們的談話沒有斧鑿痕跡和更具激發性。而這種從人們眞實生活所吸取的具體性，也讓我在重讀哲學家的著作時，有了一雙全新的眼睛。」

「那你豈不是聽到了更多的聲音？」英厄阿姨笑著說。

「是同樣的聲音，只不過他們現在是直接對我說話。愈深入我那些老年朋友的生活，我就愈意識到，哲學家在談及老年或人生發展的問題時，他們也同時是在告訴我們他們對時間和對歷史的意義的想法。老年是一面鏡子，這是我現在的看法。」

歌

「有趣。」英厄阿姨說，「奧吉，你認不認爲我們這位朋友談到的事情很有趣？」

奧吉點點頭。「嗯，朗恩總是做一些有趣的思考。他應該把它們寫成一首歌的。」

「寫成一首歌？啊，對，好主意。」英厄阿姨附和說，然後轉過臉，興奮地對我說：「你從來有想過要這樣做嗎？如果你會寫，又會寫些什麼？」

事實上，我也感染了丹麥人的傳統，喜歡自己動手爲各種場合（包括生日派對、週年慶，甚至會議的開幕式之類的）的樂曲寫歌詞。「我會不會把我的想法寫成歌詞？」我摸著下巴，思考這個主意。思考了一下以後，我說：「我想，如果我要寫的話，我會在裡面放入『歸屬於世界』之類的話。在我教授老年人哲學的早期，這句話就常常縈繞我的腦際，而至今我仍然喜歡它的聲音。」我感到有點尷尬，便拿起一塊曲奇餅來吃。

「在那之前你不是屬於這個世界的嗎？」英厄阿姨問。但她沒有等我回答，就繼續說：「我相信，在某個意義下，你眞的不是歸屬於世界的。因爲你一直忙著要歸屬於你自己，要成爲你自己的故事。你可不可以說說，你是怎樣理解『歸屬於世界』這個主題的呢？」

「它意味著……」我嘗試著回答說，「意味著我想建造一個我自己的家。我是已經有了一棟房子和一個家庭，但我指的不是這個。長久以來我都有一種感覺，我們只是人生的旅人，只是我們所住的地方的過客。」

「好遊牧式的觀念。你常常旅行嗎？」

「我在美國住過很多不同的地方，也在丹麥這裡住過。但我想我沒有資格稱爲一個周遊世界的旅行家。」

「啊，」她尖聲地說，「那樣說，你的流浪，是發生在腦子裡的了？」

她的猜測讓我聯想起德國浪漫主義詩人諾瓦利斯（Novalis）的一句話：哲學就是一種要在每個地方找到家的熱望。「可能被妳說中了。」我回答說。

「不過，」英厄阿姨說，「也許你在尋覓的，是一個既有的家。因爲原來沒有家的人，根本不能成爲流浪者。有一個家，他才能出發流浪和返回，就像希臘神話裡的尤利西斯一樣。」

英厄阿姨會提到尤利西斯讓我嚇一跳。她這番話，給了我一個一直沒有發現的線索。一直以來，我都太專注於我的探險和我的船員了，以致忘了家的所在，也就是一個流浪者的根據地。而這也呼應了謝普利爾太太提到的丁尼生〈尤利西斯〉一詩的缺失：忘了家的美好。不只這樣說，跟一群老年朋友所一起進行的探險，就是我爲了要找到回家之路的一個方法。不只是要找到我的家，也是要找到他們的家。彼此安居於（be at home with）對方之中。家意指的是關聯性，指不同世代之間的密切性，指回憶起什麼是重要的。那不只是一個地點，也是一個片刻。這也許就是爲什麼我這麼看重時間這個課題的原因。我知道我無法向英厄阿姨完全說明這一切。

「我看得出來，」她說，「我們的談話敲響了一些我們彼此都熟悉的和絃。毫無疑問，你會從中獲得一些創作你的歌詞的好材料。奧吉，你們來個小散步如何？一面散步一面幫我們的朋友想他的歌詞。我們可以穿過田畝，一路走到我的——不對，應該說是我借來的——樹林和池塘去。兩位，有興趣嗎？」

「小散步？」奧吉說，「再好也不過。我想我可以幫朗恩找出些很好的旋律來。」

「我準備好去散步了，」我回應說，「也準備好接受你們的幫助譜寫歌詞。」

英厄阿姨換上網球鞋，給了我們每人一根粗枴杖。然後，我們就踏上一條穿過田畝的路。沿途，奧吉都在哼這首或那首讚美詩或丹麥民謠的旋律，給我作爲選曲的參考，而英厄阿姨則用笑或嘀咕來表示同意或不同意。隨著曲子漸漸成形，我也不時譜上一兩句歌詞。

譯註

導言

❶本篇「導言」以仿宋體字標示的字句，除第九頁斯塔福德的詩句外，皆徵引自英國維多利亞時代詩人丁尼生的〈尤利西斯〉一詩。

❷尤利西斯：古希臘傳說中著名的，伊撒卡（Ithaca）島的國王。在荷馬史詩《伊利雅特》裡，他是最重要的角色之一；在《奧德賽》裡，他是主角。據《奧德賽》記載，尤利西斯在隨同希臘聯軍圍攻特洛伊十年並取得勝利後，揚帆回國。但途中，他卻因爲得罪了海神，遭受懲罰，經受了十年海上風暴的沖擊，遇到許多驚心動魄的情節，才得以返抵家園。

❸按荷馬史詩並未記載回家和老邁後的尤利西斯的事情。這個情節，係丁尼生借自但丁的《神曲》。據神曲說，尤利西斯回家後，並不安於家中的安靜生活，還要遨遊汪洋大海，探尋亡靈所在的西方樂島。在本詩中，丁尼生描繪尤利西斯正要揚帆出海，作人生的最後一次探險。

❹斯塔福德（William Stafford, 1914–）：美國詩人，他的詩集《穿越黑暗》曾獲國家圖書獎。

❺退伍軍人福利法（GI Bill）：第二次世界大戰後美國政府爲照顧退伍軍人而立的法，其中包括提供唸大學的學費等優惠。

第一章

❶「清晰」和「判明」是笛卡爾哲學中的一對術語。他認爲，只有具有「清晰」和「判明」兩種特徵的觀念，才是確定無疑的。但作者這裡只是借指，表示哲學的理性思考成爲了他覺得唯一有價值的追求。

❷榮格認爲，心理分析就像煉金術一樣，可以讓人脫胎換骨。

❸「知識」與「意見」是古希臘哲學的一對概念。古希臘哲學家認爲，只有經過理性推證的主張才能稱爲「知識」，否則只是「意見」。

❹康斯太布爾（John Constable）：十九世紀英國風景畫家。

❺海德格（Martin Heidegger）：二十世紀德國哲學家，被認爲是存在主義的奠基者之一。

❻月相是指月亮的盈虧狀態。月相主要有四種：新月、上弦月、滿月、下弦月。

❼天樂時（Timex）是一種著名的手錶品牌。這裡所說的終極的天樂時，似是意指終極的計時器。

第二章

❶靈視（vision）這個字在英語裡又有視力的意思，故維吉爾拿此來做文章。

❷〈焚燬的諾頓〉前十五行如下：

現在的時間與過去的時間
也許都存在於未來的時間，
而未來的時間又包容於過去的時間。

假若全部時間都是永恆的現在
那全部的時間就是無法贖回的。
『可能發生的過去』只是一種空中樓閣，
只是在一個思辨的世界裡，
保持著一種恒久的可能性。
不管是『可能發生的過去』還是眞正發生過的過去
指向的都是同一個方向，那就是現在。
足音在記憶裡迴響
沿著那條我們從未走過的甬道
飄向那重我們從未打開過的門
進入玫瑰園。我的話就這樣
在你的心中迴響。

❸作者的名字朗納德的暱稱。

❹赫拉克利圖的「赫拉」二字與「哈利」音近。

❺邏各斯（logos）爲古希臘的重要哲學觀念，現今英語的邏輯（logic）一詞，就是由此詞衍生而成。在赫拉克利圖的哲學裡，「邏各斯」指的是宇宙普遍法則，也是人人應該共同遵守的行爲法則，他認爲，人們只有認識了「邏各斯」，並按照它的普遍法則生活，才有道德及快樂可言。有論者認爲，「邏各斯」的觀念與中國的「道」觀念近似。

❻作者這裡指的似是上述提到的赫拉克利圖第一句警句：「縱然邏各斯爲人所共有，但大多數人立身處世，卻彷彿各行其道。」（意指人不應該各行其道，而應該參予到具有普遍性、共通性的宇宙法則裡。）

❼政府發給失業者的食物配給券。

第三章

❶垮掉的一代（Beat generation）：第二次世界大戰後出現在美國的一個文學流派，其成員鄙棄美國正統文化，以極度反叛的面貌來表現對社會的強烈不滿。

❷長春藤聯盟是美國十三所著名大學組成的聯盟，學生大多是富家弟子。

❸作者這裡使用「抵押品」這個比喻，是因爲穆勒認爲，快樂是要透過努力去讓社會臻於完美，才能獲得的，這就好比爲貸款而抵押給銀行的東西一樣，你必須要努力償清貸款，才能把抵押品要回來。

❹山羊是好色的象徵。

❺一個仿「婦解」而構的詞。

❼英國作家歐威爾反共小說《一九八四》中的獨裁者，一切人的言行舉止都受到他的監視。

❽「地球號太空船」（Spaceship Earth）一詞指的就是地球。這個詞是建築家福勒（Buckminster Fuller）所創，意在表達人類在宇宙中是在同一條船上。

❾這裡的「不是空間（space）」一語，是針對「太空船（spaceship）」一詞而發。在英語，space 一詞既可指「太空」，又可指「空間」。

第四章

❶這裡所謂的「不見了的對象」，簡單來說指的是老年人失去了的自我。因為在一般人的想法裡，老年人的自我事實已經不存在，已經不是原來的「我」，徒留一些與原來的我「類似」的特徵（如長相、姿勢、舉止等）。也因此，老年人可說是一「類似物」。

❷凱倫·昆蘭（Karen Quinlan）和南絲·庫魯贊（Nancy Cruzan）都是因生命功能喪失而被法庭判准予以安樂死的年輕女子。

❸猶太教中的神祕主義傳統。

第五章

❶道內斯貝里（Doonesbury）：美國著名諷刺漫畫，由蓋瑞·杜朵執筆，曾獲普立茲獎。其主角就名叫道內斯貝里。

❷弗洛伊德認為人的心理結構分為三層，他分別稱為本我（id）、自我（ego）和超我（superego）。

❸齊克果認為人生可以分為三大階段：美學階段、倫理階段和宗教階段。

❹哈西德派（Hasideans）和蘇菲派（Sufi）分別是猶太教和伊斯蘭教的神祕主義宗派。

❺猶太男孩子接受成年禮的年齡是十三歲。

❻依猶太教教規處理過的肉品。

❼《托拉》（Torah）：指《舊約聖經》的首五卷：《創世紀》、《出埃及記》、《利未記》、《民數記》、《申命記》。

又稱《摩西五經》或《律法書》。

❽以撒・辛格（Isaac Bashevis Singer）：美國猶太小說家、散文家，一九七八年諾貝爾文學獎得主。

❾史賓諾莎（Benedict de Spinoza）：十七世紀的荷蘭猶太裔哲學家。

❿指亞伯拉罕和撒拉。

⓫根據猶太教規定，舉行正式的禮拜儀式，最少要有十名十三歲以上的男子。

⓬柯利（Curly）這名字又可解作「鬈髮的」，但柯利本人卻是個禿子，故喬伊叔叔會有此一說。

⓭指動過手術。

⓮意第緒語（Yiddish）：中歐和東歐大多數猶太人的主要語言。

⓯美國小品文作家與著名編輯。

⓰亞莫克便帽（yarmulke）：猶太男子在祈禱、進餐、學習時戴的圓頂無邊小帽。

⓱這裡是指基督教徒。

⓲猶太教並不承認耶穌的神性。

⓳希伯萊語中慣用的祝福語。

⓴霍拉舞（Hora）：一種東南歐的民間舞蹈，跳的時候一群人手拉著手，圍成一個圓圈。

第六章

❶美國的大學教授每隔七年會有一或半年的有薪假期，供其從事研究、旅行或休息之用。

❷燜什錦蔬菜（ratatouille）：用橄欖油燒筍瓜、番茄、茄子和洋蔥等的什錦燜蔬菜菜餚。

❸指鮮紅色。

❹意即「不管我是不是猶太人」。

❺假死（suspended animation）是一個醫學上的專有名詞，指人因爲窒息等原因而造成的生理機能的暫時中止。

❻同用線（party line）：共用的電話線。老式的電話都是幾戶人家共用一條電話線，所以你拿起電話的時候，可能會聽到別人在講電話。

❼尼斯湖水怪。

❽經驗主義學派的哲學家相信人在剛出生時心靈有如一塊白板，所有的知識都是後天獲得的。作者在本書第二章提過這種學說。維吉爾這裡說這個只是開玩笑。

❾這裡似乎是引用英語打油詩（limerick）的套語。「來自暹邏的人」（the man from Siam）是打油詩中常見的角色，喜宣稱「我是……」。

❿亞瑟是在以色列的特拉維夫附近過世的。猶太人把他們的國土視爲上帝的應許之地，故維吉爾會有此一說。

⓫維吉爾這裡事實上是語帶雙關，因爲 gnome 既可指英文的「土地神」，也可指希臘文的「體諒」，兩字的拼法完全一樣。詳下文。

⓬古魯（guru）：印度教對老師的稱呼。

第七章

❶休姆（David Hume）：十八世紀英國主義哲學家，經驗主義鼻祖之一。

❷作者在本書第二章曾簡要解釋這個觀念的內涵。

❸柏拉圖主張，人的靈魂是不滅的，而在人出生以前，靈魂早已存在，並擁有各種知識（包括對數學、終極實在和宇宙秩序的知識）。換言之，人在出生前已經具有各種知識，只是出生後忘了罷了，但通過某種具體的事物，他就可以把這些知識回憶起來。

❹應是指綠色的閃電圖案。

第八章

❶此書初版於一九二六年。

❷生物倫理學探討的是器官移植、遺傳工程和人工授精等生物研究中涉及的倫理問題。

❸里賈納：加拿大薩斯喀切溫省的省會。

❹所謂修辭性問題，是指不爲等待對方回答的問題。

❺加拿大操阿爾岡昆語的印第安人中的一支。

❻斯多葛學派（stoicism）是古希臘和羅馬時代一個哲學學派，曾大盛於一時。其中一個主張是人應該克己制慾，順從命運，與自然一致地生活。這就是人的最大美德。至於命運是順是逆，是健康是疾病，是富貴是貧賤，都並不重要。

❼梅林（Merlin）：中世紀傳說中的魔術師和預言家，亞瑟王的助手。

第九章

❶e pluribus unum：用拉丁文寫成的美國的國訓，美國硬幣上鑄有該字樣，意爲「合衆爲一」，原是指美國是由諸州組成的一個合衆國，作者在此對它的意義作了引申。

❷《塔木德經》（Talmud）：猶太教中重要性僅次於《聖經》的經典。

❸這是猶太人常用的祝酒語。

❹從緬因州向東南延伸至喬治亞州的山間小路，經過十四個州、八個國家森林和兩個國家公園，全長三、二五四公里。

❺里奇並不是個文學教師，說這話只是開玩笑。

❻所謂的女王，可能是指示巴女王（聖經中的人物），示巴（Sheba）一詞與安息日（Shabath）音近。

❼喀巴拉：猶太教的神祕哲學，由中世紀一些猶太教士發展而成的對《聖經》作神祕解釋的學說。

❽以色列一城市，猶太教四聖城之一，中世紀後期爲「喀巴拉」神學的中心。

❾劉易斯（C. S. Lewis, 1898-1963）：英國學者、小說家，著有大約四十部作品，大部分宣傳基督教的教義。

第十章

❶暗示其中一些人是同性戀者。

❷在希臘文中，「厄羅斯」一般作「愛情」和「渴求」解，作爲專有名詞就是愛神。在《會飲篇》裡是作這

樣的雙義使用的。

❸「共相」是柏拉圖哲學的核心觀念。他認爲，世界一切個別的事物因爲都是會消逝的，所以都是表象，都是不眞實的，只有事物背後的共通性，才是永恆不變的，才是眞實的。例如，個別的馬是不眞實的，但所有馬之所以爲馬的共通性，則是眞實的。這個共通性，他稱爲「共相」。在一般人的想法理，這種共通性是從個體裡歸納出來的，但柏拉圖卻不如是觀，而認爲這種共通性是獨立存在於一個非時空性的世界裡，而且是先於個體而存在。而個體之所以能夠存在，是因爲它們分受了「共相」的眞實性。柏拉圖會主張美的個體要依賴美的「共相」而存在，是同一思路的產物。

❹學者一般認爲，《創世紀》對人類起源的問題，包含著兩個不同的說法，一個是全人類都是上帝照自己形象造出來的，另一個則是夏娃是透過亞當的肋骨創造的。

❺此語一般譯作「人是會彎腰的蘆葦」，但因作者是把它用作性相關語，故此處把「人」(man) 譯爲「男人」。

❻指耶穌會的教士。

❼在這裡，英語的「救贖」與「兌回」是同一字：redeem。

❽伊底帕斯 (Oedipus)：古希臘神話中一個弒父娶母的人物。接下來提到的西西弗斯 (Sisyphus) 也是古希臘神話中的人物。

❾引號是指英語中的“ ”符號，譯文中以『』代替。

❿這裡的「大哥哥」，是指美國大哥哥、大姊姊聯會 (Big Bothers/Big Sisters of American) 的志工。這是個援助單親孩子的福利團體，組織遍佈全美。文中的「小弟弟」，是莫雷負責照顧的小孩。

⓫這話的意思似是「把過去該實現而沒實現的，實現於現在。」

第十一章

❶英語中印記（stamp）一詞又可作「郵票」解。
❷注定的時間（fullness of time）又可解作「時間的充實」。
❸格倫特維（Nicolai Frederik Severin Grundtvig, 1783-1872），丹麥主教、詩人。
❹因此語可解釋爲女人只懂感性，不懂理性。
❺皮亞傑是瑞士心理學家，專門研究兒童思維認知能力的發展過程，所以經常要觀察兒童的行爲。
❻這是聖經《創世紀》的話。

參考資料與延伸閱讀

以下各段落列舉本書各章中所徵引的著作，也列舉了一些讀者可能感興趣的其他材料。（中文版編者按：書中出現過的作者和資料，爲便讀者參考，這裡將不憚重複地把人名及著作原文和中譯並舉列出；凡未在書中出現的人名和資料，就不再譯出。）

導言

斯塔福德（William Stafford）朗誦的，是他在詩集《穿越黑暗》（*Traveling through the Dark*. New York: Harper and Row, 1962）及《煙路》（*Smokes Way*. Port Townsend, Wash.: Graywolf Press, 1978）中的作品。斯塔福德將寫作視爲發現過程的觀點，見他的 *Writing the Australian Crawl* (Ann Arbor: University of Michigan Press, 1978)。

文中提到一位在老人活動中心授課的年輕詩人，他是 David Romtvedt，後來出版了不少作品，包括詩、散文和小說：*How Many Horses* (Memphis: Ion Books, 1988), *A Flower Whose Name I Do Not Know* (Port Townsend, Wash: Copper Canyon Press, 1992), *Certainty* (Freedonia, N.J.: White Pine Press, 1996), 以及 *Windmill: Essays from Four Mile Ranch* (Santa Fe: Red Crane Books, 1997)。

在初次邂逅丁尼生的〈尤利西斯〉後好多年，我讀到一篇文章，將丁尼生在詩中和畢卡索在畫中所描繪的老人形象，做了很有意思的比較：Robert Kastenbaum 的"Old Men Created by Young Artists: Time-Transcendence in Tennyson and Picasso," *International Journal of Aging and Human Development*, 28, no. 2, (1989): 81-104。

第一章

本章所引述的亞里士多德（Aristotle）言論，見《修辭學》（*Rhetoric*）第二卷第十二章（W. Rhys Roberts 英譯，New York: Modern Library, 1954）。

想多認識托比叔叔的讀者，可直接閱讀斯特恩（Laurence Sterne）的《項狄傳》（*Tristram Shandy, Gentleman*. New York: Odyssey Press, 1940）。

榮格（C. G. Jung）的經典文章〈靈魂與死亡〉（The Soul and Death）可在 *The*

Structure and Dynamics of the Psyche (R. F. C. Hull 英譯，Bollingen Series XX. New York: Pantheon Books, 1960) 中找到。

柏拉圖 (Plato) 的《理想國》(*Republic*)，我最喜歡 F. M. Cornford 富涵人類學精神的英譯 (New York: Oxford University Press, 1941)。

Martha C. Nussbaum 在 *Love's Knowledge: Essays on Philosophy and Literature* (New York: Oxford University Press, 1990) 第十五章中，對古希臘哲學和荷馬比下的尤利西斯和珀涅羅珀，提出深刻的當代詮釋。

叔本華 (Arthur Schopenhauer) 的"The Ages of Life" (見 *Counsels and Maxims*, T. Bailey Saunders 英譯，London: Swan Sonnenschein, 1890) 很值得一讀，它對人生各階段及其哲學意涵提出了發人深省的豐富洞見，也顯露了作者的成見。想多了解叔本華的音樂理論的話，可閱讀他的名著 *The World as Will and Representation* (E. F. J. Payne 英譯，New York: Dover, 1969) 第一卷。

謝普利爾 (Oscar Sheppler) 教授有關時間一致性的想法，或許是受到了聖奧古斯丁(Saint Augustine)的影響，可參閱後者的《懺悔錄》(*Confessions*. John K. Ryan 英譯，Garden City, N.Y.: Image Books, 1960) 第十卷。

關於奧古斯丁著作中的時間和敍事，Emmet T. Flood 的"The Narrative Structure of Augustine's Confessions: Time's Quest for Eternity" (*International Philosophical Quarterly*, 28, no. 2 (1988): 141-62) 是一篇傑出的論文。

關於自我穿越人生各階段的延續性，參閱 Sharon Kaufman 的 *The Ageless Self: Sources of Meaning in Late Life* (Madison: University of Wisconsin Press, 1986) 和 John Kotre 在 *Outliving the Self: Generativity and the Interpretation of Lives* (Baltimore: Johns Hopkins University Press, 1984)提出的「敍事心理學」(narrative psychology)。

如果想多了解具體自我的理論，可參閱 Joseph L. Esposito 的 *The Obsolete Self: Philosophical Dimensions of Aging* (Berkeley: University of California Press, 1987) 第二章。

第二章

尼采(Friedrich Nietzsche)的著名論文〈論歷史對生活的功用和害處〉(On the Uses and Disadvantages of History for Life) 見 *Untimely Meditations* (R.J. Hollingdale 英譯，New York: Cambridge University Press, 1983)。

尼采的史學觀念並不完全是原創的；這一點可參考黑格爾 (Hegel) 的 *Philosophy of History* 的導論 (J. Sibree 英譯，London: G. Bell and Sons, 1914) ——在這裡，

黑格爾提出了歷史敍述的三種主要類型,包括「反思的歷史」,又稱「批判的歷史」。

本章引述的艾略特(T. S. Eliot)詩句,皆出自 *Four Quartets*,見其 *Collected Poems, 1909-1962* (New York: Harcourt, Brace, and World, 1963)。

先蘇格拉底時期哲學家赫拉克利圖(Heraclitus)謎樣的話語,可閱讀 T. M. Robinson 英譯和註解的 *Fragments* (Toronto: University of Toronto Press, 1987)。

Philip Wheelwright 的 *Heraclitus* (Westport, Conn.: Greenwood Press, 1959) 對赫拉克利圖的斷簡殘篇有見解深刻的詮釋。

齊克果(Kierkegaard)關於「成爲自己」的論述,見〈婚姻的美學正當性〉(The Aesthetic Validity of Marriage)——收於以小說筆法撰寫的《非此即彼》(*Either/Or*)第二卷(Walter Lowrie 英譯,1944; reprint, Princenton: Princeton University Press, 1971)。

第三章

在 Michael St. John Packe 的 *The Life of John Stuart Mill* (1954; reprint, New York: Capricorn Books, 1970) 中,可以看到很有價值的資料。

本章引述約翰·穆勒(John Mill)《自傳》(*Autobiography*)的地方,都根據 Jack Stillinger 的版本(London: Oxford University Press, 1971)。

關於詹姆斯·穆勒和約翰·穆勒在東印度公司的事業,以及他們政治觀點與殖民當局的關係,可參考 Lynn Zatoupil 的 *John Stuart Mill and India* (Stanford: Stanford University Press, 1994)。A. W. Levi 的"The Mental Crisis of John Stuart Mill" (*Psychoanalytic Review*, 32 (1945): 86-101) 從心理傳記的角度討論約翰·穆勒。

如果想了解哲學家是如何看待想像力的,可參閱 Mary Warnock 的 *Imagination* (Berkeley: University of California Press, 1976)。

穆勒對個體性的自由主義觀點,見 *On Liberty* (1859; Currin V. Shields 編,New York: Library of the Liberal Arts Press, 1956)。

第四章

柏拉圖(Plato)對靈魂三個部份的討論,見《理想國》(Republic)第四卷第十三章;建議閱讀 Cornford 的譯本和註解。

若想一窺經過後現代主義爭論淘洗之後晚近有關「自我」概念的討論,可閱讀 George Levine, ed., *Constructions of the Self* (New Brunswick: Rutgers University

Press, 1992)，特別是書前的"Introduction: Constructivism and the Re-emergent Self"。

西蒙・波娃（Simone de Beauvoir）的《老年的來臨》（*The Coming of Age*. Patrick O'Brian 英譯，New York: Putnam, 1972），如今已成爲「去神話化」老年研究的經典；她討論這個議題所依循的學術路數，一仍早期《第二性》（*The Second Sex*）的舊貫。

我的論文"In Search of the Gerontological Self" (*Journal of Aging Studies*, 6, no. 4 (1992): 319-32)，對「老年醫學的自我」提出了更充分的討論。

關於「自我」觀念的歷史，泰勒（Charles Taylor）的《自我的本源》（*Sources of the Self: The Making of the Modern Identity*. Cambridge: Harvard University Press, 1989）是見解透徹的著作，廣受徵引。

沙巴特（Stephen R. Sabat）和哈勒（Rom Harre）發表在《老化與社會》期刊的論文是"The Construction and Deconstrcution of Self in Alzheimer's Disease" (*Ageing and Society*, 12 (1992): 443-61)。

關於「個人性敍事」中的自我，Harry J. Berman 的 *Interpreting the Aging Self: Personal Journals of Later Life* (New York: Springer, 1994) 有很清晰的討論。

馬丁・布伯（Martin Buber）的經典著作《我與汝》（*I and Thou*）德文原版是 1929 年問世的，但這是一本相當嚴肅、抽象的哲學書。他的文集 *Between Man and Man* (Ronald Gregory Smith 英譯，London: K. Paul, 1947)，則收了一些較易閱讀的文章。

Maurice S. Friedman 的 *Martin Buber: The Life of Dialogue* (New York: Harper, 1960)，對布伯的哲學有詳盡的闡釋。

萊文(Stephen Levine)的《死的人是誰？》(*Who Dies?: An Investigation of Conscious Living and Conscious Dying*. Garden City, N.Y.: Anchor Press/Doubleday, 1982)，展現了受到佛教思想啓迪的思路。

Richard A. Posner 的 *Aging and Old Age* (Chicago: University of Chicago Press, 1995) 第四章，對「複數自我」與老化的關係，有發人深思的討論。

第五章

弗洛伊德（Sigmund Freud）有關幽默的觀點，見"Humor" (*Collected Papers*. New York: Basic Books, 1959) 和 *Jokes and Their Relations to the Unconscious* (James Strachey 英譯，New York: W. W. Norton, 1963)。

以撒・辛格（Isaac Bashevis Singer）迷人的短篇小說〈市場街的史賓諾莎〉（The

Spinoza of Market Street)，可在 *An Isaac Bashevis Singer Reader* (New York: Farrar, Straus, and Giroux, 1981) 找到。

亞里士多德（Aristotle）有關悲劇和喜劇的區別，見 *Aristotle's Poetics* (George Whalley 英譯和註解，Montreal: McGilll-Queen's University Press, 1997)。

Northrop Frye 的 *Anatomy of Criticism* (New York: Atheneum, 1966) 對喜劇的結構有所討論。

關於幽默之中「時間的拿捏」，可參閱 Mildred Seltzer 爲 *The Encyclopedia of Adult Development* (Phoenix: Oryx Press, 1993) 所寫的那一則“Humor”。

庫曾斯（Norman Cousins）對於幽默的好處的著名觀點，見 *Anatomy of an Illness* (New York: W.W. Norton, 1976)。

如果想進一步了解幽默在老人醫療上的功用，可參考 Francis A. McGuire, Rosangela K. Boyd, Ann James 合著的 *Therapeutic Humor with the Elderly* (New York: Haworth Press, 1922)，以及 Lucille Nahemow, Kathleen McKluskey-Fawcett, Paul McGhee, eds., *Humor and Aging* (Orlando: Academic Press, 1986)。

齊克果 (Kierkegaard) 將幽默視爲人生階段的理論，見他的 *Concluding Unscientific Postscript* (David F. Swenson and Walter Lowrie 英譯，Princeton: Princeton University Press, 1968) 的第二部第四章第 2, A.節，“Existential Pathos”第二小節。

齊克果比較蘇格拉底和基督的著名論述，見 *Philosophical Fragments* (David F. Swenson 英譯，Princeton: Princeton University Press, 1962)。

關於猶太人的幽默，見 Sarah Blacher Cohen, ed., *Jewish Wry: Essays on Jewish Humor* (Bloomington: Indiana University Press, 1987)。

在 John Morreall, ed., *The Philosophy of Laughter and Humor* (Albany: State University of New York Press, 1987)，以及同一位學者自己的著作 *Taking Laughter Seriously* (Albany: State University of New York Press, 1983)，可以看到對幽默哲學有意思的討論。

第六章

本章所引述亞里士多德《倫理學》的文字，都出自 *Nicomachean Ethics, Book 6* (Martin Ostwald 英譯，New York: Library of Liberal Arts, 1962)。

詩人威廉斯（William Carlos Williams）的話，見他的 *In the American Grain* (New York: New Directions Books, 1956)。

在此，我要謝謝亞瑟・法伯（Arthur Farber）教授的夫人羅絲（Ruth Farber）和他們的子女 Daniel, Ann 和 Laurie：他們幫忙審閱了這一章，並允許我直接使用亞瑟和羅絲的本名。談到法伯一家，Daniel 同意我在書中那樣強調亞瑟的一些特質：「這一向是家裡的笑談。爸不論做什麼，打乒乓球或保齡球也好，將茄子切片也好，總是一貫俐落、優雅的動作。」這家人發現我記得亞瑟的一些小特徵，都覺得蠻好玩的。「他耳朵大，鼻子大，連眼鏡都又大又厚。我們建議你使用這樣的措詞——『顯著特徵』。」

第七章

卡維爾（Stanley Cavell）所著《哲學的一個高音》（*A Pitch of Philosophy: Autobiographical Exercises*. Cambridge: Harvard University Press, 1994）是人生故事與學院哲學的迷人混合體，充滿啓發，時而令人迷惑，時而令人驚駭。

我指導的那個計畫，名叫"All My Somedays—A Living History Project"，是由 National Endowment for the Humanities 撥交 Pierce County Library System 的一筆補助款所資助。關於這個計畫，以及查理・希爾（Charlie Hill）和安妮・西伯奇（Ann Theberge）的進一步介紹，參見我的文章——"History on a Human Scale" (*History News*, Sept. 1983, 17-22)。

希爾的《渴求接納》（*Craving for Acceptance*. Tacoma: Pierce County Library, 1980）。

聖奧古斯丁（Augustine）的《懺悔錄》（*Confessions*），請特別參照第十卷。

西伯奇的《從瓦爾勒斯到穆斯喬：一個家庭的旅程》（*From Valdres to Moose Jaw: A Family's Journey*. Tacoma: Pierce County Library, 1980）。

關於敍事和個人歷史更詳細的討論，可閱讀 David Carr 的 *Time, Narrative, and History* (Bloomington: Indiana University Press, 1986)。

James Olney 的 *Metaphors of Self: The Meaning of Autobiography* (Princeton: Princeton University Press, 1972)，對隱喻和自傳有較詳盡的討論。

想多了解泰勒（Charles Taylor）的道德存有論，請讀他的《自我的本源》（*Sources of the Self*）。

關於自傳的歷史，有兩本書頗値得一讀：Georg Misch 的 *A History of Autobiography in Antiquity* (E. W. Dickes 英譯，London: Routledge & Paul, 1950)，以及 Karl Joachim Weintraub 的 *The Value of the Individual: Self and Circumstance in Autobiography* (Chicago: University of Chicago Press, 1978)。

麥金太爾（Alasdair MacIntyre）是「美德倫理學」（virtue ethics）運動中的重要人物，他的 *After Virtue: A Study in Moral Theory* (Notre Dame: University of Notre Dame Press, 1981）可讀性很高。

John Paul Eakin 的 *Fictions in Autobiographies: Studies in the Art of Self Invention* (Princeton: Princeton University Press, 1985) 也值得參閱。

第八章

本章所引述的叔本華 (Arthur Schopenhauer) 的看法，見諸 *Counsels and Maxims*。

丹尼爾斯 (Norman Daniels) 在他的 *Am I My Parent's Keeper?: An Essay on Justice between the Young and the Old* (New York: Oxford University Press, 1988) 中，採用了傑出倫理學者 John Rawl 所謂「無知的面紗」(veil of ignorance) 的一個說法。

蘇珊·麥克馬納斯 (Susan MacManus) 在《少與老的對決：二十一世紀的世代戰爭》(*Young v. Old: Generational Combat in the 21st Century*. Boulder, Colo.: Westview Press, 1996) 中，對不同世代的投票行爲模式有頗具爭議性的觀察。

關於彩虹，有興趣的讀者可參閱 Carl B. Boyer 著 *The Rainbow: From Myth to Mathematics* (Princeton: Princeton University Press, 1987)；從有關的神話到科學解釋，都可在此書中找到。

關於瓦斯卡納湖的歷史，見《瓦斯卡納湖漫步》小冊 (*Walks through Wascana Centre*. Regina, Saskatchewan: Wascana Centre Authority, n.d.) 和 Margaret E. Robinson 的〈骨頭堆〉(Pile o'Bones)，見 *History of Wascana Creek* (1975)。

本章中劉先生這個角色的塑造，有一部份靈感是得自湖北省老人大學 (意譯) 校長李爾重和他在本章所提及的那場國際研討會中的發言。李爾重在研討會中發表的演講題爲"The University for Old People in China"，後來在 *Proceedings of the Regina Seminar, July 25-27, 1996* 和 *TALIS* (*Third Age Learning International Studies*), no. 7 (1997): 91-96 刊出。劉先生這個角色純屬虛構，是從那場研討會中一些人給我的印象揉合出來的。

如果想了解孔子思想，David L. Hall 和 Roger T. Ames 合著的 *Thinking through Confucius* (Albany: State University of New York Press, 1987) 是本有用的閱讀材料。

從 Ronald J. Manheimer, Denise D. Snodgrass 和 Diane Moscow-McKenzie 合著的 *Older Adult Education: A Guide to Research, Programs, and Policies* (Westport, Conn.: Greenwood Press, 1995)，可以對美國的老人教育多了解一些。

第九章

羅伊斯 (Josiah Royce) 的思想，見他的 *The Problem of Christianity* (1913; reprint,

Hamden, Conn.: Archon Book, 1967)。

拉希（Christopher Lasch）的 *The Minimal Self: Psychic Survival in Troubled Times* (New York: W.W. Norton, 1984) 和 *The Culture of Narcissism: American Life in an Age of Diminishing Expectations* (New York: W.W. Norton, 1978) 迄今仍是對當代社會的重要評析。

關於葛爾茲（Clifford Geertz）的〈多樣性的功用〉（The Uses of Diversity），羅蒂（Richard Rorty）在 *Objectivity, Relativism, and Truth: Philosophical Papers*, vol. 1 (Cambridge: Cambridge University Press, 1991) 的第三部份中做了一番討論。

如果對里奇（朋友間都這樣稱呼 Richard Chess）在以色列的經歷有興趣，請看他的詩集 *Tekiah* (Athens: University of Georgia Press, 1994)。

關於猶太教神祕主義中的「鬧門」這個隱喻，可直接閱讀 *Safed Spirituality: Rules of Mystical Poetry, the Beginning of Wisdom* (Lawrence Fine 英譯並撰寫導讀，New York: Paulist Press, 1984)。

第十章

柏拉圖的對話錄《會飲篇》(*Symposium*)，我讀的是 W. Hamilton 的英譯本（Harmondsworth: Penguin Books, 1952）。

謝爾曼（Edmund Sherman）的 *Reminiscence and the Self in Old Age* (New York: Springer, 1991) 對有關回憶的各種理論做了周至的討論，其中一個重點自然是晚年回憶的哲學意義。

第十一章

有兩本討論自我實現和老年的書，深深影響了我的想法：Thomas R. Cole 的 *The Journey of Life: A Cultural History of Aging in America* (New York: Cambridge University Press, 1992)，以及 Harry R. Moody 的 *Abundance of Life: Human Development Policies for an Aging Society* (New York: Columbia University Press, 1988)。

齊克果 (Kierkegaard) 在 *Philosophical Fragments* 中對「時間的充實」有詳盡的闡釋。有關格倫特維（N. F. S. Grundtvig）的英文書籍，有 Kaj Thaning 的 *N. F. S. Grundtvig* (David Hohnen 英譯，Odense, Denmark: Det Danske Selskab, 1972)，以及 *Grundtvig's Ideas in North America*，也是 Danish Institute 編輯、出版的（1983）。

格倫特維本人的著作，已譯成英文的有 *Selected Writings* (Johannes Kundsen et al.

英譯，Philadelphia: Fortress Press, 1976）可資參考。

齊克果對亞伯拉罕故事的詮釋，見他的 *Fear and Trembling* (Walter Lowrie 英譯，Princeton: Princeton University Press, 1954)。

皮亞傑（Jean Piaget）關於人類心智發展的金字塔理論，Carol Gilligan 在 *In a Different Voice: Psychological Theory and Women's Development* (Cambridge: Harvard University Press, 1982）中有詳盡討論。

埃里克松（Erik H. Erikson）有關老年成熟的描述，見他的 *Childhood and Society* (2d ed., New York: W.W. Norton, 1963）第七章；他後來在 *The Life Cycle Completed* (New York: W.W. Norton, 1985）中又對此做了另一番討論。

諾頓 (David Norton) 的《個人的命運》（*Personal Destinies: A Philosophy of Ethical Individualism*. Princeton: Princeton University Press, 1976）是一本相當獨特的著作，致力於結合古典哲學的道德觀念和人文主義心理學對人類發展的主張。

James K. Feibleman 的 *The Stages of Human Life: A Biography of Entire Man* (The Hague: Martinus Nijhoff, 1975)，嘗試將人生發展的各階段聯繫到各種哲學的世界觀，固然顯得有些古怪，倒也很有意思。

第十二章

Michael Jackson 研究澳大利亞 Warlpiri 原住民的人類學著作，*At Home in the World* (Durham: Duke University Press, 1995)，是描述方法及其哲學正當性的重要例證。

Barbara Myerhoff 有力、動人的敍述人類學著作，*Number Our Days* (New York: Simon & Schuster, 1978）對我個人也影響很深。

國家圖書館出版品預行編目

銀色的旅程／朗納德.曼海姆(Ronald J.Manheimer) 著；梁永安譯 --初版--
台北市；大塊文化, 2002[民 91]
面； 公分-- (from: 6)
譯自：A Map to the End of Time: wayfarings with friends and philosophers
ISBN 986-7975-23-5（平裝）

1. 老化 - 哲學，原理　2. 老人

544.8　　91003061

LOCUS

LOCUS